王俊钟／著

汉阙漫漫隐官道

东汉二百年政争与兵事 壹

華夏出版社
HUAXIA PUBLISHING HOUSE

图书在版编目（CIP）数据

汉阙漫漫隐官道：东汉二百年政争与兵事．一 / 王俊钟著．-- 北京：华夏出版社有限公司，2024. 6
ISBN 978-7-5222-0605-9

Ⅰ.①汉… Ⅱ.①王… Ⅲ.①中国历史—东汉时代—通俗读物 Ⅳ.①K234.209

中国国家版本馆CIP数据核字（2023）第252275号

汉阙漫漫隐官道：东汉二百年政争与兵事

作　　者　王俊钟
责任编辑　陈学英　李春燕　蔡姗姗　罗　云
责任印制　周　然

出版发行　华夏出版社有限公司
经　　销　新华书店
印　　装　三河市万龙印装有限公司
版　　次　2024年6月北京第1版
　　　　　　2024年6月北京第1次印刷
开　　本　880mm × 1230mm　1/32
印　　张　44.375
字　　数　944千字
定　　价　198.00元（1–4册）

华夏出版社有限公司　地址：北京市东直门外香河园北里4号
邮编：100028　网址：www.hxph.com.cn
电话：（010）64663331（转）

前　言

人生经历对于每个成年人来说都是一笔宝贵的精神财富，只有对亲身经历过的事情总结其中的经验教训，并用这些经验教训来启迪自己，才能最直接、最管用、最有效地提升自身。

每个人的生命都是有限的，对于从政为官、从军为将的人来说，从政或从军的时间更是有限，而且他们所经历的大多是一些日常工作和生活中的琐事，真正亲身经历和体验的政治、军事斗争事件非常有限，仅靠自己“亲身经历”所积累的那么一点儿斗争经验，很难适应国际国内政治、军事斗争形势发展的需要。

从政为官或从军为将者所做的大部分是政治或军事工作，而政治工作回避不了政治斗争，军事工作离不开军事革命和军事斗争。从大的方面说，我们要维护世界和平、稳定、繁荣和发展，同背离国际关系准则、背离世界发展潮流和人类社会发展规律的霸权主义作斗争，同一切损害我国国家主权和领土完整、企图阻挡祖国统一的势力作斗争，同那些危害中国共产党领导和我国社会主义制度、危害我国核心利益和重大原则、危害我国人民根本利益、危害我国实现中华民族伟大复兴的各种风险挑战进行斗争。为此，我们必须发扬斗争精神，增强斗争本领，坚持敢于斗争、善于斗争，并在斗争中赢得胜利。然而，斗争精神和斗争本领从哪里来？一方面，我们要主动自觉地接受和参与严格的思想淬炼、政治历练、实践锻炼和军事训练，在严峻复杂的政治和军事斗争实践中经风雨、见世面、壮筋骨；另一方面，我们也要学习、研究和借鉴历史上政治斗争和军事斗争的经验教训，将前人的经验教训变为自己的经验教训。也就是说，将自己亲身经历过的政治或军事上的经验教训及体悟出的理论同学习、研究、借鉴和汲取历史上政治、军事斗争中的经验教训加在一起，来启迪自己，这就等于扩展和延长了自己的生命，扩展和丰富了自己的政治经历或军事生涯。说通俗点儿，等于自己多活了几十岁、几百岁甚至几千岁。不要瞧不起后面加上的这一块，伟大的政治家、军事家都把这一块加得很长、很大，也因此他们在政治斗争和军事斗争中往往能够赢得主动，取得胜利。

尽管政治历史与政治现实有很大差别和变化，军事斗争也多次发生伟大的历史性变革，但现在正在发生和未来将要发生的政治和军事斗争事件，都能在历史上找到它们的影子。无论过去还是现在，每一个政治、军事斗争行为都蕴含着政治理论和军事理论，而理论是相通的，理论也是能够共享的。把历史上政治、军事斗争成功的经验和失败的教训加以总结和提炼，使之升华为理论，并将这一理论转化成自己的体悟，对于提升自己的政治素质和军事素养是非常有利的。毛泽东同志之所以把《资治通鉴》读了十七遍，对政治历史一读再读，对重大军事事件一悟再悟，就是为了拓宽自己的视野，拉长自己的经历和阅历，丰富自己的经验和理论积累，进一步坚定斗争意志、提高斗争本领。在毛泽东同志所处的时代，他领导中国共产党和中国人民在同国内外政治、军事对手的较量中之所以战无不胜，一个十分重要的原因就是毛泽东同志积累了几十年国内、国际政治、军事斗争的丰富经验，对中华民族几千年政治、军事斗争历史文化相当熟悉。从这个意义上说，任何政治、军事对手都不是他的对手。

“千古兴亡多少事？悠悠，不尽长江滚滚流。”从本质上说，中国五千多年的历史就是一部政治、军事斗争史。悠久漫长而从未间断过的政治、军事斗争史，给我们留下了许许多多的经验教训，如果我们不开发和利用这个宝藏，那就是历史资源的巨大浪费。历史能够验证现实，观今宜鉴古，覆前以戒后，稽古可振今，追用古道，交与今事，前事不忘，后事之师也。

目　录

从宣帝到王莽

从宣帝到王莽

宣帝以后皇帝年表

汉宣帝 刘询（前 91 年—前 48 年在世），前 74 年—前 49 年在位，共有 7 个年号
本始（4 年），前 73 年—前 70 年
地节（4 年），前 69 年—前 66 年
元康（5 年），前 65 年—前 61 年
神爵（4 年），前 61 年—前 58 年
五凤（4 年），前 57 年—前 54 年
甘露（4 年），前 53 年—前 49 年
黄龙（1 年），前 49 年。黄龙元年十二月（前 48 年 1 月），宣帝死，太子刘奭即位，是为元帝

汉元帝 刘奭（前 74 年—前 33 年在世），前 48 年—前 33 年在位，共有 4 个年号
初元（5 年），前 48 年—前 44 年
永光（5 年），前 43 年—前 39 年
建昭（5 年），前 38 年—前 34 年
竟宁（1 年），前 33 年。竟宁元年五月（前 33 年 7 月），元帝死。竟宁元年六月（前 33 年 8 月），太子刘骜即位，是为成帝

汉成帝 刘骜（前 51 年—前 7 年在世），前 33 年—前 7 年在位，共有 7 个年号
建始（4 年），前 32 年—前 29 年
河平（4 年），前 28 年—前 25 年
阳朔（4 年），前 24 年—前 21 年
鸿嘉（4 年），前 20 年—前 17 年
永始（4 年），前 16 年—前 13 年
元延（4 年），前 12 年—前 9 年
绥和（2 年），前 8 年—前 7 年。绥和二年三月（前 7 年 4 月），成帝死。绥和二年四月（前 7 年 5 月），太子刘欣即位，是为哀帝

汉哀帝 刘欣（前 26 年—前 1 年在世），前 7 年—前 1 年在位，共有 2 个年号
建平（4 年），前 6 年—前 3 年
元寿（2 年），前 2 年—前 1 年。元寿二年六月（前 1 年 8 月），哀帝死。前 1 年 9 月，平帝即位，王莽秉政

汉平帝 刘衎（前 9 年—6 年在世），前 1 年—5 年在位，共 1 个年号
元始（5 年），1 年—5 年。元始五年十二月（6 年 2 月），平帝死。征宣帝玄孙，议立嗣

孺子婴 刘婴（5 年—25 年在世），6 年—8 年在位，王莽摄政，共 2 个年号
居摄（3 年），6 年—8 年
初始（1 年），8 年

[新] **王莽**（前 45 年—23 年在世），9 年—22 年在位，共 3 个年号
始建国（5 年），9 年—13 年
天凤（6 年），14 年—19 年
地皇（4 年），20 年—23 年

更始帝 刘玄（？—25 年在世），23 年—25 年在位，共 1 个年号
更始（3 年），23 年—25 年。更始三年十月（25 年 9 月），更始帝降于赤眉军

在西汉灭亡和东汉诞生的历史关头，我国曾经出现了两个干大事的政治“牛人”：一个是灭掉西汉王朝的王莽，另一个是创立东汉王朝的刘秀。这两个“牛人”的出现，充分体现了历史发展必然性和偶然性的统一。从必然性上说，王莽、刘秀都是历史发展进程中的产物，反过来，他们又对这个进程产生了巨大影响。从偶然性上讲，他们充分利用当时的社会条件，充分发挥自身的聪明才智，在他们所处的历史时段深深打下了各自的烙印。有人说，时势造英雄，英雄造时势。然而，英雄造时势的历史偶然，往往蕴含在历史的必然之中。一个朝代的兴衰与更替，不是一个单纯的、简单的、孤立的历史事件，它的萌芽、产生和发展，离不开其深远的历史渊源和复杂的政治气候。因此，要想把东汉的政治、军事斗争等问题讲清楚，把刘秀等众多的东汉政治人物讲清楚，需要从西汉说起。

汉祖起丰沛，乘运以跃鳞。手奋三尺剑，西灭无道秦。

——［唐］王珪《咏汉高祖》（节选）

1

西汉后期的政治偏差和全面衰微

创立西汉王朝的汉高祖刘邦是政治上的明白人。自从他领导起义军推翻秦二世统治，消灭项羽等各路军阀统一全国，建立西汉王朝以来，他最担心、最害怕的一件事，就是重蹈“二世而亡”的覆辙。为此，他经常与臣属讨论安邦治国、拒腐防变的策略，尤其是与著名思想家、政论家，掌管议论工作的太中大夫陆贾讨论交流比较多。

陆贾是楚国人，博学多才，能言善辩，以幕僚宾客的身份跟随刘邦平定天下，曾多次接受刘邦派遣，游说不肯归附的诸侯归附汉王，屡建“说功”，因此深得刘邦赏识和重用，被人们誉为“有口辩士”。作为汉代首位力推儒学的大臣，陆贾经常在刘邦面前称道孔子曾经推崇并教育弟子作为立言立行标准和历代学者研习的基本书籍《诗经》《尚书》等。但曾被毛泽东同志幽默地称为“汉高粗”的刘邦，对儒学、儒生并不感冒，只是由于陆贾功多，刘邦虽表现出不耐烦，却从来没有当着众人的面羞辱过他。

有一次，当刘邦与陆贾讨论治国理政应遵循什么原则等问题时，陆贾又提到了《诗经》《尚书》中的有关思想和理念，其核心意思是：尧舜之道、孔孟之说，不施以仁政就不能治天下。不等陆贾说完，刘邦就不耐烦地说，我靠骑在马上征战打来的天下，《诗经》《尚书》

顶啥用！陆贾反驳说，陛下骑在马上靠征战夺得天下，难道还要继续骑在马上靠征战治理天下吗？紧接着，陆贾给刘邦讲述了商汤王、周武王等几位帝王靠武力夺取政权、靠仁政治理天下的故事。

刘邦越听越入神，越听越有兴趣，他感到光听还不过瘾，于是就向陆贾提出“试为我著秦所以失天下，吾所以得之者何，及古成败之国”。陆贾接受任务后，根据黄帝和老子关于“清净无为”的国家治理学说，结合当时国家残破、经济凋敝、法律严苛、百姓穷苦的现况，先后撰写出十二篇论文，每奏一篇，刘邦都大加赞赏。陆贾提出的主要观点是：国家治理要“行仁义，法先圣”。同时，还应当贯彻“无为而治”思想，他说：“道莫大于无为，行莫大于谨敬。”“事逾烦，天下逾乱；法逾滋，而奸逾炽；兵马益设，敌人逾多。秦非不欲为治，然失之者乃举措暴众，而用刑太极故也。”刘邦对陆贾的这些思想观点非常认同，“左右呼万岁，号其书曰《新语》”。

《新语》一书的主要观点成为西汉前期治国理政所遵循的重要原则和指导思想。换句话说，西汉前期经济、政治、社会、民生等各项事业之所以有了较大起色和改变，与《新语》有直接关系。刘邦消除了秦王朝多年的战乱和政治动荡，使人民群众的生产和生活环境得到了极大改善，再加上“文景之治”时期刘恒、刘启两代皇帝继承了刘邦的主要政策措施，都在一定程度上解放和发展了生产力，促进了西汉王朝的经济社会发展。汉武帝统治时期，大力改革政治体制，加强中央集权，实行盐、铁国营，推行“均输”“平准”制度，调整财政和货币政策等，有力地促进了汉初国家财政经济的发展壮大。

研究历史的人大都认为，凡是开国皇帝留下来的政治遗产，包括治国理政的一些思想理念、政策措施、方式方法等，都是非常宝贵的。为什么这样说呢？

第一，开国皇帝大都出身于民间。他们熟悉基层，了解百姓疾苦，与人民群众息息相通。他们对前朝末期残酷压榨和剥削人民群众的黑暗统治愤然不平，于是勇敢地站出来，发动和带领人民群众起义，并夺得了天下，充分显示出其与民同心的政治理念、高超的军事指挥才能、不凡的组织领导能力。毛泽东同志读史就非常注意历史人物的出身。他在1952年曾经评价说：刘邦能够打败项羽，就是因为刘邦和贵族出身的项羽不同，比较熟悉社会，了解人民心理。1964年，毛泽东同志在一次讲话中提出一个很直率的命题："老粗出人物。"并说："自古以来，能干的皇帝大多是老粗出身。汉朝的刘邦是封建皇帝里面最厉害的一个。"①当年，毛泽东同志还说："可不要看不起老粗。知识分子是比较最没有知识的。历史上当皇帝，有许多是知识分子，是没有出息的。"②刘邦虽然是"大老粗"，但他脑瓜灵活，反应敏捷，足智多谋，恐怕连那些巨儒宿学的"大家"也比不上他。仅举一例。汉高帝四年（公元前203年），刘邦同项羽在荥阳广武涧（今河南郑州荥阳市广武山）近距离对峙，相互喊话都能听得见。项王向汉王喊话说，天下动荡已有数年，只是由于我们两人相持不下的缘故。现在，我愿与你单挑，一决雌雄！刘邦笑着回喊道，我宁与你斗智，不与你斗力，并历数项羽违背先约、杀害宋义等十大罪状。项羽闻言大怒，用暗伏的弩箭射中了刘邦胸部。当时双方将士都大眼瞪小眼，分别在各自阵前观战。刘

①② 参见时事出版社1997年版《毛泽东评点二十四史》，第179页、209页。

邦被弩箭射中胸部，对其阵营来说犹如塌天之祸，极有可能造成全军将士士气跛蹶，甚至众惧欲奔；而对项羽阵营来说，犹如喜从天降，全军将士瞋目奋战，士气益壮。在这万分危急关头，刘邦不顾胸部伤口的剧烈疼痛，却摸着脚丫子说，项羽这个王八蛋射中我的脚趾了！就这么一刹那，刘邦能急中生智，以假乱真，将自己中箭致伤而对双方阵营所造成的影响降至最低。

第二，开国皇帝大都是打出来的。他们经过多年的南征北战、东征西伐，取得了一个又一个胜利，逐步成长为军事家、政治家，其中不少还是战略家、思想家。他们能武能文，很有本事，勤于、善于、多于和广于社会实践，而且他们并非为实践而实践，而是通过实践深刻体悟和深入思考，着重把握事物发展的规律性、普遍性和特殊性。实践出真知，实践出才干。因此，他们的真知和才干往往高人一筹。

第三，开国皇帝大都善于读书和思考。即使是遭遇过焚书坑儒、禁学和战乱的刘邦，早年曾错误地认为“读书无益”，可是他当了皇帝以后，“追思昔所行多不是”“时方省书”。刘邦对陆贾的十二篇论文仔细阅读，“未尝不称善”。

第四，开国皇帝大都具有高超的分析判断能力和百川归海的聚智能力。刘邦对谋士、将领甚至小兵小卒提出的意见建议，都能够正确对待并做出分析判断，只要是对大局有利的计策，他都采纳。他还经常与张良、萧何、陆贾、陈平、叔孙通等讨论交流打天下和治天下的有关问题，集思广益，把大家的智慧变成自己的决策。

第五，开国皇帝大都珍惜来之不易的胜利成果。他们经过长期的浴血奋战推翻了腐败王朝，在战争与“革命”的实践中，深深体会到夺得政权是多么地不容易。他们上台执政以后，就会警醒自己不要重蹈前朝灭亡的覆辙。所以，他们的政治意识、国家意识、民本意识相对较强。他们在统治期间所颁行的法律法令和出台的政策措施，比较接地气、合民意，在朝廷内部所订立的规矩也有利于拒腐防变。

由于西汉前期的几任皇帝都比较重视和传承刘邦的政治遗产，因此出现了“政教明，政令行，边境安，四夷亲”“吏称其职，民安其业”“天下殷富，百姓康乐”的喜人景象。

可是，老祖宗宝贵的政治遗产经过几代传承之后，就逐渐出现“疲软”现象，特别是到了西汉第十一任皇帝汉元帝刘奭统治时期，他就将老祖宗的政治遗产彻底抛弃了，西汉的政治、经济和社会便以此为拐点开始全面下滑。下滑的时间比较长，前后经历了几任皇帝。其下滑的主要原因就是背离了老祖宗的初心和规矩，在政治上出了问题。下面，我们不妨了解一下西汉后期几任皇帝究竟是怎样把一个“民富国强，众安道泰”的泱泱大国，整成了一个民穷财尽、兵戈抢攘的残破国家的。（据《史记·高祖本纪》《汉书·高帝纪》《史记·郦生陆贾列传》《汉书·郦陆朱刘叔孙传》，《资治通鉴》第一〇、一二卷）

一、汉宣帝的失败：选了“易欺而难悟”的接班人

启建夏朝，废除了“禅让制”，实行“王位世袭”和“世袭世禄”制。从秦朝嬴政开始才有了皇帝。自从有了皇帝，皇位继承就一直实行“预立皇太子”制，这是正统做法，并形成了不可动摇和

改变的惯例。其主要方式是，沿用宗法制度“嫡长继承、顺序嗣位”的原则，皇位由正后所生的长子继承，如长子早死，有子则立其子，无子再由嫡次子顺序继承。只有在正后无子的情况下，才考虑庶生的长子。皇帝无子，则依照昭穆亲疏顺序，选立继承人。

西汉共十五任皇帝。按照封建世袭制度，公元前67年，西汉第十任皇帝，即汉宣帝刘询策立八岁的嫡长子刘奭为太子。从制度、礼仪层面上讲，这是合情合理合法的，无可挑剔，无可非议。然而，等到太子刘奭长大成人之后，宣帝就曾这样预言：败坏汉家基业的人将是太子。宣帝这个预言非常准确，他亲立的太子当上皇帝以后的所作所为证明，确实是他的儿子刘奭把西汉给整衰落了。

汉宣帝甘露元年（公元前53年）的一天，二十二岁的太子刘奭陪同父皇宣帝一起进餐。刘奭作为儒家学说的爱好者，对父皇不注重选拔使用精通儒学之人，而大量任用那些熟悉律法的官员早有看法。借这次吃饭的机会，他直言不讳地对宣帝提建议说，您老人家过于看重刑法，应当重视选拔任用儒生。本来高高兴兴同儿子一起吃饭的宣帝，听了这句话立马就来气了，他说：“汉家自有制度，本以霸王道杂之，奈何纯任德教，用周政乎！”宣帝知道刘奭喜欢儒学，所以又借机批评他说，俗儒不识时务，老是肯定古人古事，否定今人今事，使人们分不清什么是“名”、什么是“实”，不知道究竟应该遵循什么，怎么能委以重任？宣帝认为太子好儒术，根本不懂治国之道，如果纯粹用德教治国，那么大汉就要毁在他手里。于是宣帝叹口气说：“乱我家者，太子也！”汉宣帝所主张的“霸王道杂之”，即“王道”与“霸道”并用，因时而异，各有侧重，宽猛相济，德刑平衡。这是宣帝统治时期基本的施政原则和精髓，而太子刘奭所主张的重视选拔任用儒生，与他的施政原则背道而驰，自然受到他的批评。

宣帝与张婕妤[①]所生的儿子，名叫刘钦，被封为淮阳王。刘钦喜欢研究律法，聪明通达，很有才气。宣帝很喜欢刘钦，曾多次赞叹他说："淮阳王明察好法，宜为吾子。"自从宣帝与太子刘奭吃过那顿饭之后，他就对刘奭有些疏远，甚至产生了废黜刘奭、立刘钦为太子的想法。尽管刘钦的思想政治素质以及对人对事的分析判断能力确实要比刘奭强很多，但在对太子刘奭是"废"还是"不废"这个痛苦抉择的过程中，宣帝想起了自己的苦难经历和儿子刘奭遭遇的不幸。

宣帝刘询幼年时名叫刘病已，他的祖父刘据做太子时，发生了"巫蛊之祸"。所谓"巫蛊"，就是古人加害于仇人的一种巫术。

汉武帝晚年多疑，但对江充非常宠信。江充是赵国邯郸（今河北邯郸市）人，懂点儿中医。他有个妹妹长得很美，能歌善舞，又会鼓琴技艺，嫁给了赵国太子刘丹。江充善于投机钻营，也因此巴结上了妹妹的公公赵敬肃王刘彭祖，并成为他的座上宾。时间久了，刘丹就对其大舅哥非常讨厌，并派人追杀他。于是江充逃入长安。汉武帝在上林苑犬台宫召见江充，对他印象很好。后来，汉武帝派江充出使匈奴，江充圆满完成了任务。于是，汉武帝就提拔他

① 婕妤是宫中嫔妃等级称号。西汉武帝时设立，为皇后以下的最高位。汉元帝时又设置昭仪，位在皇后之下、婕妤之上，从此婕妤降格为第三等。

担任水衡都尉，掌管帝室财物，同时还监督监察皇亲国戚、皇帝左右的近臣。一次，江充随汉武帝前往离宫——甘陵宫，太子刘据派遣使者去甘陵宫向父皇请安。使者的马车违令在皇帝专用的“驰道”上行驶，江充发现后就将太子的使者逮捕问罪。太子获悉后，迅速派人去向江充求情，但江充不买太子的账，径直上奏，得到了汉武帝的支持。从此，江充“威震京师”，同时也与太子结下仇怨。不久，有人诬告丞相公孙贺用巫术诅咒汉武帝，并在皇帝专用的“驰道”下面埋木偶人。汉武帝大怒，下令将公孙贺免官，并关进大牢进行审讯，后将公孙贺处死。当时京师巫蛊之风盛行，后宫中的宫女在女巫的唆使下，都在自己居住的房间埋下木偶人进行祭祀，以避灾祸。这引发了宫女之间的相互猜疑，她们整天吵吵闹闹，轮番告发对方利用巫蛊害人。汉武帝大怒，将被告全部处死，还将其中受到牵连的官员、妃嫔和宫女等数百人全部斩杀。从此，汉武帝更加疑神疑鬼，惊恐不安。一次，他白天小睡，梦见有数千个木头人手持武器要杀他，他大惊而坐，吓出一身冷汗。从那以后，汉武帝自感浑身不适，精神恍惚，食欲不振，记忆力衰退。江充害怕汉武帝驾崩之后刘据做了皇帝将自己杀死，于是就对汉武帝说，陛下害病都是巫蛊惹的祸。汉武帝深信不疑，当即命令江充查办弄巫者。

最初，江充没敢直接对太子下手，而是先从外围开刀，把事情闹大，进一步恐吓汉武帝，使汉武帝的精神压力和恐惧心理达到六亲不认的程度之后，再趁机拱火收拾太子。于是，江充带着胡人巫师等大批人马，在京师及其周边地区到处挖掘寻找木偶人，并逮捕关押了一大批用巫术骗人、夜间祈祷和装神弄鬼的人。为了虚张声势，江充又暗地里让人在一些地方洒血制污，用酷刑来逼迫那些被逮捕关押的人承认自己用巫术害人。在江充的血腥恐怖手段下，百姓之间有这样或那样矛盾和隔阂的人，也相互诬告对方用巫蛊害人。这样，因巫蛊之祸被江充处死的人数以万计。江充无中生有、草菅人命、制造声势的罪恶行径，促使汉武帝的疑心升级，致使年事已高的汉武帝怀疑周围的人都在用巫蛊之术诅咒他。于是，他便让江充等人进入包括禁宫在内的宫中各殿“挖地寻蛊”。江充从搜查后宫嫔妃房间开始，依次搜寻到太子宫等，并将各处的地面全都挖开，以至于皇后、太子连放床的地方都没有了。江充宣称，在太子宫挖出的和搜出的木偶人最多，还发现了写有大逆不道文字的丝帛。对此，太子刘据既愤恨又恐惧，他害怕父皇听信江充谗言将自己杀掉。于是，征和二年（公元前 91 年）七月，刘据假传圣旨，将江充和跟随其搜蛊的主要打手胡人巫师等逮捕下狱，并下令将二人处死。此时，长安城中关于“太子谋反”的传言不胫而走。汉武帝得知后大怒，立即发兵追捕太子。太子刘据也发兵对抗，双方激战五日，死伤万余人。最后太子兵败，向东逃到湖县（今河南三门峡灵宝市一带），“吏围捕太子。太子自度不得脱，即入室距户自经”。刘据的老婆之一史良娣①、儿子刘进及儿媳王夫人也都被杀害，唯有刘进和王夫人所生的儿子、名叫刘病已的男婴活了下来，但也被投入监狱。后来，因遇大赦，五岁的刘病已被释放，他出狱后被狱吏送到已故奶奶史良娣的娘家。刘病已在狱中时，爷爷刘据生

① 良娣是皇太子妾的称号，属于太子妾中品级较高者，地位仅次于太子妃。

前所宠信的下属，后来成为掌管宫人账目和蚕桑女工事宜的掖庭令张贺对他非常关心照顾，并用私钱为他聘请老师。到他十六七岁时，张贺又为他张罗成家，还做媒将自己下属许广汉的女儿许平君嫁给他，一年之后便生下了刘奭。那时的刘病已是个穷光蛋，全凭许平君娘家人的照顾，才使得他这个小家庭从艰难困苦中走了出来。

元平元年（公元前 74 年）四月，汉昭帝驾崩，因无子嗣，由汉武帝刘彻之孙、昌邑王刘贺继承了帝位，是为"汉废帝"。他是西汉王朝的第九位皇帝。刘贺上台后荒淫无度，"日益骄溢"，"日与近臣饮食作乐，斗虎豹召皮轩，车九流，驱驰东西"，丧失帝王礼仪，破坏朝廷制度，危害国家安全，大臣们"谏之不复听"，反而一天比一天厉害。为此，大司马、大将军霍光等报请上官太后批准，将在位二十七天的汉废帝废除，拥立刘病已（改名为刘询）即位，是为汉宣帝。不久，宣帝封原配夫人许平君为婕妤，后来又立为皇后。

汉宣帝本始三年（公元前 71 年），许皇后怀上二胎，快到分娩时生病。当时有个女医生名叫淳于衍，在治疗妇科、产科疾病方面很有名气，经常出入后宫，并与高官权贵的夫人们混得很熟。许皇后生病后，淳于衍为其诊疗。淳于医生的老公在掖庭做护卫，他感到这个差事没什么"油水"，因老婆的"朋友圈"比较厉害，他让老婆帮他"活动活动"，调到"油水"最多的地方为官，即担任监督盐业生产的"安池监"。当时辅佐朝政的是大将军、大司马霍光，淳于医生请托霍夫人吹吹"枕头风"，把她老公的事情办成。霍夫人非常热情地接待了淳于医生，并对她说你有事来找我，我也正好有事求你……淳于医生说，夫人有什么话尽管吩咐，只要我能做的定会效劳。霍夫人说，霍大将军把小女视为掌上明珠，并给她起名叫“成君”，想让她成为天下之母，这个事就麻烦你了。淳于医生一头雾水，不知道自己究竟能做什么，便请霍夫人指点迷津。霍夫人说，女人生孩子九死一生，你现在为许皇后诊疗，这一两天她就要分娩了，你可趁机下毒药把她送走，这样，我家女儿霍成君就可以当皇后了，事成之后，咱们姊妹共享富贵。淳于医生闻听此言吓蒙了，她为难地说，药有好多种，而且医生都必须先尝，怎么好下手呢？霍夫人给她施加压力说，这就看你的本事了，霍大将军摄政天下，有什么事不能摆平，你还顾虑什么，只是怕你不愿大力相助罢了。淳于医生愣了一下神，心想自己正请托人家给老公办事，人家提出事来如果自己不肯帮忙，那老公的事肯定办不成了。于是，她便答应霍夫人，愿意尽力！学过中医的人都知道，中草药配伍有“十八反、十九畏”之说。“十八反”就是有十八种药，不能与某味或某几味药配伍共用，否则就是剧毒，只要服用定会把人毒死。“十九畏”就是十九种药不能与某味或某几味药配伍共用，如果服用，就会使人发生生命危险。据史书记载，淳于医生在皇宫御药房取走了中药材附子。而附子这味中药反瓜蒌、半夏、贝母等，淳于医生是与这些相反的药材配伍了，还是另下了毒药，史书没有记载。但许皇后服用她的中药丸后就一命呜呼了。可怜三岁的小刘奭就这样失去了母亲。宣帝感到原配夫人许皇后和儿子刘奭都是不幸的，所以，他不忍心让这个失去母爱的刘奭再失去太子之位。作为皇上和父亲，在“公心”与“私情”上，宣帝的砝码移向了“私情”，又采取了“加固”措施。

这个“加固”措施，就是将当年坚决不与兄长争爵位，治所在洛阳县（今河南洛阳市）的河南郡太守韦玄成，调到儿子淮阳王刘钦手下担任淮阳中尉。

韦玄成，字少翁，鲁国邹县（今山东济宁邹城市）人。他是已故丞相、著名大儒韦贤之子。韦贤年轻时为人厚道，清心寡欲，一门心思做学问，对《尚书》《诗经》等非常精通，并教授弟子《诗经》。初被朝廷征召为博士，不久又被任命为给事中。给事中在西汉时期为编制之外的加官，无定员。有此名号者，就可以入禁宫受事，常侍皇帝左右，以备顾问应对，并每日上朝谒见，分平尚书奏事，负责实际政务。此为中朝要职，多由名儒或国戚充任。博士韦贤加上给事中这个名号后，便入宫教授汉昭帝《诗经》，成为皇帝的老师。后来，韦贤还被提拔为光禄大夫詹事。昭帝去世后，韦贤与大将军霍光等公卿大臣一起，废除了昌邑王刘贺的帝位，迎立刘询为帝。刘询登基后，提拔韦贤为长信宫少府，成为居住在长信宫的皇帝母亲、祖母的属官，主要负责宣达皇帝祖母、母亲的命令；还赐封他关内侯爵位，官秩为二千石粟谷。因韦贤做过昭帝的老师，又提拔他担任了丞相，封爵扶阳侯，食邑七百户。韦贤做了五年丞相，时已七十多岁，于是以年老多病为由，向宣帝上疏请求辞官，朝廷赏赐他黄金一百斤、高档住宅一处。韦贤回归故里，八十二岁高龄去世。

韦贤有四个儿子。老大韦方很早就死了；老二韦弘担任太常丞，掌管宗庙祭祀礼仪的具体事务，总管本府诸曹，参议礼制；老三韦舜，留在鲁地老家守候韦氏祠堂墓地；老四韦玄成小时候就跟随在朝廷为官的老爸，由鲁地老家迁居到扶风郡平陵县（今陕西咸阳市）。韦玄成继承了父亲的学业，从小就喜欢读书，礼贤下士，品行高尚，从来不歧视处在社会底层的贫贱之人，有时还要尽其所能，给予必要的帮助；出门遇见熟人或老者步行，他总是让自己的仆役下车，载送其到目的地，被人们交口称誉。凭借父亲的恩荫，韦玄成初入仕途被任命为郎官。因他精通儒家经典，不久就被提拔为常侍骑，持符节从乘舆车左右，在皇上出门打猎或游玩时做些服务性工作。由于韦玄成颇有学问，且熟悉旧典，又被提拔为谏大夫，掌顾问应对、参与谋议和奏事。后来，他担任了稍低于校尉的高级武官——大河都尉。

汉宣帝元康四年（公元前62年），原丞相、扶阳侯韦贤病逝。次子韦弘担任的太常丞这个“活”很不好干，稍有不慎，就会因出现疏漏而犯错误。韦贤生前打算让韦弘作为爵位和食邑继承人，但又担心他可能因犯错遭贬黜而不能如愿，所以要求他托病辞官。韦弘表面上遵从父命，实际上不愿辞去官位，所以他并没有辞官。韦贤病重时，韦弘终因奉守宗庙不周而被关进了监狱。韦贤死后，他的门生、博士义倩等人与韦贤的同族人共同商议，假托韦贤生前有交代，由韦家总管上疏，立大河都尉韦玄成为韦家的继承人。韦玄成当然知道这不是他父亲的本意，他不愿意落下侵夺兄长爵位的不道和不义之名，于是装疯卖傻躺在粪尿之中，且胡言乱语，又笑又闹，不肯应诏袭爵。当时“九卿”之一、掌管诸侯及藩属国事务的大鸿胪向宣帝奏报了此事，宣帝下令丞相和负责监察工作的御史核验是否属实。虽然具体负责查办此事的丞相属官丞相史多次做韦玄成的工作，但韦玄成始终不肯答应。丞相史担心自己做不通韦玄成的工作交不了差，于是就给韦玄成写了一封措辞严厉的信，要求他必须应诏袭爵，不得寻找借口推三阻四。韦玄成感到压力很大，就请托他的好朋友——一位名叫“章”的侍郎上疏讲情：圣明的君王应当尊崇和倡导礼让行为，不应违背韦玄成本人的意志。丞相和御史以韦玄成装疯癫病为由上疏弹劾。宣帝下诏说不必弹劾了，命令他前来承袭爵位就是了。韦玄成迫不得已，只好奉命袭爵。宣帝欣赏他的品行和礼让精神，就任命他到河南郡担任太守，并赦免了他的哥哥韦弘的罪过，任命韦弘到泰山郡（今山东泰安市境内）做了都尉；不久又提拔他到治所在郯县（今山东临沂市郯城县）的东海郡做太守。

这次宣帝又把韦玄成从河南郡调到淮阳王刘钦手下做中尉，目的就是用身边人教育和感化刘钦，让刘钦也像韦玄成那样不与哥哥争名争利争地位，这样太子刘奭的地位就稳固了。(《资治通鉴》第二二卷至二七卷,《汉书·武帝本纪》《汉书·宣帝本纪》《汉书·外戚传》《汉书·武五子传》《汉书·蒯伍江息夫传》《汉书·霍光金日磾传》《汉书·韦贤传》)

二、汉元帝的无能：选了“不以为能”的接班人

宣帝去世后，二十六岁的皇太子刘奭即位，是为汉元帝。元帝好儒术，多才艺，通音乐，但性格柔弱。他在位十六年，因宠信宦

官和重用儒生，皇权被严重削弱，朝政混乱不堪，经济急速下滑，西汉王朝由此走向全面衰退。

（一）汉元帝把父皇给他配备的辅政班子整散了、整惨了

1. 宣帝临终托孤

汉宣帝深知自己所立的太子刘奭执政能力不强，所以他卧病在床时，就为太子精心选好了可以托付后事的三位辅政大臣，并下发诏书予以任命。

史高，被任命为大司马、车骑将军，兼领尚书事。在西汉，大司马这个职务是相当厉害的，皇上赐予其金印紫绶，允许其设置官署，禄比丞相，位在司徒之上，多与大将军、车骑将军等联称，主要负责武事。“兼领尚书事”，就是分管尚书台工作，这个角色很有实权，“尚书乃百官之本”。从汉武帝开始，尚书就成为直属于皇帝的枢机之职，凡涉及军国重大事项，皇帝往往先让尚书进行谋议，提出可行性意见建议之后直接上奏皇帝决策，而“三公”“九卿”却不能参与这些工作。车骑将军辅政兼领尚书事，说白了他就是朝廷军政大权的实际操纵者。

汉宣帝对史高的特殊信任是有缘由的。史高是鲁国人（今山东曲阜一带），后迁徙到杜陵县（今西安市长安区一带）。他是汉宣帝祖母史良娣娘家兄弟史恭的长子，即汉宣帝的小表叔。因“巫蛊之祸”，尚在襁褓中的刘病已被关进监狱，五岁时被释放出狱，后被狱吏送到奶奶史良娣的娘家。小表叔史高与刘病已年龄差不多，两人是儿时的好伙伴。宣帝即位亲政后，史高以外戚的身份担任直

接供皇帝指派的散官——侍中。后因告发已故大将军霍光之子霍禹有功，被封为乐陵侯。这次宣帝把史高安排为最有实权的朝廷重臣，目的就是让他日后承担起与萧望之、周堪共同辅佐太子的重要责任。

萧望之，被任命为前将军、光禄勋。在被任命前，萧望之为太子太傅。太子太傅与太子少傅并称为“太子二傅”，职责为保育、监护、辅翼和教谕训导太子，官秩二千石。太子对“二傅”执弟子之礼。而太傅在太子面前不称臣，地位要比少傅高。前将军是个将军名号，皇帝赐予金印紫绶，掌兵权，负责京师兵卫或屯兵边境。光禄勋为“九卿”之一，以前称为郎中令，汉武帝将其更名为光禄勋，主要负责宫殿保卫工作，确保皇宫和后宫绝对安全，下设大夫、郎、谒者、期门、羽林等职。萧望之这个人脾气古怪，但正义凛然，颇有骨气。

萧望之是萧何的第七世孙，东海兰陵人（今山东临沂市兰陵县），后来迁徙到京兆尹杜陵县。萧望之出身于一个世代为农的大地主家庭，其祖父、父亲都是大知识分子，但隐才不仕，以田为业。萧望之少时好学，研究《齐诗》，曾师从于经学家、五经博士，且在朝廷担任掌管皇上私财的少府后仓先生长达十年之久，后又到主管宗庙礼仪并兼掌博士选试工作的太常门下做学生。这期间，他经常与太子太傅、博士、精通经学和灾异学说的夏侯胜一起切磋《论语》等，颇有见地。京师的儒生们对萧望之多有称赞。当时正是大司马、大将军霍光秉政时期，相当于幕僚长的长史邴吉向霍光推举了萧望之、王仲翁等几个优秀儒生，霍光专门安排时间召见他们，见面时还发生了一段小插曲。此前，左将军上官桀等欲谋杀霍光，被霍光发觉后将其斩杀。从此以后，霍光对凡是来与自己见面的人，都要摘甲搜身。萧望之性格倔强，不肯听从门卫的摆布，便与他们吵起架来。霍光听到有人在门外吵吵闹闹，知道是大儒萧望之来了，于是，吩咐侍卫让萧望之进来。萧望之见到霍光后开门见山地指责他说，霍大将军，您的门槛也太高了吧，您把所有的人都当成刺客了！您应该把功夫下在辅佐幼主上，使崇高的教化流行于天下，如果这样，天下的士人都会伸长脖子、踮起脚尖来仰望您，并为您贡献智慧和力量。现在，连见您的文化人都遭遇如此难堪的礼遇，岂不使人心寒，过去周公辅佐成王时可不是这样的！大司马、大将军霍光召见萧望之，没想到却被萧望之批评教育了一番，心里很不是滋味。于是，霍光没授予萧望之任何官职，而把王仲翁等人补充为大将军史，成为大将军府的属吏。后来，朝廷公开招考官吏，萧望之报名应试，以射策甲科被授予郎官，看守小苑东门。

地节三年（公元前 67 年）夏，京师长安下了一场冰雹，砸毁了田野里的庄稼，树木也都成了光头，老百姓的房屋受到不同程度的损毁。萧望之因此上疏，请求汉宣帝在百忙之中安排接见他，他要向宣帝当面汇报和解说灾异发生的原因。汉宣帝早就听说过萧望之的大名，于是便安排管理皇帝私财和生活事务的少府宋畸接见并听取他的意见和建议。宋畸与他见面后，萧望之和盘托出了他的意见和建议。他说，据《春秋》记载，昭公三年（公元前 539 年），鲁国下了一场大冰雹，当时季氏专权，最后季氏赶跑了鲁昭公。假如当时鲁昭公能够知晓雹灾的先兆，及时解决季氏专权问题，那么鲁昭公是不会远走他乡的。现在，陛下靠圣明的德行治理国家，到处寻求贤才，可是从天象、气象情况看，好的兆头尚未到来，阴阳还不协调，这都是皇权旁落、大臣一姓独揽朝政大权所造成的。犹如一棵树，树枝过大、过重，就会损伤树干。私家势力强大了，公家就要受到危害。他还提出了三条具体建议：一是伏请陛下亲自处理政务，选用同宗，任用贤良，让他们都参与政务工作，分割过于集中的权力；二是命令公卿大臣朝见时禀奏公务，反映存在的突出问题，陈述他们解决问题的意见和建议；三是重视和加强对官吏的考核，发现政绩和能力突出的官员，要予以提拔重用。他认为只要做到这三条，什么歪风邪气都可以刹住，以权谋私现象就会得到制止，朝风政风就能实现根本好转，灾异之事也就不再发生了。宋畸把萧望之的意见和建议原汁原味地转报给了宣帝。当时虽然霍光死了，但其家族势力依然非常强大，而宣帝又刚刚即位，所以，宣帝没有在口头上对萧望之的意见进行肯定和表扬，但把萧望之安排为掌宾赞受事、为天子传达的“谒者”。萧望之担任谒者之后干得很好，宣帝十分满意，又先后把他提拔为掌顾问应对、参与谋议的谏大夫和辅佐丞相纠举不法的丞相司直，一年之内三次升迁，成为官秩二千石粟谷的高级官吏。

霍光的儿子霍禹因谋反罪被诛杀后，宣帝更加器重萧望之。宣帝深知萧望之具有宰相之才，有很高的思想理论水平，但与工作实际结合还不够，尤其是对地方工作和民间情况不够熟悉。为补上这一课，宣帝先是任命萧望之为平原太守，不久就征入少府，后来又任命萧望之为左冯翊[①]。但萧望之不理解宣帝的良苦用心，他以为自己办什么事不合宣帝心意了，被贬下去为官。于是，他向宣帝上疏称病不去赴任。宣帝立即派少府属下官侍中、成都侯金安上，把自己的意图向萧望之做了说明，萧望之这才赴任。萧望之担任左冯翊三年，政绩明显，京师的人们称颂他是为老百姓办实事的好官。神爵元年（公元前 61 年），萧望之被提拔为掌管诸侯及藩属国事务的大鸿胪，不久又升迁为负责监察百官、代表皇帝接受百官奏事、管理国家重要典籍、为朝廷起草诏命文书的御史大夫，成为“三公”之一。

后来，有两件事引起了宣帝对萧望之的不满。一件是，宣帝对萧望之批评耿寿昌不满。当时，耿寿昌担任大司农中丞，负责管理国家财政。耿寿昌向宣帝上疏提出设立常平仓的建议。所谓“常平仓”，就是国家和地方官府都要筑仓储粮，粮贱时加价买入，粮贵时降价卖出，以此来调节市场粮价，防止粮贱伤农。宣帝对耿寿昌这一建议高度赞赏，并予以采纳。而萧望之对此并不认可，他还把耿寿昌教训了一通。宣帝知道这事后很不高兴。另一件是，宣帝对萧望之看不起“老干部”不满。丞相邴吉等人年龄较大，资格很老，从政经验也很丰富，宣帝对邴吉等一批“老干部”非常尊重。而萧望之仗恃自己有点儿才气，对邴吉等人不屑一顾。他向宣帝上疏说，如今日、月、星“三光”不亮，特别是今年开头日月少

① 左冯翊既是官名，也是行政区划名，为汉代“三辅”之一，治所在长安，相当于郡太守。

光，天下百姓贫困，盗贼作乱，主要原因就在于年俸二千石以上的高官多数才能低下，不能胜任现职，尤其是“三公”，都不是合适的人。宣帝认为，这是萧望之蔑视丞相邴吉等人，于是下令让卫尉金安上、宿卫之臣光禄勋杨恽、御史中丞王忠一起去责问批评萧望之。萧望之不仅不接受他们的批评意见，反而责怪他们礼数不周，对自己不够客气。于是，宣帝直接给萧望之下发诏书，对其提出了严肃批评。诏书上是这样说的：有关部门上奏说，你责怪使者礼数不备，同时，你还存有对丞相无礼的问题。到目前为止，朕没有听到你的好名声。你为人傲慢不谦，工作中丝毫没有为百官做表率的姿态。对此，你应该深刻反省，今后要加强思想道德修养，不要陷入邪恶的深渊而不自拔。朕不忍心给你什么处分，今特派遣光禄勋杨恽传达朕的命令，降职你做太子太傅，赐给你太傅印绶。你要把原先赐给你的印绶交给杨恽，不必进宫谢恩。不要再犯老毛病，对朕的批评也不要辩白。

尽管宣帝对萧望之有不满之处，但对他仍然是信任的，尤其是对他的才学非常认可。虽然说他在纸面上任命萧望之为太子太傅是降职，但实际上萧望之的政治经济待遇都没有降低。宣帝这样做的目的，一方面是杀萧望之的傲气，另一方面是让太子刘奭跟他这个品学兼优的大学者、政务工作经验丰富的大臣学点真本事，尤其是教育和影响太子增强做人的骨气，弥补一下太子性格过于柔弱和“缺钙”的不足。可见，宣帝对太子刘奭的培养真是用心良苦。同时，宣帝还预判萧望之可能不愿意担任太子太傅这个有名无实的虚职，会以“谢恩”为名，为自己的错误辩白，以及在职务安排上争取更“实”一点儿，所以在诏书中就把他“辩白”或“争取”的路子堵死了。就这样，不管萧望之愿意与否，他都老老实实地做了太子刘奭八年的老师。（据《汉书·萧望之传》,《资治通鉴》第二五、二七卷）

周堪，被任命为光禄大夫。光禄大夫在大夫中的地位最为尊显，掌议论，官秩二千石粟谷。周堪是原齐国的子民，汉宣帝时担任负责少数民族语言翻译工作的大鸿胪译官令、太子太傅等职。甘露三年（公元前 51 年），周堪与萧望之、刘向、韦玄成等在长安未央宫之北的石渠阁讨论五经异同，产生了重要影响。周堪的弟子许商是著名的经学家，善于计算，著有《五行论历》，经四次升迁，官至光禄大夫，成为“九卿”之一。（据《汉书·儒林传》）

史高、萧望之、周堪三人接受遗诏，辅佐朝政。他们三位都是宣帝“中兴”时期的栋梁之材，政治经验和治理能力都很突出，如果元帝能够好好地团结和任用他们，充分发挥他们的作用，可以说，西汉王朝的“中兴”还可以持续一段时间，至少不会下滑得那么快，但元帝昏庸、优柔寡断和忠奸不辨，被投机钻营的宦官所利用，导致三位辅佐大臣一人被逼自杀，一人辞职回家，一人屡遭贬官。

2. 顾命大臣的不同辅政路

（1）元帝对三位辅政大臣亲疏有别，导致史高与萧望之产生矛盾

宣帝生前安排史高牵头，萧望之和周堪做副手共同辅佐刘奭，充分考虑了他们各自的优势和性格特点。史高成熟稳重，老成厚道；萧望之才华横溢，倔头倔脑；周堪不矜不伐，秀外慧中。假如

宣帝安排强势硬气的萧望之牵头，那么史高和周堪谁也发挥不了作用；假如让周堪牵头，萧望之和史高谁也不会买他的账。让史高牵头，既有利于发挥史高的作用，也有利于辅政大臣之间的团结合作。可是，元帝不懂领导艺术。他做太子时，萧望之和周堪都当过他的老师，他很念旧情，隔三差五地宴请和召见萧望之、周堪，与他们一起谈论治国理政的重大问题，而把史高晾在一边。史高对皇帝怎么做不敢持有异议，但对萧望之有事不给他通气很有意见。萧望之没有顾及史高的感受，又以个人名义向元帝推荐了皇族出身、精通儒家经典、品学兼优的谏大夫刘向。这样，加上少府属下直接供皇上指派的散职侍中金敞，萧、周、刘、金同心合力，筹谋商议，从多个方面规劝和纠正元帝在政治上的不成熟倾向，并提出一些好的意见和建议。元帝态度诚恳，屡纳良言。可是，史高对萧望之把自己撇开，取而代之成为牵头人越来越不满，两人之间逐渐有了隔阂。

（2）史高依附宦官，将矛头对准萧望之

除三位辅佐大臣之外，元帝还宠信两名宦官。一人是济南（今山东济南市）人石显，另一人是沛（今安徽淮北市）人弘恭。石显和弘恭的经历非常相似，青年时都因违法犯罪被处以腐刑，后经人介绍入宫做了太监。由于两人有眼色、会来事，都被提拔为负责皇宫之内诸侍应杂之事、持兵器宿卫宫殿的低级宦官——中黄门；后来，又都被选为中尚书，即中宫尚书，负责掌管宫中文书，常在后宫做事，属大长秋管理，官秩六百石粟谷。弘恭、石显熟悉法令条文，善于打小报告，尤得宠信。他们长期在内朝专权，凡不附己者，均对其排挤打击，以至于丞相、御史大夫这样的高官都拍他俩的马屁。

弘恭、石显两位宦官都是半路出家，都有犯罪前科，都有一定的社会阅历，因此他们为人处世更为奸猾。元帝即位以后身体多病，不能正常工作，再加上他遇事不走脑子，看事、想事、做事就两个字：简单。他简单地认为，弘恭、石显“久典枢机”，长期从事机要工作，熟悉法律和办事程序，政务工作经验比较丰富，又是宦官，没有拖家带口，朝廷中没有党羽，做工作精力集中，精明干练，于是“遂委以政。事无大小，因显白决”。对此，朝中文武百官反映强烈：到底是宦官当皇帝，还是刘奭当皇帝？

那么，为什么宣帝使用这两个人时朝臣没有什么反映，而到了元帝刘奭这里反映就大了呢？因为宣帝是贤君，对事情看得比较明白、透彻，弘、石两人不敢拿初步意见，担心拿错了不仅丢官、丢饭碗，甚至还有可能丢脑袋。所以，对于公文、奏折，他们只负责登记，而后上呈下达。元帝继位以后，一来对业务不熟，二来对事情吃不透、拿不准，所以，弘、石两人就先提出初步意见，元帝认为这样还省心省力。所以，百官奏事，都是由弘、石先拿意见。但无论他们拿什么意见，元帝从来都不会提出异议，更不会推翻。因此，朝廷文武百官都知道，元帝当皇帝，弘、石两人掌实权，他们的权势超过包括“三公”“九卿”在内的所有文武百官，大家见到他俩都叩头作揖，以示恭敬。

史高因对萧望之不满，就与弘、石搞在一起，在讨论军国大事时，经常是萧说应该这样办，弘、石、史就说应该那样办，不接受、驳斥甚至贬损萧的主张，整得萧很难堪，也非常生气。

（3）元帝拒纳萧望之关于削减宦官权力的建议

宣帝刚即位时，大司马、大将军霍光把持朝政，其子、侄、甥、婿都在朝廷重要部门和关键岗位上为官掌权，霍家权倾天下。霍光死后，霍氏集团依然我行我素，称霸朝廷。宣帝采取日削月朘的策略逐渐削减霍家势力，使霍氏集团深感日暮途穷，危在旦夕。地节三年（公元前 67 年），霍氏集团铤而走险发动叛乱。对此，汉宣帝早有准备，很快将叛乱镇压下去。在铲除霍家势力的过程中，汉宣帝祖母史良娣娘家人一族和宣帝许皇后娘家人一族都是他的重要帮手。叛乱平定之后，宣帝就将这两大外戚家族子弟安排在霍氏集团原来霸占的要害岗位上，并对他们宠信不疑。可是，时间久了，史、许两家的子弟也都飞扬跋扈，腐化奢侈，耀武扬威。萧望之等人对外戚长期享有特权极为不满，对弘恭、石显把持朝政极为痛恨，他向元帝建议应该首先拿掉宦官的实权。萧望之在奏疏中是这样说的：中书是传达诏书的地方，位置非常重要，应该由光明正大的人做这项工作。以前汉武帝因为常年在后宫里游玩宴乐，才改用宦官，这不是自古就有的惯例，应该废除宦官兼任中书官职的规定。萧望之提出这个建议时没有对元帝如何拍板进行预判和评估，结果不仅使自己的阵营受到削弱，而且还招致了石显等人的强势反攻。对萧望之的建议，元帝磨叽很久，只做了一件事，那就是把萧望之给他推荐的给事中刘向从中朝调出，改任外朝掌管皇帝亲族和外戚勋贵等有关事务的宗正。这也是石显等人为汉元帝出的主意。出现这种情况，萧望之是始料未及的。

（4）元帝被宦官利用，将萧望之等人整惨

弘恭、石显利用萧望之休假的机会，安排郑朋、华龙两人控告萧望之等人两大罪状，一是密谋罢黜车骑将军史高，二是使圣上疏远许、史两大外戚家族。元帝接到举报奏疏之后，交给弘恭去查办。弘恭一接手这个案子，便派人询问萧望之。萧望之仗义执言：外戚身居高位，大多荒淫奢侈，我希望圣上疏远他们，是为了扶正国家，并没有邪恶意念。对萧望之的这些话，弘恭、石显一句也没记录，更不会写入奏章，他们的奏章是这样写的：萧望之、周堪、刘向（更生）结党营私，互相吹捧提携，多次诋毁皇上和朝廷重臣，离间陛下与亲戚的关系，图谋控制朝廷，独揽朝政，作为臣子是不忠，诬陷陛下是无道；请陛下同意将全案移交主管刑狱工作的最高长官廷尉处理。不知道元帝是真昏，还是业务不熟，他根本不知道移送廷尉就是关进监狱，便同意了弘、石的奏请。后来，元帝有事召周堪、刘向来见，左右回答说，他们都被逮捕关押了。元帝大惊说，不是仅仅由廷尉问话吗？元帝很生气，责备弘恭、石显，弘、石二人叩头谢罪。元帝说，赶快让周堪、刘向出来办公！这时，弘恭、石显又唆使史高在关键时刻应发挥作用。久经沙场的史高便对元帝说，陛下刚刚即位，以德感人尚未闻名全国，却先用法治来核验师傅；既然已把九卿、大夫级高官逮捕下狱了，那么起码应该将他们免职，否则天下人会认为陛下徇私舞弊。元帝认为史高说得有道理，便给丞相、御史下发了一个难以使人昭昭的诏令：前将军萧望之，作为我八年的老师，没有什么罪过，现在事情久远，记忆忘却，难于明了，赦免他的罪过，收回他的前将军、光禄勋印绶；而周堪、刘向一律免官，贬为庶人。就这样，元帝将宣帝死前给他精心选拔配备的三根“政治拐杖”抛弃了两根，留下的史高也发挥不了正能量了。从此，汉元帝的朝政工作在宦官弘恭、石显的辅佐下亦步亦趋地走向歧路。（据《汉书·萧望之传》《汉书·佞幸传》,《资治通鉴》第二七至二八卷）

3. 萧望之之死

过了一段时间，元帝后悔自己处理萧望之等人之事不当。于是，他下发诏书，赐封萧望之为关内侯，同时任命其为中朝要职给事中，常侍皇帝左右，负责顾问应对，上朝谒见奏事等。元帝在任命诏书中还明确规定，每月初一、十五朝见。随后，元帝召回周堪、刘向，准备任命他们为谏大夫，但由于弘恭、石显从中作梗，便任命二人为郎中。

元帝初元二年（公元前 47 年）春，治所在狄道县（今甘肃临洮县境内）的陇西郡发生了地震，致使房倒屋塌，死了很多人。七月，又发生了余震。在中国古代，受科技发展水平的制约，人们弄不清楚地震、水旱灾害、日食、月食等是怎么回事，往往认为是皇帝、朝政出了问题，遭到了上天的惩罚。每当这时，皇帝往往要搞一次大规模祭祀活动，做一些反思，及时查纠一些错误，比如减免一点税收、搞一次大赦等，以此向上天表示已知错并改，在之后的一小段时间内，统治阶级会减缓对人民群众的剥削和压迫。所以，一旦发生自然灾害或日食、月食等天象，朝廷中的谏官或公卿大臣就借机上奏，直言不讳地指出存在的政治弊端，提出自己的意见和建议。有点政治意识和民本思想的皇帝，有时也会虚心接受下面的批评，采纳他们提出的好的意见建议。而昏庸的皇帝，则会把上奏者抓起来治罪，甚至杀头。曾经蒙受萧望之推荐之恩的宗室大臣、著名文学家刘向，知道元帝准备起用萧望之当宰相，但因为弘恭、石显等人的阻拦，不敢定夺和下诏。所以，他想给萧望之帮点忙——就拿这两次地震给元帝说事，试图赶紧把萧望之的宰相任命之事给落实了。于是，他指使亲戚，就地震发生的原因向元帝上疏：发生这场地震与萧望之、周堪、刘向三人无关，而是针对弘恭、石显等人的，应该罢黜弘恭、石显，以示对其压制善良的惩罚，同时提拔重用萧望之等人，以便疏通贤者晋升之路。只有这样，天下太平之门才会洞开，灾难之源才可以堵塞。

奏章呈上去之后，弘恭、石显第一时间就看到了，他们肯定这件事是刘向干的，要求元帝准许他们查明“奸诈真相”。稀里糊涂的元帝又同意了。经弘、石两人安排有关官员审讯，上疏人承认是受刘向指使起草了奏疏。于是，元帝批准逮捕了刘向，后来又根据弘、石的意见将刘向免官，贬为平民。这时，身为皇帝近侍官散骑、中郎的萧伋（萧望之的儿子）也上疏为他父亲的前案鸣冤叫屈。元帝将奏章交有关部门进行复查，但弘恭、石显的复查报告认为萧望之以前被指控的罪行证据确凿，并且他教唆儿子向陛下上疏，有失大臣体统，伏请皇上将其逮捕审讯，否则“圣朝无以施恩厚”。昏头昏脑的元帝竟然顺着石显的思路说：萧太傅素来性情刚烈，怎么肯去坐牢？这句话等于承认或者肯定了石显等人对萧望之的定罪。而且，为解除元帝对其师傅不肯坐牢的思想顾虑，石显说，萧望之被指控的不过是语言之类的轻罪，没有什么可担忧的。实际上，石显这句话已经明确地告诉了元帝，萧望之没有什么大不了的问题。《资治通鉴》作者、史学家司马光写到这里就曾评论说，（元帝）“易欺而难悟也！”假如他是一个中等智慧的君主，他就会着急发火。然而元帝并没有发火，他同意了关于逮捕审讯萧望之的奏请。在抓捕时，萧望之饮毒酒自杀。元帝接到萧望之自杀的报告大为震惊，拍着手说：我本来就怀疑他不肯去坐牢，果然杀死了我的好师傅！他泪流满面，不肯吃饭，又召见石显等人进行责问。石显等人承认当初判断有误，都叩头请罪。元帝再也没说什么。元帝还算有点情义，每年四季都派使节到萧老师的坟前祭祀，直到离世。（据《汉书·元帝纪》《汉书·萧望之传》《汉书·佞幸传》,《资治通鉴》第二八卷）

（二）“柔仁好儒”，盲目崇拜并重用儒生

元帝做太子时曾给他的老爹宣帝提出过重用儒生的建议，被老爹当场臭骂一顿。宣帝死了，现在是元帝说了算。所以，他上台之后就把老爹的“霸王道杂之”论踩在脚下，马上派人去聘请自己所崇拜的两位儒家名师——治所在东武县（今山东潍坊诸城市）琅邪郡的王吉、贡禹，说他们两人对儒家经典非常精通，品行廉洁。

王吉，字子阳，琅邪郡皋虞（今青岛市即墨区）人。他年少时就以好学明经而闻名乡里。初为郡吏，被举荐为孝廉，朝廷任命他担任持戟值班，宿卫诸殿门，出则充车骑或侍从左右的郎官，不久

又补任他为若卢[1]右丞。后来，王吉又调任为云阳县（今陕西咸阳市淳化县境内）县令，因被举荐为“贤良”而被提拔到昌邑国（今山东菏泽市巨野县东南）担任中尉。当时，昌邑王刘贺胡作非为，经常在封国内驱马奔驰，打猎游玩。中尉王吉多次上疏劝谏，但刘贺放纵如常。虽然刘贺不守正道，但他敬重名儒王吉，他曾颁令说，我的修养品行虽有懈怠之处，但中尉王吉忠心耿耿，多次指正我的过失，因此赐给王吉牛肉五百斤、酒五石、干肉五捆。王吉受奖后，依然据理谏争，尽到了辅臣应尽的义务。封国内部对王吉评价很高，没有不敬重他的。汉昭帝驾崩后，因无子嗣，大将军霍光依皇族血缘，将刘贺拥立为帝。但刘贺在位仅仅二十七天，就因行为放荡、荒淫无度而被废黜。昌邑国的官吏因事先不举报刘贺的罪过，致使朝廷不知刘贺的品行，同时也未能尽到辅弼劝导之责，因此大都被下狱诛杀。只有王吉因忠诚刚直、屡次进谏而免予死罪，被判以剃去头发、修筑城池的处罚。王吉刑满之后，被任命为益州刺史，不久因病辞官。病愈后，被朝廷征召为专门传授儒家经学的学官五经博士。

五经博士设置于汉武帝建元五年（公元前136年），后沿置。被授予博士者，均为大儒。博士除了做学问和传道授业之外，还参与政事。王吉被授予五经博士后不久，又被任命为以名儒宿德为之的谏大夫。王吉虽屡次上疏言事，但宣帝认为他的言论引经据典，

①若卢是朝廷直管的监狱名称，也叫诏狱。诏狱设有令、丞主事，或分左、右丞，属少府管理。

夸夸其谈，不切合实际，因此不太重用他。于是，王吉便借口身体不适，返回家乡。汉元帝即位后，派遣使者征召王吉入朝。但王吉因为年纪太大，在入朝途中染病而亡。

贡禹，字少翁，琅邪郡（今山东潍坊诸城市一带）人。他以精通经义、品行高尚而著称，曾被朝廷征召为博士，不久担任了凉州刺史，后因病辞官。又被推举为贤良，被朝廷任命为河南县（今洛阳市境内）县令。他任职县令一年多，因公事被上级府官批评，被迫脱帽谢罪。他说：帽子一旦摘下来，岂能再戴！于是辞官回乡。贡禹隐居多年之后，元帝把他请出来，任命为谏大夫。元帝以甘当小学生的姿态，屡次虚心向贡老先生请教治国理政之道。贡老先生每次都是侃侃而谈，谈古论今，但核心的意思就是两个字：节俭。作为新上任的皇帝，需总揽工作全局，摆在他面前的大事、急事一大堆，仅仅靠这两个字来治国理政是远远不够的。所以司马光在《资治通鉴》中记述这一历史事件时就曾批评说，元帝刚刚即位，向贡禹虚心请教，贡禹应该把急事、大事放在第一位，把缓事、小事放在第二位。谦恭谨慎、节约简朴，本来就是元帝所具有的品质，贡禹却煞费苦心，提出这些建议。假如他连这些都不知道，怎么能称得上贤能！假如他知道了不说，那罪就更大了。不久，贡禹上书说：我已经八十一岁了，耳朵聋，眼睛花，我的建议“非复能有补益”，像我这样老态龙钟的人成了“污朝之臣”，希望能辞去官职，返回故乡，若能如愿，便死而无憾了。元帝批示说：朕因为先生具有廉洁直率的品德，遵循经义，坚守古道，不盲目屈从跟风，孜孜不倦地为民请命，因而想多亲近先生，希望先生参与国政。如今朕还没来得及多听先生的惊世之论，先生却请求隐退，难道先生有什么不顺心的事吗？于是又提拔贡禹做了长信宫的属官长信少府。不久，再次提拔他担任负责监察百官、代朝廷起草诏命文书的御史大夫，列于“三公”之位。然而，仅仅几个月，贡老先生就作古了。汉元帝非常遗憾，不仅赐钱百万，而且还任其子为郎官。

在选人用人上，汉元帝重名而不重实，他不看治国理政的真本事，就看懂不懂孔孟之道，结果从上到下提拔重用了一批坐而论道的书呆子。所以史学家班固在评价元帝时说，“征用儒生，委之以政”。他所重用的那些人都被儒家经书的思想观点所牵制，思想僵化，优柔寡断。以刘奭为皇帝的领导团队，“宽弘尽下，出于恭俭，号令温雅，有古之风烈”，说着好听，看着好看，犹如海市蜃楼、镜花水月，中看不中用，他们当官掌权之后，使宣帝的中兴之业“衰焉”。

汉元帝“柔仁好儒”，不仅按照自己认定的“儒生标准”选人用人，而且还按照这个标准来培养接班人。初元二年（公元前 47 年），汉元帝册立皇子刘骜为太子，即后来的汉成帝。元帝把韦玄成调来，任命他为太子太傅。四年后，元帝又任命韦玄成担任御史大夫；又过了一年，提拔他担任丞相。那么，韦丞相到底干得怎么样呢？应该说，他很有学问，廉洁、人品好，但一遇国家大事就发毛。史书记载说，永光二年（公元前 42 年），全国粮食歉收，“朝廷方以为忧”，此时又传来羌人叛乱的消息，元帝召集韦丞相等人开会研究应对之策，但“玄成等漠然，莫有对者”。建昭三年（公元前 36 年），韦玄成病死。（据《汉书·元帝纪》《汉书·王贡两龚

鲍传》,《资治通鉴》第二八至二九卷)

(三)任性妄为,宠信和重用宦官

石显知道自己专权跋扈已引起一些大臣的不满,他很担心有人在元帝面前告他的状,从而使元帝疏远甚至抛弃他,于是他经常向元帝表达忠诚,甚至故意设置一些小项目,以观察和验证元帝对自己的态度有无变化。一次,石显奉命去征调物资,他对元帝说,恐怕回宫太晚,宫门关闭,可否说奉陛下之命,让门吏开门?元帝便同意了。又有一次,石显出宫,故意拖到半夜才回来,并宣称元帝有令,让门吏打开宫门。第二天,果然有人告发石显假传圣旨,私开宫门。元帝还拿出控告信让石显看。石显趁机流着眼泪说,陛下宠爱和信任我,将很多事情交给我办理,这必然会引起别人对我的嫉妒和陷害。我愿意辞去中枢要职,只在后宫里面负责打扫卫生,这样即使死了,也无怨恨。石显可怜巴巴的说辞感动了元帝,于是元帝重加厚赏。类似这样的赏赐,再加上文武百官送给他的钱,石显的家财竟然达到一亿钱之多。当初,石显诬告萧望之,使萧望之被迫自杀,朝廷内外舆论都对石显进行抨击。石显为了解脱自己,通过中间人极力拉拢元帝引进的大儒、时任谏大夫贡禹,并积极向元帝建议提拔重用。这非常符合元帝的心思,贡禹很快进入“九卿”之列。石显就是靠这样的手段来掩盖自己的恶行,并骗取元帝对他的信任。对此,史学家荀悦曾感叹说,奸佞忽悠君主的办法实在是太多了!作为君主,要想不被下面的人忽悠,就应该做到“德必核其真,然后授其位;能必核其真,然后授其事;功必核其真,然后授其赏；罪必核其真，然后授其刑；行必核其真，然后贵之；言必核其真，然后信之；物必核其真，然后用之；事必核其真，然后修之”。

但汉元帝对石显所说的话、所办的事，从来不“核其真”，对他的信任超过任何人，大臣向他反映石显的问题，他当成耳旁风，而石显向他诋毁别的大臣的话和提出的处置意见，他却无不采信。对此，京氏易学创始人、善于将灾异与政治有机联系起来、既懂天象又懂政治的易学大师、政论家京房，充分利用为汉元帝解说灾异的机会，劝谏元帝远离宦官，却遭到石显的阴谋陷害，最终被诛杀于街市。

京房，本姓李，字君明，按照《易经》之推律自定为京氏，东郡顿丘（今河南濮阳市清丰县）人。少时曾师从著名的易学大师焦赣。焦赣，又名焦贡，字延寿，梁国睢阳（今河南商丘市）人。汉昭帝时，焦赣出来当官，政绩很好，后来辞官潜心研究《易经》，著有《焦氏易林》等。焦赣常说：“得我道以亡身者，必京生也。”京房擅长预测灾异变化，用风雨寒温来占卜未来，每次都能应验。他不仅对《易经》有很深的研究，对政治问题也颇有研究。京房继承了前人将天象变异与政治问题挂钩的做法，将发生的灾异与自己的政治观点巧妙地衔接起来，从而讲述能够让皇帝听得懂并高度认可的灾异原因、政治应对以及对未来自然天象和社会发展趋势的预测。初元四年（公元前45年），京房走上仕途，被推举为“孝廉”，成为一名郎官。这期间，他多次运用《易经》理论，引用《春秋》典例和名言名句，上疏解说灾异之因，其中不乏针对宦官专权的指责，因此得罪了石显；又因其创立的京氏易学与石显的党友——治易权贵、尚书令五鹿充宗的学说观点相排斥，受到五鹿充宗的嫉妒和忌恨。五鹿充宗复姓五鹿，名充宗，代郡（今张家口市蔚县一带）人。他是《齐论语》和梁丘《易》的传人，汉元帝宠臣，依附于中书令石显。建昭元年（公元前38年），五鹿充宗升任少府，位列“九卿”。由于他深受汉元帝的宠信，被任命为尚书之长、负责官吏选拔任免和尚书各曹众事的尚书令，成为响当当的实权派。由于石显和五鹿充宗都与京房有矛盾，于是两人一起在元帝面前诋毁京房，给他戴上了一顶“诽谤政治、归恶天子”的“黑帽子”。京房被贬为庶民后，便潜心钻研《易经》，撰写了数十部二百多卷关于京氏易学的著作，流传于世。

后来，发生了西羌叛乱事件，并出现了“日蚀，又久青亡光，阴雾不精（清）”等反常天象。京房抓住机会，多次上疏阐述天象之变及其发展趋势，“近数月，远一岁，所言屡中，天子说之”。就这样，京房得到了元帝的宠信。元帝欲提拔他为官，但京房坚决不从。于是元帝就把他作为应询专家留在自己的身边。其实，京房阐释灾异的真正目的在于向元帝施加政治影响，改变其拙政，推进政治清明。每次元帝召见他时，京房都详细讲述灾异之源和应对之策，并趁机宣讲自己的政治见解。一次，京房对元帝说，“古帝王以功举贤”，则诸事顺成，祥瑞竟至，应该命令“百官各试其功”，这样就能使灾异止息。元帝被京房的讲解所打动，于是，就命令他研究一套对官吏实施绩效考核的制度和办法。京房经过深入思考和研究，拿出了“考功课吏法”奏报给元帝。元帝对这个东西吃不透、拿不准，便命令公卿大臣与京房在温室殿进行讨论，并拿出可行还是不可行的明确意见。在讨论中，公卿大臣们多数认为这个办法操作起来太烦琐，但元帝对之有兴趣。

京房充分利用元帝问询灾异的机会，对他盲目宠信宦官石显等进行了苦口婆心的劝谏。京房问元帝：周厉王、周幽王执政时期为什么出现了国家危机？他们任用的都是什么人呢？元帝回答说：君王昏庸，任用的都是善于伪装的小人。京房点出周厉王、周幽王这两个因用人不当导致国家倾覆的历史案例之后，进一步追问元帝：周厉王、周幽王是明明知道他们是小人而任用呢，还是认为他们是贤能之人而任用呢？元帝回答说：当然认为他们是贤能之人才任用的。京房说：任用贤能之人，国家就能治理得好；任用小人，必然导致国家混乱。这是事物发展的必然规律。为什么周厉王、周幽王不觉悟，任用小人以至于陷入败亡呢？元帝说：乱世君王都认为他所任用的官员全都是贤能之人。假如都能自觉发现用人上的失误，就不会有天下危亡的君王了。京房说：陛下说得好。齐桓公、秦二世也知道周厉王、周幽王用人失败的故事，并讥笑过他们。可是，齐桓公任用竖刁，秦二世任用赵高，都造成了政治日益混乱、盗贼漫山遍野的局面。他们为什么不能用周厉王、周幽王的例子来检视自己的行为，从而改正用人上的不当呢？

京房用齐桓公宠信和重用太监竖刁、秦二世宠信和重用太监赵高，致使宦官扰乱朝政、危害国家、伤害君王的历史案例来劝谏元帝远离宦官。

京房用一系列历史案例来劝谏元帝，目的就是希望他以此作为用人上的镜鉴，有所警醒和觉悟，疏远宦官石显等人。元帝说：只有治国得当的君王，才能以过去的事情来预测未来。于是，京房脱下帽子，叩头说：自陛下登基以来，不断发生地震、早霜、泥石流、水灾、旱灾、虫灾，百姓饥馑，瘟疫流行，盗贼横行，受过刑罚的人充满街市，《春秋》所记载的灾异已全面显现。依陛下看，现在是治世，还是乱世呢？元帝说：已经乱到极点了，这还用问吗？京房说：陛下现在用的是些什么人呢？元帝想了半天才反问道：现在扰乱国家的人是谁？京房回答说：陛下自己应该知道。元帝说：我不知道。我知道的话怎么还会用他？京房说：陛下最信任、与他在宫廷之中商议国家大事、掌握用人权柄的人——就是他。很明显，京房说的就是石显。元帝心里也明白，他对京房说：我晓得你的意思。京房把劝谏元帝的话说透了、点明了，于是叩头告退。

汉元帝并没有因京房的劝谏而开窍，他继续宠信和重用宦官，石显等人对京房更加忌恨。后来，元帝询问“考功课吏法”的事，京房就把该法的导向作用、操作要点以及预期效果等向元帝讲了一遍，于是元帝就让京房推荐其弟子中“晓知考功课吏事者，欲试用之”。石显和五鹿充宗想趁机把京房从元帝身边赶走，便上奏说，“宜试以房为郡守”。元帝认为很有道理，就任命京房为治所在邺县（今河北邯郸市临漳县境内）的魏郡的太守，年俸八百石粟谷，在同级官员中最低。京房上任后“居得以考功法治郡”。京房离开朝廷后，石显等人借机罗织罪名，诬告陷害京房和京房的弟子兼老丈人张博。

张博跟从京房学易，并将自己的女儿嫁给京房为妻。京房每次朝见元帝，张博都陪同参加，并帮京房说话。张博还建议京房为陈县（今河南周口市淮阳县）淮阳王草拟奏章，要求入朝，以换取淮阳王对推行“考功课吏法”的支持。此事被石显所知，他向元帝劾奏张博。张博、京房都被安上通谋诸侯王诽谤政治、以邪意引导诸侯王等罪名被斩首，亲属皆被放逐边疆。

石显陷害和整倒的官员还有很多，御史中丞陈咸和槐里县（今陕西咸阳兴平市东南）县令朱云就是其中之二。

陈咸，字子康，沛郡洨县（今安徽蚌埠市固镇县）人。其父陈万年最初是一位郡吏，在郡太守身边跑腿打杂。陈万年深谙升官之道，一方面在工作上勤奋努力，不贪不占；另一方面拉关系、走门子，舍得为自己升迁投资铺路，因此仕途走得比较顺畅。他由最初的郡吏到县令，从县令到广陵（今江苏扬州市）太守，从太守到太仆，疾步如飞。宣帝时，丞相邴吉得了重病，公卿大臣都去看望，太仆陈万年也随之前往。寒暄问候一番后，大家都走了，陈万年却留下来，像孝子那样精心照料邴吉，直至天亮才回去。从此以后，他每天都往相府跑，无微不至地侍奉邴吉，使邴吉感动不已。后来，汉宣帝去探视邴吉，顺便询问谁可以胜任公卿之位，邴吉为陈万年说了一大堆好话。不久，陈万年就被任命为御史大夫，地位仅次于丞相，主管弹劾、纠察及掌管图籍秘书等事，挤进“三公”。

陈咸十八岁时，凭借其老爸陈万年在朝中的地位担任了郎官。陈咸不像老爸那样善于巴结权贵，他能力突出，性情耿直，疾恶如仇，多次评议朝廷政事，指责讥讽皇帝身边的宠臣，并向元帝上疏达几十次。元帝认为陈咸忠直，将其提拔为左曹。

陈万年去世后，元帝提拔陈咸担任了御史中丞，主要职责是承接各州郡的奏章，负责考核评定地方官员政绩。公卿以下的官吏对陈咸的公正无私又敬又怕。对中书令石显在朝廷的独断专行，陈咸很看不惯，他经常与好友朱云一起议论石显，并指责石显等人的恶行。

朱云，原籍今山东南部一带，后来移居右扶风平陵县。他从少年开始一直好任侠，喜勇武，重交谊，到了不惑之年却改变了志向。朱云跟从博士白子友学习《易经》，又师从前将军萧望之学习《论语》，非常刻苦和努力，在经学和儒学方面都能传承师业，并有较高的知名度。朱云所学的《易经》与石显死党五鹿充宗所研究的梁丘《易》分属两个学派。元帝喜好梁丘氏的《易经》学说，他想考辨一下梁丘氏与其他《易经》学派观点的异同，于是组织了一场《易经》学术辩论会。由于五鹿充宗有背景和靠山，再加上他能言善辩，诸儒中没有人敢于同他论战。此时，有人推荐了朱云。元帝下令让朱云与五鹿充宗对辩。朱云提衣登堂，声音洪亮，刨根问底，屡屡将五鹿充宗驳倒，在场的诸儒私下嘲笑说：“五鹿鹿角高，朱云断鹿角。”五鹿充宗丢了面子，便对朱云怀恨在心。元帝认为朱云博学多才，遂拜为博士，不久又提拔他担任京兆尹杜陵县县令。由于朱云好任侠、重交谊，他依仗职权故意放走了亡命之徒，因而获罪。正巧赶上皇帝大赦，朱云不仅被免罪，而且还被推举为“方正”，朝廷任命他为右扶风槐里县县令。

五鹿充宗和石显为了打击报复朱云，把朝廷已经赦免他的罪过搅弄起来。有关官员怀疑朱云暗中唆使差吏杀人。一次，群臣朝见元帝，因元帝对朱云在《易经》辩论会上的表现印象深刻，便向丞相韦玄成打听朱云的政务工作情况。此前由于朱云多次上疏指控丞相韦玄成只顾安身保位、不能进贤退不肖等错误，因此韦玄成也不给朱云说好话。他告诉元帝，朱云没有善政。当时，御史中丞陈咸也在场，他把此事告诉了朱云，并给朱云出主意说，应该上疏元帝为自己辩解，同时还帮助朱云起草奏章，请求元帝将此事交给御史中丞陈咸处理。但元帝却把此事交给丞相韦玄成查处。朱云听到消息后，立即去找陈咸商议对策。他们的这一举动又被韦玄成获悉。于是韦玄成便向元帝奏报：陈咸身为高官，有幸得以觐见皇上，不仅泄露他所听到的话，而且还替朱云起草奏章，企图蒙骗皇上把朱云的案子交给自己处理。陈咸明明知道朱云故意放跑亡命罪犯而获罪，却与他勾勾搭搭，企图帮助他掩盖罪责，逃避法律的惩处。于是，元帝下令把陈咸、朱云关进监狱，判处髡刑，罚做五年的筑城苦役。

初元二年（公元前 47 年），弘恭因病而死。照理说元帝应该安排一位坚持公平正义的人担任中书令，以制衡权力过于集中的石显。但元帝将中书令这个职务又给了石显，这进一步扩大了石显的权力，使其“得肆其邪心而无复忌惮者也”。因此，在元帝统治时期，朝廷出现了“小人成群”，“合党共谋，违善依恶”，群臣不干本职工作、专门制造恶毒的谗言，官吏惊恐不安、人人自危的可怕现象。（据《资治通鉴》第二八至三十卷，《汉书・眭两夏侯京翼李传》《汉书・佞幸传》《汉书・公孙刘田王杨蔡陈郑传》《汉书・杨

胡朱梅云传》）

（四）选拔“不以为能”的儿子为接班人，给国家造成不赀之损

历史的发展有时候竟然惊人的相似。刘骜同他的父亲元帝一样，也非常喜欢儒术。当年宣帝对时任太子刘奭的看法和评价以及欲废欲立、犹豫不决的那一幕，不可思议地又在元帝刘奭和太子刘骜身上复现了。史书对太子刘骜的评价和记载是，“壮好经书，宽博谨慎”，但“上不以为能”。但刘奭的“没有能力”与刘骜的“没有能力”是有差别的。刘奭没有能力，是能力素质很高、被世人誉为“贤君”的宣帝对其的评价；而刘骜没有能力，是被历史学家司马光评价为“易欺而难悟”的昏君元帝对其的评价。太子刘骜比他老爹刘奭还多一样“本事”，那就是“幸酒，乐燕乐”。元帝的另一位儿子山阳王刘康，史书记载他很有才干。刘康的母亲傅昭仪也很受元帝的宠爱。像当年宣帝想废掉刘奭、立刘钦为太子一样，元帝也曾想把刘骜的太子帽摘下来，戴在刘康头上。元帝晚年多病，不大过问政事，“留好音乐”，有时候把军中所用的骑鼓放在殿下，元帝站在走廊上，就能用铜丸投击鼓面，发出一连串紧密动听的声音。这一点，他的一大堆妻妾和左右侍臣，包括对音乐有素养的人，都办不到，但儿子刘康能办到，元帝以此来称赞他有才能。及至元帝病重不能起床，都是傅昭仪和她的儿子山阳王刘康侍奉在床前，而皇后王政君和太子刘骜很少能够进见。元帝的病情逐渐加重后，情绪不稳，但他几次向尚书查问汉景帝废掉皇太子刘荣，改立

胶东王刘彻（即汉武帝）当皇太子的旧事。这时，太子的大舅父阳平侯王凤做卫尉，负责统领卫士守卫宫禁，他与皇后姐姐王政君、太子外甥刘骜一样忧心忡忡，但都不知道采用什么办法才能挽救危局。后来他们一起请托史高之子、驸马都尉史丹在元帝面前为太子刘骜求情。史丹是元帝最信任的大臣之一，“自元帝为太子时，丹以父高任为中庶子，侍从十余年。元帝即位，为驸马都尉侍中，出常骖乘，甚有宠。上以丹旧臣，皇考外属，亲信之，诏丹护太子家”。元帝患病后，史丹以亲密之臣身份得到守护和侍奉元帝的机会。因此，史丹借机进入元帝寝室，伏在青蒲席上流着眼泪说：刘骜以嫡长子的身份被陛下封为太子，到目前已有十多年了，他的尊号早就家喻户晓，天下吏民无不归心，人们都愿意做他的臣民。我看见刘康一向得到陛下的宠爱，如今宫廷内外纷纷传言，太子的地位不稳。如真是那样，上至“三公”“九卿”，下至普通官吏，都会以死相争。现在，我伏祈陛下先赐我死，作为群臣的表率。元帝听到史丹的话说得忠诚恳切，也就改变了主意。他叹了一口气，说：我的病日益严重，太子刘骜、山阳王刘康、信都王刘兴年纪都小，对他们的未来，我怎么不挂念呢！可是，我从来没有改立太子的想法。元帝接着说：皇后一向通情达理，小心谨慎，先帝又非常喜爱太子，我怎么能够违背先帝和皇后的意旨呢？你是从什么地方听到这些话的？当了十六年皇帝的刘奭，这个时候也不愿意再得罪皇后和太子了。但后面的问话把史丹吓坏了，他立即后退，连连叩头，说：我愚昧无知，妄信谗言，罪该处死！元帝对史丹说：朕的病越来越重了，恐怕好不了了，你可要好好地辅佐刘骜，不要辜负了我的信任和重托。经过史丹的劝谏，因“不以为能”而摇摇欲坠的太子刘骜，却稳固了太子地位。虽然史丹在元帝那里吓出了一身冷汗，但在皇后王政君、太子刘骜那里立下了大功。

元帝从来不从政治上考虑问题。他重用儒生，是因为他爱好儒术；他宠信石显，是因为石显“久典事，中人无外党，精专可信任，遂委以政”；他打击迫害萧望之等人，是因为石显说他们不好。石显说不好的人，他就打击；石显说好的人，他就提拔重用。他明明知道太子“不以为能”，却把他册立为接班人。他不讲政治，不讲原则，没有是非曲直，始终跟着石显的意图走。石显把持朝政，中央集权被严重削弱，统治阶级内部矛盾突出，社会矛盾日益尖锐，土地兼并不断加剧，贪官酷吏横行，百姓流离失所，西汉由此开始走下坡路了。

汉宣帝在政治上最大的败笔就是没有选好接班人。选什么样的人接班，不是皇帝的个人问题，不是皇帝和太子的感情问题，也不是刘氏皇族的家族问题，而是一个关系全局、关系长远、关系国家前途命运和人民群众福祉的重大政治问题，来不得半点马虎和迁就照顾。迁就照顾不是向他，而是害他；不仅他将来即位以后，因干不成事而声名狼藉，而且也使立他为太子的皇帝名誉受损；不仅给国家和人民造成现实的危害，而且还遗患无穷。更严重的问题是，不仅乱他一届朝政，而且在他糊里糊涂的执政理念下，他选的太子，素质只会更差。

宣帝之前的汉废帝刘贺，仅仅当了二十七天的皇帝，却干了千余件坏事，被大司马、大将军霍光给废了，所幸没有对国家大局造成太大的负面影响。从昏庸皇帝刘奭与坏蛋皇帝刘贺对国家和人民所造成的实际危害看，刘奭要比刘贺严重得多。刘奭虽然不直接干坏事，但他昏庸无能，是非不辨，大肆提拔重用一天到晚围着他转的宦官，而宦官充分利用刘奭为其提供的平台，祸乱国家，打击忠良，危害百姓。然而，就大多数吏民来说，他们认为没本事的刘奭是个好人，而干坏事的都是那些蒙骗皇帝、专权跋扈的宦官。所以，他们都非常痛恨宦官，对刘奭虽然也有抱怨之声，但更多地持有同情和怜悯之心，尤其是在封建正统思想为全社会共识的条件下，人们都知道刘奭“根红苗正”，所以，谁也不愿意背负大逆不道之罪名，冒着巨大风险去搞谋反和政变，从而把刘奭这个正宗皇帝赶下台。因此，废黜混蛋皇帝相对容易，而扳倒昏头皇帝非常困难。

汉宣帝时期的谏议大夫、辞赋家王褒认为，“贤者，国家之器用也”。他说，把一把手配强了，就如同工匠使用锋利的工具，花很少的力气却能取得很多成果；一把手配不强，就好像工匠使用的工具不锋利，即便一天到晚忙忙碌碌，也出不了什么成绩。王褒还把用人不当比作智力障碍者骑劣马，即使勒破马嘴、抽坏马鞭，马也不能往前行走。王褒的这两个比喻很形象、很贴切。（据《资治通鉴》第二六、二九、一三九、一六六卷，《汉书·王商史丹傅喜传》）

三、依靠外戚的汉成帝：“违道纵欲，轻身妄行”

竟宁元年（公元前 33 年）夏，四十二岁的汉元帝刘奭驾崩，十八岁的刘骜即位，是为成帝，是西汉的第十二任皇帝。成帝根据做太子时听到的议论和登基后公卿大臣们的强烈反映，将石显改任长信宫皇太后车马之官长信中太仆。

元帝死了，石显失去了政治靠山和保护伞，又被调离中枢要职，丞相、御史等一改过去逢迎巴结的态度，毅然成了敢于“反潮流”的汉子，他们大胆地上奏成帝，举报石显的种种罪行，陈词激昂，义愤填膺。接到丞相、御史的奏章，成帝将石显的长信中太仆也给拿掉了，对石显的铁杆死党和党羽，或罢官，或贬官，如将传达诏令的谒者令副官中书仆射牢梁以及宦官陈顺等予以罢免，将负责元帝私财的少府五鹿充宗贬为边远的玄菟郡（今辽宁抚顺市境内）太守，御史中丞伊嘉贬为雁门（今山西朔州市右玉县南）都尉①。在官场上一路顺风顺水，没有经历过挫折和坎坷的石显，经受不住这样的打击，在被押回原郡的途中忧郁愤懑而死。那些因巴结石显而获得官位的人，也都全部罢黜。

成帝干的这件事得民心、顺民意，他也因此威信大振。但后面发生的事情却让广大吏民对他感到失望，甚至厌恶和气愤。

（一）重用外戚，排斥皇族中的贤者和非皇族才俊

成帝的母亲王政君娘家是个大族，兄弟姐妹一大堆。成帝即位之初，就任命其大舅父侍中、卫尉、阳平侯王凤为大司马、大将军，主管尚书事务。这三个职务集于一人之身是非常厉害的。大司马，执掌国家军政大权，但不直接管军队。汉武帝时罢太尉，置大

① 都尉，领兵驻守防盗贼，主地方治安，官秩二千石。西汉时，朝廷在雁门、上谷、代、定襄、云中、五原、朔方、辽东、辽西等边郡都设有东、西两部都尉，以防备匈奴侵扰。

司马，多授予特别宠信的外戚，一般与大将军、骠骑将军、车骑将军等联称。大将军是最高军事统帅，主管尚书事务，颇有实权。尚书是政府高官，汉武帝之后多由宦官充任，又称中书令，一直到汉成帝时才改用士人担任。汉成帝让大舅父王凤一人担任这三个职务，等于把国家的军政大权和用人权等都交给了王凤。接着又封另一位舅父光禄大夫、关内侯王崇为安成侯，并赐封其他舅父王谭、王商、王立、王根、王逢时为关内侯爵位。建始四年（公元前 29 年）三月，成帝又任命王商为丞相，由他来辅佐皇帝，总理百政，为百官之长。河平二年（公元前 27 年）六月，成帝又将他的五位舅父全部封侯，封王谭为平阿侯，王商为成都侯，王立为红阳侯，王根为曲阳侯，王逢时为高平侯，并皆享封地。外戚五兄弟在同一天被封侯，前所未有，故世人称之为“五侯”。

成帝上台伊始就给五个舅父同时封侯，引起了朝臣们的强烈反对。他们普遍认为，成帝把重要官位和高级爵位这一有限的政治资源一下子输送给他的五位舅父，赘食太仓，无功受封，严重违背了汉高祖刘邦定下的规矩，毫不顾忌用人导向和负面影响。谏大夫杨兴、五经博士驷胜上呈奏疏说：汉高祖刘邦曾经立约，臣属非功臣者一律不得封侯。现在皇太后诸弟无功而封侯，如此施恩于外戚，破坏了先帝的初心和规矩，从而导致天象异变。成帝对杨兴、驷胜的奏章，饰非拒谏，根本不予理睬。但是，大将军王凤闻听此奏和朝廷内外的舆论指责害怕了，他上疏请求辞官退休，但成帝不准，下诏慰留。于是，王凤继续当他的大司马、大将军。

过去元帝宠信宦官石显，朝廷上下强烈反对，成帝上台后把石显拿掉了，他不再走盲目宠信宦官的老路，所以他要提拔和重用外戚。外戚毕竟与自己存在亲戚关系，显然比宦官石显那样的外人更可靠。所以，他上任之后，不仅把五位舅父都封了侯，而且还把皇太后王政君娘家一族其他男人一个不落地全都提拔为卿、大夫、侍中、诸曹。王姓一族转瞬之间鸡犬升天，“分据势官满朝廷”。

成帝为太子时，“以好色闻”，当了皇帝以后更是忙于后宫，根本没有时间和精力处理朝政，于是全权委政于王凤。王凤执掌着国家大权，说一不二，甚至成帝自己想做点什么事，也需要王凤批准。比如，成帝身边的侍臣曾推荐掌顾问应对的光禄大夫刘向的幼子刘歆，说他博学卓识有奇才。成帝召见刘歆并与他谈话，刘歆背诵诗赋，谈吐不凡。成帝非常喜欢，想任命他为给事左右、掌顾问应对的中常侍，便命左右之人取来中常侍的衣冠，正准备行拜官礼时，左右侍从中有人忽然提醒成帝，这事还没有让大将军知道呢！成帝说：这么点小事儿何必通报大将军呢！左右之人叩头力争，成帝便将此事告诉了王凤。王凤认为不可，这事就此作罢。王凤作为主管尚书事务的大司马，掌握着朝廷的用人实权，他知道刘向和他的小儿子刘歆（后改名为刘秀，与光武帝刘秀同名同姓）都是刘氏皇族里面有学问、有能力、人品端正、才学不凡、出类拔萃的优秀人才。但掌权的外戚王氏，对皇族的拔尖人才，是要坚决予以压制和排斥的。如果把刘歆提拔起来，一旦刘歆成事，那王氏家族的政治利益不就被挤占一块吗？所以，无论是王凤，还是后来的王莽，他们都使用优秀人才刘向、刘歆父子，但从来不予重用。在朝廷，唯有王凤说了算，皇上说了不算，王凤不同意，皇上就办不成事。

对王凤的专权，成帝不是没看法、没想法，而是自己挺不起个儿，不敢得罪王凤。谁要是同情成帝，给他出点什么主意，他反过来又把人家卖了治罪。京兆尹王章就被汉成帝耍了一把。

王章，字仲卿，泰山钜平（今山东泰安市）人。当初他因文才而做官，经多次升迁，官至谏大夫，在朝廷以敢于直言而闻名。元帝即位之初，提拔他担任了左曹中郎将。此官居宫禁之中，与五官、右中郎将分领中郎，值更宿卫，协助光禄勋考核所管理的郎官和谒者从官，官秩二千石，隶属于光禄勋。王章与御史中丞陈咸是铁哥们，此前，他们团结起来与宦官石显作斗争，被石显陷害，陈咸被判处剃掉头发的髡刑，王章被免去官职，成为平民。

成帝即位后，经有关大臣推荐介绍，皇上征召王章为专掌议论的谏大夫。不久，王章升任司隶校尉，主要负责查处京都百官及京师附近的“三辅”（京兆尹、左冯翊、右扶风）、“三河”（河东、河内、河南）、弘农七郡官员中的违法乱纪者。后来，原京兆尹王尊被免职，而新任命的代理者又不称职，经主管尚书事务的王凤的物色和推荐，朝廷任命王章担任了京兆尹。王章的京兆尹虽然是王凤推荐的，但王章对王凤专权看不惯，所以他并不亲附王凤。王章向成帝上奏疏：发生日食，都应归咎于王凤专权，蒙蔽主上。成帝接到奏疏后琢磨半天，觉得此话有理，于是召见王章，进一步询问。王章就把王凤“诬罔不忠”之事一件件地告诉了成帝，并说：“今政事大小皆自凤出，天子曾不一举手。”他建议成帝不应让王凤长期主持国政，而应将他退回其府第，另选忠诚贤能的人代替他。成帝对舅父王凤专权一直愤懑不平，听了王章的一席话更有感触和醒悟，欲采纳王章的建议。他对王章说：若不是京兆尹直言，朕听不到国家大计。只有贤者才了解贤者，请你为朕推荐一位能够辅政的优秀人才。于是，王章给他推荐了琅邪郡太守冯野王。

冯野王，字君卿，上党潞县（今山西长治市）人，左将军、光禄勋冯奉世之子。冯野王少时受业于博士，精通《诗经》，因父亲的功名和品行，被任命为太子中庶子，成为东宫太子的侍从官，职如侍中，归太子太傅和少傅管理。冯野王十八岁时，就向汉宣帝上疏自荐，希望能试任长安县令。“帝奇其志”，询问丞相魏相是否可以。魏相认为冯野王是一个毛孩子，没有任何政务工作经验，岂能干得了这个活。于是宣帝就把这事放下了，但他记住了冯野王这个名字。后来，宣帝以功次补任冯野王为南郡（今湖北荆州市境内）当阳县的县令，不久又先后调任他为栎阳县（今西安市阎良区）县令和夏阳县（今陕西渭南韩城市境内）县令。汉元帝即位后，提拔冯野王担任了陇西郡的太守，因其政绩突出，调任左冯翊。冯野王上任后发现，池阳县（今陕西咸阳市泾阳县境内）县令“并”，一贯贪污腐败。冯野王便安排掾属赵都立案查处，很快查实了“并”监守自盗十金的罪行。由于“并”抗拒抓捕，赵都将他诛杀。“并”的家属上疏申冤，案件交由最高司法审判机构的长官廷尉处理。赵都在审判官面前以自杀来证明自己是公正执法，与冯野王没有任何关系。对此，京师吏民都称赞冯野王的威信。于是冯野王被提拔为掌管礼宾等事务的大鸿胪。

竟宁元年（公元前 33 年），御史大夫出缺后，大臣都推荐由大鸿胪冯野王补任此职。汉元帝命令尚书在年俸二千石的高级官员中挑选，冯野王因品行好、能力强被评为第一名。汉元帝征求石显的意见时，石显知道冯野王坚持原则、公平正直，不愿意让他担任监察百官的御史大夫，于是就阴阳怪气地说：照直说，九卿之中没有比冯野王更合适的人选了，可是，冯野王是冯昭仪的哥哥，我担心后世评论起此事，会认为陛下越过许多贤能，而对后宫亲属徇私，才提拔到“三公”之位。汉元帝从来都认为石显说的话有道理，于是他拾人牙慧，对群臣说：我如果任用冯野王为“三公”，后世一定会抨击我对后宫亲属徇私，会把冯野王拿出来作为例证。冯野王叹息说：别人因为受皇帝宠爱的妃子而尊贵，而我们兄弟却因此而卑贱！冯野王虽然没当上“三公”，但仍然很受器重。汉成帝即位后，有关部门上奏称冯野王是国舅，不适合备职“九卿”，依据品级可出朝担任治所在肤施县（今陕西榆林市境内）上郡的太守，并加赐黄金百斤。后来冯野王因病免职，病愈后负责治理黄河堤岸。汉成帝早年当太子时就听说过冯野王，于是又任命他担任了琅邪郡的太守。

京兆尹王章每次入朝进见，汉成帝都会命左右侍从退出，但有一次，皇太后王政君的堂弟之子、侍中王音窃听了成帝与王章的谈话内容，并将谈话内容原原本本地报告给了王凤。王凤听后甚为忧虑和恐惧，于是搬回原来的侯府，还上疏成帝请求辞职退休，并讲了三条理由，他说“臣材驽愚戆，得以外属兄弟七人封为列侯，宗族蒙恩，赏赐无量”，可是自己辅政以来，“所言辄听，荐士常用。无一功善，阴阳不调，灾异数见，咎在臣凤奉职无状，此臣一当退也……咸以日蚀之咎在于大臣非其人，《易》曰‘折其右肱’，此臣二当退也……臣久病连年，数出在外，旷职素餐，此臣三当退也”。王凤讲完这三条辞职理由之后，又可怜巴巴地请求说：陛下因为皇太后的缘故，不忍心废免我的官职和爵位，我自己也知道应当被流放到远方，但是心中又想，我的家族蒙受的皇恩无法报答，我应当勤勉工作，不惜粉身碎骨，不能因为自己没用了，就产生离开皇上的念头。这一年多来，我的身体确实遭受疾病的折磨，且日趋严重，我的愿望也难以实现，所以，只求辞职回家，自行养病，希望仰仗陛下的神明，幸而不死，短期之内能够病愈，再次见到陛下，否则，一定埋于地下了。我没有才能，却得到陛下宠爱，天下人都知道我蒙受了厚重的皇恩，我因病辞职回家，人们都知道我被陛下哀怜而降恩。我退归乡里对国家大有好处，不会引起其他非议，请陛下可怜我！由于王凤的措辞十分哀怜，皇太后王政君闻讯后也流下眼泪，不肯进食。成帝得知皇太后的态度之后，也变卦了。他从小就亲近倚靠舅父王凤，甥舅感情一直不错，他不忍心拿掉舅父的大司马、大将军职务，使他老人家心里不舒服。于是，元帝下诏优礼安抚，他说：“朕秉事不明，政事多阙，故天变屡臻，咸在朕躬。将军乃深引过自予，欲乞骸骨而退，则朕将何向焉！《书》不云乎？‘公毋困我’。务专精神，安心自持，期于亟瘳，称朕意焉。”王凤受到成帝安慰后，立即“起视事”。

此时的成帝刘骜，作为一国之君，却干起了小人勾当——他让有关大臣上疏弹劾王章，并将王章交由廷尉处理。于是廷尉以“大逆罪”，将王章逮捕法办。王章很快死于狱中，他的妻子儿女也被流放到遥远的合浦郡（今广东湛江市徐闻县境内）。冯野王听说王章死了，恐惧不安，也病倒了，病假期满后，又续请病假，和妻子儿女一起回老家治病。大将军王凤指使御史中丞弹劾冯野王请假养病只图自己安乐，持虎符出界回家，是领皇帝诏令而不敬重。最终，成帝免去了冯野王的官职。几年之后，冯野王在家中去世。“自是公卿见凤，侧目而视，郡国守相刺史皆出其门。”

按照王凤的旨意，成帝将窃听他与王章谈话并向王凤报告的侍中王音提拔为“三公”之一的御史大夫，负责对文武百官的监督监察。阳朔三年（公元前22年），王凤患病，成帝多次亲临探望，并拉着王凤的手，流着眼泪说：将军染病，朕盼望您尽快康复，万一有个三长两短，我想让平阿侯王谭接替您的大将军职务！王凤叩头哭泣说：王谭虽是我的至亲，但他的行事风格过于张狂，追求豪华奢侈，超越本分，官吏和百姓都看不惯他。御史大夫王音做人低调，谨慎小心，行事守规矩、走正道。我敢用性命来保举他。王凤将死时，上疏感恩，再次推荐王音接替自己，说王谭等五人必不可用。于是，成帝接受了舅父王凤的意见。王凤死后，成帝任命王音为大司马、车骑将军，任命王谭为位在“三公”之下的虚职——特进，并明确其主管城门兵。

虽然王凤死了，但王氏家族的势力并未受到削弱，州牧、刺史、郡太守和封国相等大都出自王氏之门。成帝所封的“五侯”喜欢参与人事，他们所推荐的人选，成帝全都予以提拔重用。王氏家族以“养贤好士”之“誉”到处传扬，行贿送礼的人从全国四面八方赶来，竞相呈献钱财珍宝，王家兄弟各家大院一天到晚都是宾客满门。“五侯”的弟子们骄横奢华，互相拼爹，并以此为荣，皇族势力已经相当薄弱了。对此，在朝廷摸爬滚打几十年的老臣刘向深感危机，他说：如今外戚的权势一天比一天兴盛，发展下去必然伤害刘氏皇族。我有幸是皇族的后裔，几代蒙受汉朝的厚恩，身为宗室遗老，先后侍奉过三位天子。成帝因我是先帝旧臣，每次进见，总是优礼相待。而今，面对外戚势力专权跋扈、皇族臣子遭受排挤打压的严重危机，我不说话还指望谁呢！于是，他给成帝写了密封奏疏，极力劝谏。他在奏疏中写道：陛下爱好儒学，还记得孔夫子说的那句至理名言吗？如果皇家不能主政，而由大夫主政，乃是危亡的征兆。如今外戚王氏家族乘坐红色车轮、彩色车毂的车子，年俸二千石粟谷的高级官吏达二三十人；佩戴青色、紫色绶带，帽子上饰有貂尾及绣蝉的高官充满朝廷，像鱼鳞一样排列左右，随便往空中抛一块瓦砾，就会砸到三个王姓大臣；王凤主持朝政，操弄国家权柄，为王氏家族谋取私利；“五侯”骄横奢侈，竞相贪赃枉法，拉帮结派，陷害忠良，攻击、诛杀大臣，品行卑鄙肮脏，还美其名曰“为治国效劳”；他们身怀私心，却假托为公，依靠皇太后王政君这棵大树，凭借着与皇帝的甥舅关系，树立家族的权威，培植自己的政治势力，目前尚书、九卿、州牧、郡守和掌握着国家中枢机要的官员几乎全都出自王氏家门；他们结党营私，党同伐异，权倾天下，遮天蔽日，巴结他们、受他们表扬的，得以拜官高升，得罪他们、被他们憎恨的，便受到诛杀伤害。现在是闲散者帮着他们宣传，掌权者为他们办事。他们排斥、孤立、削弱皇族，特别是对皇族中有智慧、有才干的人百般诋毁，压制排挤，使他们不得升迁，阻止他们在朝廷任职，生怕与自己分权。王氏兄弟占据着重要位置，家族势力盘根错节，从历史上看，外戚越分尊贵从来没有像今天王氏这样严重的。如果王氏家族有泰山那样的安稳，则皇上就有累卵那样的危险。陛下身为刘姓子孙，有守持宗庙的责任，而让皇权国统全都转移到外戚手中，反而让刘姓皇族降为“打工族”，陛下纵然不为自身打算，也得想想刘氏宗庙！刘向又将笔锋一转，隐约指责皇太后王政君，他说，妇人本应亲近夫家而疏远父母家，而今出现这样的情况，也不是皇太后的福气。最后，刘向建议说，陛下应公开下诏，做出有德于祖宗和天下的决定，任用宗室成员为左右辅臣，亲近和信任他们，重视和采纳他们正确的意见与建议；罢黜并疏远外戚，不把国家权柄授予他们，效法先帝的做法，让他们都回到各自的府邸，在名分和俸禄上给予厚待，以保全他们的宗族，这才是太后的本意、外戚的福分。这样，王氏可以永存，保持爵位和俸禄；刘氏可以长安，不失去国家社稷。刘向以善言建议皇帝压制外戚势力，并代表皇族势力发出了“到了最危险的时候”的呐喊。他试图通过上疏劝谏的方式促使皇帝“深留圣思”，从而有所改变。成帝读完他的奏疏后召见了刘向，为刘向的心意叹息悲伤。他对刘向说：“君且休矣，吾将思之。”但是,“终不能用也”。(据《资治通鉴》第三十卷,《汉书·赵尹韩张两王传》《汉书·冯奉世传》《汉书 · 元后传》《汉书 · 楚元王传》)

（二）斥巨资兴建陵墓，挥金如土

成帝即位后的第三年，下令在渭城（今陕西咸阳市境内）延陵亭兴建自己的陵墓。皇陵的建造，可谓国家重点工程，一般具有以下几个特点：一是风水好。皇帝作为享有一切特权的天之骄子，活着时所居住的宫殿，死后所埋葬的坟墓，都必须是风水最好的地方。只要皇家相中，无论是死人的坟墓，还是活人的房屋、林场、庄稼地等，原来的所有者、占据者或使用者，都必须无条件让出。二是花钱多。全国各地及藩属国送给皇上的贡献专由少府管理，少府将皇上的所谓“私钱”原则上分为三部分，一部分用于皇家宗庙祭祀，一部分用于接待宾客或使节，剩下的一部分用于建陵或购置随葬用品。由于皇陵建造往往大大超出预算，而少府那点钱根本不够用，于是国库就会拨出巨资用于建陵。史书记载，汉成帝刘骜建陵仅工程耗费就达“百亿之巨”。三是规模大，工期长，用工多。史书记载，汉武帝修建茂陵花了五十三年。近期考古发现，茂陵陵区东西约九点五公里，南北七公里，仅地面建筑遗址就有十四处，面积达三十二万平方米。

成帝在延陵亭建陵，这里的天然条件绝对优越，不仅完全符合风水宝地的几大原则条件，而且施工用土就地可取，所规划的地方地势高而开阔，又在他的祖父陵和父亲陵区之侧。延陵兴建了数年之后，成帝又相中了霸陵曲亭以南的一块地方，大概位于今西安市东郊白鹿原东北角，于是，下令丢弃延陵的半拉子工程，更换地点，重新营建昌陵。但在这里建陵，因地势低洼，需要远到东山去取土垫洼而堆成山岗，运费昂贵，土价几乎与粮价相等，不仅投入增多，而且工程量加大，修建陵墓仅使用的士卒、罪犯、夫役、工匠等费用就数以亿计，更不用说木材、方石、砖瓦等原材料的花费了。为了赶工期，夜里还要点燃油脂照明，昼夜苦干。昌陵工程宏大、豪华，历时数年都未完成，引起了朝中大臣的强烈不满。皇族老臣刘向率先上疏，他直言不讳地批评说，陛下即位之初，倡导节俭，最初营建的延陵规模不算太大，广大吏民无不称颂圣上贤明。可是，放弃延陵而改建昌陵，把大片低洼土地垫起来，堆土成山，挖掘迁移百姓的坟头上万个，搬迁和新建村镇，营建大量的居民房屋，工程量巨大，耗费国家资金达百亿之巨。这既折腾死人，又折腾活人，使死人地下怀恨，活人地上忧愁，我甚为痛惜！经过刘向等大臣的上疏或口头反映，成帝决定再次放弃建了半拉子的昌陵，回过头来重拾那半拉子延陵。

成帝这种“轻夺民财，不爱民力”的行为，遭到了坚守公平正义的凉州刺史谷永的上疏批评，他说：陛下采纳奸臣的馊主意，在建陵问题上来回折腾，工役已经百倍于楚灵王，耗资可与骊山秦始皇的陵园相比，弄得天下疲惫，吏民怨恨，饥荒频至，百姓流离，饿死在道路上的人达百万之多。各级官府的仓库里没有储备，平民百姓家里没有存粮，上下匮乏，互不能济。谷永还说，他所说的话如有半点不实，甘愿接受妄言之罪的惩罚！（据《资治通鉴》第三〇、三一卷,《汉书·楚元王传》《汉书·谷永杜邺传》）

（三）招赵飞燕姐妹入宫，成帝死在赵昭仪床上

成帝是有名的好色之徒，不仅大部分时间泡在后宫里，而且还经常“违道纵欲，轻身妄行”，见到长相美丽的姑娘，一定要下令弄到宫里。这个吊儿郎当的花花公子，不依本分，“乐家人之贱事，

厌高美之尊称”，将社会上一些邪恶不正、东游西逛的小混混收为私人门客，不分早晚多次离开禁宫，与他们混在一起。有时跑到吏民家里大吃大喝，穿着不合身份的服装，沉湎于轻狂的嬉闹。成帝在皇宫里待不住，更别说坐在案几前办公了，“公卿百僚不知陛下所在，积数年矣”。那些掌管门户、负责皇帝安保工作的官员手持武器而空守禁宫。在那个没有电视和互联网的时代，除了皇帝的近臣，其他人并不认识他，于是他就经常自称是富平侯，侍中、中郎将张放（娶许皇后的妹妹为妻）的家人，跟着一帮小混混，或乘小车，或全部骑马，出入市内街巷和郊野，远到位于今陕西延安市周至县境内的长杨宫和渭河北面的甘泉宫等地，去看斗鸡走马。

鸿嘉三年（公元前 18 年），成帝微服出游，踏进阳阿公主家。阳阿公主在她的府中教养了一批女孩，其中就有赵宜主和赵合德姐妹，并把赵宜主培养成了能歌善舞的小艺人。因赵宜主舞姿轻盈，犹如燕飞凤舞，因而被人们称为“飞燕”。阳阿公主见成帝驾临，诚惶诚恐，为了取悦成帝，她把女孩们都叫出来展示才艺。赵飞燕那亮晶晶、水汪汪的眼睛，长袖绕，衣袂飘，若仙若灵、婀娜曼妙的美丽舞姿，皓齿清音、婉转柔和、洋洋盈耳、令人陶醉的美妙歌喉，一下子就把汉成帝迷倒了。于是成帝就将赵飞燕带回宫中，夜夜临幸。赵飞燕的妹妹赵合德，肌肤莹泽，别有丰艳之美，尤其是善于言辞，皓齿清越，舒缓动听，触绪醉人心，也被召入宫中。她们姐妹成为后宫有名的“双美”。就在当年，赵飞燕姐妹都被成帝封为婕妤，一时尊贵荣宠，压倒后宫所有的女人，包括许皇后。

许皇后是大司马、车骑将军、平恩侯许嘉的女儿，汉元帝刘奭母亲恭哀皇后许平君的堂侄女。许皇后生性聪颖，擅长隶书，从太子妃到皇后，深得刘骜的宠爱。但随着年龄的增长，成帝对许皇后的兴趣逐渐减退，而将兴趣转移到嫔妃身上。特别是赵飞燕姐妹入宫之后，许皇后的地位更是岌岌可危。许皇后的姐姐使用巫蛊诅咒后宫中怀有身孕的王美人，事情败露后，赵飞燕抓住机会，屡屡告发许皇后。皇太后王政君大怒，将许皇后废黜。许皇后迁居昭台宫，后来又从昭台宫搬到长定宫。

许皇后被废后，成帝欲封赵飞燕为皇后，但皇太后王政君嫌她出身微贱，坚决不同意。王政君的外甥、时任侍中淳于长为巴结成帝，多次劝说姨妈应该尊重成帝的意见。由于王政君的思想工作一时半会儿做不通，成帝为了取悦赵飞燕，只好先封她的老爸赵临为成阳侯。

在成帝打算立赵飞燕为皇后时，谏大夫刘辅勇敢地站出来，对成帝违反皇家规矩的行为提出严肃批评。

刘辅是冀州河间封国皇族人士，最初被举为孝廉，不久就担任了东海郡襄贲县（今山东临沂市兰陵县）县令。从那时开始，刘辅就非常关心国家大事，经常上奏议论朝政得失，曾几次被成帝召见。成帝赏识他的才学和见解，提拔他担任了谏大夫。刘辅到任时，正赶上汉成帝欲立赵飞燕为皇后。刘辅认为成帝违反了皇家规矩，上疏批评说：过去贤明的君主承顺天地，虽然政通人和，但君臣都有强烈的危机意识，相互提醒劝诫。而今为什么皇帝没有蒙受子孙繁衍之福，却屡屡承受上天发怒而降下的灾难呢？难道不该好好反思吗？应该夙夜自责，改过易行，畏天命，念祖业，严肃认真地选择一个德行好的家族的窈窕之女，以承宗庙，顺应天意，满足天下人的愿望，这样就用不着担心生儿育女这等好事来得晚。而今陛下触情纵欲，倾心迷恋于卑贱之女，想让她做天下之母，简直就是鬼迷心窍，历朝历代的君王都比不上陛下这般迷糊啊！难道陛下对上天不感到敬畏，对百姓不感到惭愧吗？目前，朝廷中却没有人肯说一句真话，我对此感到伤心。我想到因为与皇上同姓才得到提拔，光享受俸禄而不尽忠，污辱了谏官这个职位，不敢不冒死进言，希望陛下慎重行事。正在疯狂迷恋赵飞燕的成帝，岂能接受如此尖锐的批评，他下令逮捕了刘辅，将其囚禁在后宫的秘密监狱。此消息一出，中朝左将军辛庆忌、右将军廉褒、光禄勋师丹、太中大夫谷永联名上疏：自古以来，英明的君王都重视谏争之官，广开忠直之路，即使是狂妄和偏激的言论，也不加怪罪，这样，群臣才能尽心尽力地献出自己的忠诚和智慧，朝廷没有后顾之忧，朝中没有阿谀奉承之臣，君主没有失道之过。刘辅在做县令时被皇上召见，且将他提拔为谏大夫，这说明他的意见建议必定有高明之处，符合皇上心意。可是他担任谏官不到十天，就被收捕关押在秘密监狱里。我们愚昧无知，认为刘辅作为皇族一员，虽处于谏官的行列，但刚从基层调上来，不知道朝廷的体制、规矩，触犯了忌讳，不值得深究重处。他犯的如是小罪，应当隐忍宽恕；如果犯有重大罪行，应该交由司法机关公开审理，让大家都知道他的罪状，以便共同指责他。当下上天心意不快，各种灾害屡次降临，尤其是水旱灾害接连不断，按说圣上更应该采取宽大为怀、褒扬正直的工作方式，以激发和调动大家的积极性，却发生了秘密逮捕敢于谏言的大臣，甚至将要诛杀他。对此，大家感到震惊，也使忠诚正直之士感到寒心。

如果刘辅不是因为直言敢谏而犯罪，那么他究竟犯了什么罪而又不敢公开宣布呢？作为与皇上同族且亲近皇上的大臣，口吐直言应该是获得奖赏的，从加强内部管理和保护忠直之士的角度看，实在不应该将他秘密囚禁在后宫监狱里。这不是发扬虞舜倾听臣下意见、光大美好政德的做法。在舆论压力之下，成帝只好把刘辅转到囚禁官署吏卒的诏狱——共工狱，判处减死罪一等，罚做“鬼薪”[①]。在大臣们的积极营救下，刘辅没有被处死，刑满释放之后终老于家。

淳于长并没有放弃劝说姨妈王政君。在他的努力下，皇太后王政君终于妥协，不再干涉成帝立后之事。永始元年（公元前16年），成帝终于把立赵飞燕为皇后的事办成了。但没过多久，成帝对赵飞燕的宠爱逐渐衰退，而对她的妹妹赵合德兴趣空前。朝秦暮楚的汉成帝利用手中的皇权，将赵合德由婕妤晋封为昭仪，并赐住昭阳舍。他还下令用顶级标准装修该舍：中庭一律漆成朱红色，殿上漆成黑色；门槛全用青铜包裹，再涂以金粉，台阶用汉白玉雕成；屋内墙壁装上带状的横木，每隔一定距离嵌上黄金环，环上镶蓝田玉璧、明珠、翠羽。其奢华程度是后宫从来没有过的。赵飞燕作为皇后，独居在另一座豪华宫殿里。成帝虽然风流成性，但始终不见哪个女人怀上孩子。

成帝无子对与其血缘相近的刘氏子弟来说就意味着机会。当时，诸侯王中只有定陶王刘欣和中山孝王刘兴与成帝的血缘最近。

① “鬼薪”是当时惩罚官吏的一种常用方式，因为宗庙打柴采薪而得名，强迫犯罪者从事官府杂役以及各种重体力劳动。

刘欣是成帝弟弟刘康的儿子，刘欣的奶奶傅氏急于让自己的宝贝孙子成为太子。但她也知道，具备太子血缘条件的还有刘兴，如果坐等天上掉馅饼，只有百分之五十的希望，所以必须主动争取，使这块馅饼百分之百地掉到孙子刘欣的碗里。当然，傅氏也有自己的"小九九"，即如果刘欣日后成为皇帝，那么她心中的一大堆政治理想就能转化为现实。

刘欣的奶奶傅氏很不简单。傅氏初为上官太后宫里的才人，汉元帝刘奭做太子时得以进幸。傅氏颇有才识，善于处理人际关系，就连普通的宫人、侍女，都为她祝酒祭地，愿她健康长寿。刘奭即位后，立她为婕妤，甚为宠爱。傅氏生下一双儿女，儿子刘康被封为定陶王，女儿被封为平都公主。刘康颇有才艺，极受汉元帝喜爱。除了傅氏，元帝也宠婕妤冯媛。冯媛生子中山孝王刘兴。元帝死后，傅氏跟随儿子刘康回到定陶封国[①]。傅氏到定陶国居住之后，被称为定陶太后。刘康与丁姬所生的儿子取名刘欣，被定陶太后视为掌上明珠，并亲自抚养照看，祖孙感情很深。刘康病死后，三岁的儿子刘欣继位定陶王。刘欣长大后爱好律法和文辞。

元延四年（公元前 9 年），刘欣入朝进见汉成帝，辅佐他的"傅""相"和"中尉"三位二千石高官一同到达。同时，中山孝王刘兴也来朝见，但只有"傅"一人与他同来，"相"和"中尉"都留在

---

① 该封国于甘露二年（公元前 52 年）为汉宣帝所置，宣帝封皇子刘嚣为定陶王，改济阴郡为定陶国，治所在定陶县（今山东菏泽市定陶区）。甘露四年（公元前 50 年），定陶王徙楚，国除为济阴郡。河平四年（公元前 25 年），成帝徙山阳王为定陶共王，将济阴郡复改为定陶国，治所仍在定陶县，其辖境相当于今山东菏泽、鄄城、东明等市县及巨野县南部等地。

封国。对此，成帝不解，便询问定陶王刘欣。刘欣回答说：朝廷有令，各侯王来朝，其封国二千石的高官要一同前往，“傅”“相”和“中尉”都是二千石，所以都让他们来了。成帝让刘欣背诵《诗经》，刘欣很熟练地背了下来，且能说明其中的大意。有一天，成帝问中山孝王刘兴：你只让“傅”一人与你同来，而不让“相”和“中尉”来，是根据什么法令？刘兴无言以对。成帝让他背诵《尚书》，他背了一段，且磕磕巴巴。成帝请他吃饭，别人都吃完了，他还在那里吃；下席时，刘兴连鞋带袜都掉了下来。成帝看到这些，便认为刘兴是个无能之人，而对刘欣则非常喜欢，经常夸他有才能。

与此同时，定陶太后傅氏欲带上她的宝贝孙子去皇宫里“跑官”，希望成帝将刘欣立为太子。跑谁呢？她绝对不去跑成帝和皇太后，因为成帝是王政君的儿子，王政君是元帝的皇后，而她是元帝的昭仪，两个人是情敌关系。她要去跑在成帝面前说话算话的人——成帝的皇后赵飞燕、昭仪赵合德，还有成帝的舅父——大司马、骁骑将军、曲阳侯王根。为此，定陶太后为他们每人都准备了一份厚礼。定陶太后入宫为刘欣“跑官”，可谓一路顺风，皇后、昭仪和王根不仅痛快地收下了傅氏的厚礼，而且还许诺一定会在成帝面前为定陶王刘欣美言。

为什么赵飞燕、赵合德和王根表现得那么积极呢？因为成帝无子，只能在他的两个侄子即定陶王刘欣、中山孝王刘兴中二选一。刘兴那边不跑不找，坐等天上掉馅饼，而刘欣和他奶奶傅氏亲自跑来拉关系，当然要为刘欣说话了。再者，他们整天在皇帝身边，清楚成帝喜欢刘欣，而不喜欢刘兴。他们帮刘欣说几句好话，是顺水推舟的事儿，如果皇帝立刘欣为太子，那就等于刘欣欠了他们一笔人情债，日后刘欣当了皇帝，能亏待自己吗？所以，他们三人轮流在成帝面前夸赞刘欣，劝说成帝立他为接班人。成帝本来就对刘欣印象不错，于是就答应了。刘欣满十七岁后，成帝为他举行了成人加冠礼。绥和元年（公元前 8 年），成帝下诏立刘欣为皇太子。

刘欣被立为太子后，接连发生山崩、水灾、日蚀等自然灾害和异常天象。绥和二年（公元前 7 年）春，火星似乎被水浇了一样，迷迷蒙蒙没有光泽，一时间人心惶惶，人们认为成帝将有不测。刘骜听到这样的舆论也非常惶恐，到处寻找破解之策。丞相翟方进因严格依法办事，不徇私情，得罪了不少人，于是有人乘机上疏说，天象异变，老天震怒，只要找一个位高权重的大臣做替身，皇上就安全了，并且指责翟方进为相九年，不能顺应天地人心，致使阴阳失调。成帝看了奏章，便立即召翟方进入宫，命令他为国尽忠。翟方进刚刚返回府邸，还没来得及自杀，成帝的诏书就到了。刘骜批评他登相位九年来，多种灾害一起降临，百姓遭受饥饿，哀鸿遍野；国家防卫犹如失去门闩，外敌随心所欲入境侵扰，内地盗贼风起云涌，社会局势动荡不安；官吏残忍凶暴，殴打杀害良民，各种案件逐年增多。出现这些问题，丞相有不可推卸的责任，为此朕派尚书令赏赐你十石好酒和一头牛，你好好考虑考虑吧！翟方进只好喝下毒酒自杀了。成帝获知翟方进死了，心中窃喜，赏赐他车辆、棺材等，还把翟方进的宅第屋柱、门槛等全都包上白布，并几次前往吊唁，为他举行了隆重的葬礼。成帝自认为灾星已退，自己可以安然无恙、长命百岁了。但他早晨起床穿衣，准备接见辞行的楚思王刘衍和梁王刘立，刚刚穿上裤袜，还没有穿上外衣，就忽然身体僵直、口不能言。整天“耽于酒色”的汉成帝死在赵合德的床上，时年四十五岁。朝中上下将成帝之死归罪于赵昭仪，皇太后王政君质问皇上的起居和发病情况，赵合德因恐惧而自杀。

汉成帝刘骜是历史上有名的昏君，是西汉诸帝中在位时间排第二长的皇帝。他做了二十五年皇帝，使西汉的政治更加腐败、经济更加衰萎、社会更加动荡，此时西汉的综合国力和军事实力完全不能与汉武帝时期相比了，只能靠和亲妥协来换取暂时的安宁。（据《资治通鉴》第三一、三二卷，《汉书·盖诸葛刘郑孙毋将何传》《汉书·成帝纪》《汉书·外戚传》《汉书·哀帝纪》《汉书·翟方进传》）

四、对祖母“所欲辄随”的汉哀帝，大搞利益输送

绥和二年（公元前 7 年）三月，成帝驾崩，太子刘欣即位，是为汉哀帝，他是西汉第十三任皇帝。汉哀帝登基后，定陶太后无比兴奋，她没有白费心血和汗水抚育孙子，也没有枉费钱财低三下四“跑官”求人。定陶太后以侍奉天子的名义，跟着刘欣来到长安。

（一）为谋取尊号，定陶太后干倒四位持反对意见的大臣

汉哀帝登基后，尊皇太后王政君为太皇太后。太皇太后当然了解定陶太后不是一盏省油的灯，为了防范她干预朝政，王政君专门下发诏书做出规定：哀帝的祖母定陶太后、生母丁姬到未央宫看望哀帝，每十天一次。时任丞相孔光知道，哀帝是由奶奶定陶太后抚养长大的，且刘欣先后被立为太子和皇帝，定陶太后是出过大力

的。孔光对定陶太后的为人处世也非常了解，清楚她“为人刚暴，长于权谋”，担心她胡搅蛮缠、干预政事，因此，他向哀帝建议说，应当单独修建宫室安排定陶太后居住。后来，哀帝采纳了掌副丞相之事的大司空何武的建议，将定陶太后安排在北宫居住。北宫与哀帝居住的未央宫有复道相连。定陶太后根本不拿太皇太后王政君关于她与皇上十天见一次面的规定当回事，一早一晚就沿着复道去哀帝的未央宫，缠着哀帝为她加封尊号，要求提拔重用自己的亲属，使哀帝“不得直道行”。定陶太后的堂弟，刚刚由掌议论的光禄大夫提拔为掌国家军政大权的大司马傅喜，对堂姐干预朝政一事进行了苦口婆心地劝谏，但定陶太后极力排斥他，认为堂弟傅喜胳膊肘子往外拐，与傅氏家族不一心。

定陶太后以为，刘欣是泱泱大国的皇帝，自己则是皇帝的奶奶，理应同王政君一样被尊称为太皇太后，可是她的称号是“定陶太后”，太后的前面冠以定陶这个小封国的国名，岂不是比王政君低了许多！她心里不平衡，多次要求改变自己的尊号。高昌侯董宏迎合哀帝和定陶太后的心意，他上疏哀帝说：秦庄襄王子楚的生母本来是夏氏，华阳夫人把他收为养子，到子楚即位后，就把华阳夫人和夏氏都尊称为太后。

哀帝把董宏的奏章转交朝臣进行讨论。大司马王莽和职掌京师兵卫的左将军师丹联合起来弹劾董宏，奏疏说：董宏明明知道太皇太后的称号最为尊贵，现在天下一统，他却引用亡秦的史例作依据，误导圣朝，这是极端不负责任的，犯下大逆不道之罪。由于哀帝刚即位不久，不敢轻易得罪两位重臣，便采纳了王莽、师丹的意见，将董宏免去官爵，贬为平民。定陶太后得知此事后勃然大怒，她要挟哀帝非改称尊号不可。于是，哀帝就将这一情况报告给了太皇太后王政君。王政君下诏同意尊定陶恭王（指刘康）为恭皇。有了这个依据，哀帝便下发诏书:《春秋》上说，母以子为贵，因此，应尊定陶太后为恭皇太后，尊母亲丁姬为恭皇后。两位太后都可设置掌管家中事务的左、右詹事，采邑分别如同长信宫太皇太后王政君及中宫皇后赵飞燕。此时，掌宫廷戍卫的郎中令泠褒和给事于宫门之内的郎官段犹，为巴结哀帝和哀帝的奶奶，上奏说：定陶恭皇太后、恭皇后都不应该再将定陶藩国之名加在尊号前面，车马衣服应该都与至尊之号相符，设置二千石以下的官吏管理家政，还应该为恭皇在京城设立庙堂。汉哀帝又把这一提案交给臣下商议，大部分朝臣认为应该采纳泠褒、段犹提出的建议，只有师丹持有异见。他说：定陶恭皇太后、恭皇后以定陶恭皇为尊号，是由母从子、妻从夫的礼仪决定的，不能再变；在京城设立庙堂，而让臣下祭祀，这是没有主人的庙堂。礼仪不正，也不是对恭皇的尊重。从此，师丹因不合汉哀帝和定陶太后心意而被疏远。

定陶太后通过一哭二闹三上吊的手段，终于去掉了“定陶”二字，但对“恭皇太后”这个称号，她仍不满意。她继续发难，要求与王政君的名号一样尊贵。大司马、高武侯傅喜，丞相、博山侯孔光和大司空、高乐侯师丹共同认为绝不能那样办。哀帝不敢违背几位重要大臣的一致意见，就把这件事搁起来，拖了一年多。在这一年多里，哀帝承受了恭皇太后太多的压力，她摔盆子砸碗，频频质问哀帝：究竟大臣是皇帝，还是你是皇帝？哀帝不得已，就先把师丹免职，希望以此为震慑，促使傅喜转变政治态度，但傅喜始终不顺从哀帝和恭皇太后旨意。建平二年（公元前 5 年），哀帝下发诏书将傅喜免官，傅喜以侯爵的身份离开朝廷，返回宅邸。恭皇太后借机再补一刀，她亲自给丞相、御史大夫下发诏书说：高武侯傅喜，附会臣下，欺骗主上，与前任大司空师丹搞在一起，不听教命，损害宗族，不适合在朝廷做事，应立即遣送他回到封国。收拾了反对派师丹、傅喜，紧接着她还要收拾孔光。当年，孔光在成帝主持讨论确立太子人选的会议上，对欲立定陶王刘欣持有异议，哀帝和恭皇太后对孔光早有成见。恭皇太后傅氏授意在朝廷为官的娘家人一族，与御史大夫朱博等在哀帝面前诋毁孔光。群起而攻之，哀帝终于罢免了孔光的官职和爵位，贬为平民①。阻拦恭皇太后加尊封号的三位大臣都被拿掉之后，哀帝就任命善于巴结恭皇太后，在诋毁孔光上敢于“冲锋陷阵”的朱博为丞相，并赐封阳乡侯。朱博上任后第一时间启动了为恭皇太后改称尊号这件事，自然得到了哀帝的采纳，哀帝下发诏书说：定陶恭皇这个称号，不应再称“定陶”二字。现在恭皇太后的称号为“帝太太后”，居住的宫殿称为永信宫。尊母亲恭皇后为“帝太后”，居住的宫殿称中安宫。为恭皇在京师建立寝庙，比照宣帝的父亲悼皇考的寝庙规格建立。并允许太皇太后、帝太太后、赵飞燕太后、帝太后和哀帝的傅皇后这“五后”，各自设置管理私财和家务的少府、掌管车马事宜的太仆，

① 元寿元年（公元前 2 年），哀帝又征召孔光到公车，询问有关日食之事，授孔光为光禄大夫、给事中，官秩中二千石，地位次于丞相；后又任其为大司徒。

都是年俸中二千石的高官。

傅氏取得“帝太太后”这一尊号以后，趾高气扬，与太皇太后王政君说话时称她为“老太婆”，在一段时间内她还是满意的。后来，傅氏对“帝太太后”还是不满意，哀帝顺应她的旨意，将帝太太后改为皇太太后。王政君是“太皇太后”，傅氏是“皇太太后”，四个字虽一样，但你王政君的四个字里面，第一个字是老太婆的“太”字，第二个字才是“皇”字；而我傅氏的四个字里面，第一个字就是皇帝的“皇”字，第二字才是“太”字，不比你王政君低。自此以后，傅氏不再为这事闹了，她把关注的重点转移到为娘家一族争取政治和经济利益上了。（据《资治通鉴》第三四卷,《汉书·王商史丹傅喜传》）

（二）肥水不流他人田，傅丁外戚家天下

哀帝登基后，曾追尊奶奶傅氏的父亲为崇祖侯，母亲丁太后的父亲为褒德侯，封丁太后的哥哥丁明为阳安侯。建平二年（公元前5年），又提拔丁明为大司马、卫将军。元寿元年（公元前2年），又将丁明改任大司马、骠骑将军，封丁明的儿子丁满为平周侯，封傅皇后的父亲傅晏为孔乡侯。后来，又提拔傅晏担任大司马、卫将军，还封立太子之前在成帝面前替他说过好话的赵飞燕太后的弟弟，现任侍中、光禄大夫赵钦为新城侯，等等。

对哀帝大肆提拔厚封新外戚一事，朝中一些大臣竭力劝谏，但哀帝效仿先帝的做法，根本不予理睬。按照皇太太后的旨意，哀帝打算封奶奶的堂弟——侍中、光禄大夫傅商为侯爵。尚书仆射郑崇

劝谏说：过去成帝封亲舅五人为侯，天空因此变成赤黄色，白昼昏暗，太阳中有黑气。现在孔乡侯是皇后的父亲，高武侯已位列“三公”，又无缘无故地封傅商为侯，破坏和搅乱了汉家制度，既违天意，又违人心，这不是傅氏的福气！我愿以身家性命承担国家的惩罚！皇太太后大怒说：贵为天子，哪有受一个臣子控制的道理！迫于奶奶皇太太后压力，哀帝便下诏封傅商为汝昌侯。

哀帝坚持对傅氏家族“有罪恶者不坐辜罚，无功能者毕受官爵”，把吏治搞得混乱不堪。皇太太后的堂侄傅迁开始被任命为侍中，干了一段时间后，哀帝发现傅迁素质低劣，阴险奸佞，因此对他非常讨厌，就下令免去他的官职，打算遣返他回原郡。皇太太后得知此事后大怒，哀帝只好又把傅迁留下。哀帝身边的大臣上奏说，短短几天之内，陛下先后下发两个内容完全相反的诏书，使天下人感到疑惑，岂能取信于民？伏请陛下把傅迁遣返回原郡，以清除奸党。哀帝思量再三，不仅没敢遣返傅迁，而且还恢复了他的侍中官职。名义上，哀帝是皇上，实际上，当家做主的是皇上的奶奶傅氏。(据《资治通鉴》第三三至三五卷,《汉书·何武王嘉师丹传》)

（三）厚宠小帅哥董贤，被朝中大臣群起而攻之

董贤，字圣卿，冯翊云阳（今陕西咸阳市泾阳县）人。其父董恭担任御史时，董贤被安排为掌东宫宿卫等事的太子舍人。绥和二年（公元前 7 年），哀帝刘欣即位后，董贤被任命为掌持戟值班、宿卫诸殿门、出充车骑或侍从左右的郎官。董贤是当时公认的“小帅哥”。建平二年(公元前 5 年)，十七岁的董贤在殿下传送公文时，

与二十岁的哀帝相遇，哀帝非常喜爱董贤的容貌，识而问之：是舍人董贤吗？董贤赶紧凑上前去。哀帝兴致勃勃地与董贤聊天，问及其父董恭为云中侯，当天就任命董恭为霸陵县（今西安市东北）县令，后又提拔董恭担任掌论议的光禄大夫，官秩二千石，在诸大夫中地位最为显赫。这次见面之后，哀帝便提拔董贤为侍从皇帝左右、传达诏命、给事于宫门之内的黄门郎，并“由是始幸”。不久，哀帝又提拔董贤为入侍宫禁，侍奉皇帝生活起居，分掌御用乘舆等杂务，并兼任皇帝出行时掌副车、秩比二千石的驸马都尉。董贤的职务一月三迁，同时还得到了多次赏赐，“旬月间赏赐累巨万”，朝野上下为之震动。哀帝无论提拔董贤和董贤的父亲董恭，还是赏赐其巨额财富，都没有什么冠冕堂皇的理由，就是因为他“出则参乘，入御左右”，并经常与哀帝在一张床上睡觉。有一次他俩白天睡觉，董贤的身体压住了哀帝的衣袖，哀帝欲起床，而董贤未醒，哀帝“不欲动贤，乃断袖而起。其恩爱至此”。这就是历史上有名的“断袖之宠”。

1. 不惜一切代价，为董贤输送政治和经济利益

哀帝每次给董贤放假，董贤都不肯回家，在宫中一天到晚服侍哀帝。哀帝又诏命董贤的老婆经向门吏通报姓名，记录在册后可直接进入宫中，住在董贤在皇宫的住所；又召董贤的妹妹入宫，封她为昭仪，还把董昭仪的住所改名为“椒风”，与皇后的椒房相配。董昭仪和董贤夫妻日夜侍奉在哀帝左右，弄得哀帝神魂颠倒。哀帝一高兴就拜官封爵，他再次提拔董贤的父亲董恭为管理皇帝私财的少府，赐爵关内侯；不久又提拔董恭担任宫廷保镖总头卫尉，成为

“九卿”之一。哀帝还提拔董贤的岳父为将作大匠，职掌宫室、宗庙、陵寝等土木营建之事，官秩二千石，董贤的小舅子为担任京城安保工作的总头执金吾。

哀帝这个皇帝似乎专为董氏一个家族当的，董家在土地购置、住宅营造及园林兴建、器具添置、亲戚聚集、婚丧嫁娶、家人治病、祭祀用品、佣人赏赐等方面的所有开支，全部由朝廷包揽。哀帝下令裁撤皇家园林两千顷，全部赏赐给董贤，使官员限田的制度遭到破坏，还下令引王渠之水注入董贤私家园林北池。哀帝下发诏书，命令将作大匠为董贤在北宫门外建设宏大的宅第，有前后两个大殿，工程浩大，豪华气派，精巧绝伦，其宅门冲着皇宫的北门。哀帝派遣使者监督施工，并赏赐那些干活卖力的吏卒。董贤的母亲患病，由长安厨官提供祈祷用品和食品，连道路上过往的行人都可以获得施舍。哀帝为董贤制造器具，做成之后必须奏报他亲自察看，审定之后才可以送去，如果工艺精巧，还特别赏赐工匠。董贤的家人去街市购买物品，哀帝则派出使者相随，监视交易。对此，百商震怒，路人喧哗，群臣为之惶惑。哀帝从宫中专用的兵器和珍宝中挑出最好的，派人送到董贤家里，而皇帝所使用的要比董贤的次一等，甚至连皇家丧葬用的棺木、珍珠连缀制成的寿衣、玉璧制成的寿裤，都预先赐给了董贤，无不齐备。哀帝还下令在他的陵墓旁为董贤建造墓园。

2. 动用皇权，打击迫害劝谏大臣

当哀帝肆无忌惮地将国家财富源源不断地输送到董家时，朝廷中的一些正直大臣开始反击。郑崇就是其中的一位。

郑崇，字子游，本为高密大族，世代与外戚王氏家族有姻亲关系。其祖父时，依据汉朝“内实京师，外销奸猾”，家资三百万钱以上的富户可迁徙到茂陵的政策，举家徙至平陵县。郑崇的父亲郑宾熟悉法律法令，是御史大夫贡禹手下的御史，以公正刚直而闻名。郑崇走上仕途之初，担任郡府文学史，掌郡置学校、教授诸生等，官秩百石；后至丞相大车属，也就是丞相的随从官员。他的弟弟郑立与高武侯傅喜是“同门学”，且“相友善”。傅喜担任大司马时，向哀帝推荐郑崇，哀帝提拔郑崇担任尚书仆射。郑崇继承其父公正刚直的脾气秉性，“数求见谏争，上初纳用之”。郑崇每次进见皇帝，都是趿拉着鞋子，哀帝笑着说：“我识郑尚书履声。”在哀帝欲封祖母堂弟傅商爵位一事上，郑崇据理力谏，惹得皇太太后大怒，又因多次劝阻哀帝勿贵宠董贤而得罪了哀帝。

哀帝多次借公事狠狠地批评郑崇，整得他很郁闷。不久，郑崇脖子上长了个毒瘤子，他想申请退休，但又不敢提出。尚书令赵昌看到哀帝疏远郑崇之后，便借机上奏说：郑崇与刘氏皇族中的多人交往密切，他家宾客盈门，我怀疑他有什么奸谋，应该追查惩处。据此，哀帝责问郑崇：你家里人来人往，门庭若市，为什么约束我同人交往？郑崇回答：我家虽然门庭若市，但我心里清净如水，希望陛下调查。哀帝大怒，将郑崇逮捕入狱。监督京师和周边地区的司隶校尉孙宝上疏说：尚书令赵昌指控尚书仆射郑崇一案，经过反复审讯，郑崇即使被打得死去活来，也得不到一句口供。外面的人都说郑崇是冤枉的，我也怀疑赵昌与郑崇之间有矛盾，因此才以谗言来陷害他。如果连皇帝身边主管机要的大臣都遭到诬陷而蒙受不白之冤，那将来肯定会招来更多诬告，臣请求追查赵昌，以解除人们心中的疑惑。

哀帝接到孙宝的奏章，昧着良心下诏说：司隶校尉孙宝附会臣下，欺骗主上，企图利用春季宽免罪犯的时机，实施诋毁和欺骗，以满足他的奸诈之心。此乃国家之大害。将孙宝免去官职，贬为平民。最终，郑崇冤死在狱中。

3. 弄虚作假，为董贤“造功”封侯

早在宣帝甘露二年（公元前 52 年），西汉朝廷改大河郡，置东平国，治所设在无盐县（今山东泰安市东平县东南）。东平以“东原底平”之义而取名，其辖境相当于今山东济宁市及汶上县、泰安市东平县等。建平三年（公元前 4 年），东平国境内发生了两件怪事：一是无盐县境内的危山突然发生了山体滑坡，山土压盖了青草，形状就像一条驰道；二是与危山相邻的瓠山有一块高九尺三寸、宽四尺的大石头自己离开原址一丈来远，且转身侧立。这两件事引发了人们的猜想，认为是神仙在昭示民间将要发生什么重大变故。

时任东平王是汉宣帝刘询之孙刘云。刘云知道哀帝经常闹病，且无子嗣，便以为神昭示自己将要当皇上。于是，刘云和他的王后前往瓠山立石前祭拜、祈祷，而后又在王宫筑一小土山，仿照瓠山形状，并在上面放了一块与瓠山立石相似的石头，还束以黄草，视为神主，随时祈祷祭拜。当时有传言说，东平王刘云和王后日夜祈祷诅咒哀帝，欲求自己当皇上，王后的舅舅伍弘等人也参与了此事。息夫躬和孙宠听说此事后，就一起商量，“事势若此，告之必成”。两人都认为这是升官发财、取得封侯的妙计。

息夫躬，河内郡河阳（今河南焦作孟州市境内）人。他年轻时师从博士学习《春秋》，博览传记及诸子百家。息夫躬与哀帝的老丈人傅晏是同郡老乡，且两人关系一直不错。通过傅晏的推介，息夫躬结交了不少权贵。长安人孙宠以善交际、好游说而闻名，但因坐事而被免去汝南太守职务后，与息夫躬交往频繁。两人在举报刘云一事上一拍即合，于是就与皇帝近侍官中郎右师谭（右师为历史上少见的复姓）一起，通过哀帝身边职掌顾问应对的中常侍宋弘，上疏举报此事。奏疏呈上时，哀帝正在闹病，于是就把此案交由主管机构进行查处。主管官员逮捕了东平王王后，将她关进监狱审讯，在势驱刑迫之下，王后承认：自己与刘云一起祭祀山石，诅咒皇上，谋求当天子；刘云还与术士高尚占验天象，料知哀帝病情不能痊愈，刘云当得天下，因此上天让大石发生侧立以示“遣告”。主管官员将审讯结果上报哀帝，并请求诛杀东平王刘云。但哀帝看在皇族宗亲的面上饶恕刘云死罪，废黜其王位，贬为庶民，放逐到房陵县（今湖北十堰市房县）。刘云愤急自杀。东平王王后、王后的舅父伍弘以及其他涉案人员均在闹市区被处死。廷尉梁相认为，此案办得毛糙，未见确实，应该委领公卿复审此案。尚书令鞠谭、仆射宗伯凤也都赞同和支持廷尉的意见。哀帝见到奏疏之后，非但不同意他们的意见建议，反而认为他们不知诛除异己，而是反戈相向，应与案犯同罪，削职为民。同时，对参与告发刘云一案的人，都予以提拔重用：息夫躬和宋弘被任命为光禄大夫左曹给事中，成为常侍皇帝左右、备顾问应对的近臣，孙宠恢复了南阳郡太守职务，将右师谭提拔为颍川都尉。

第二年，即建平四年（公元前 3 年），哀帝想继续升级董贤的爵位，却又苦于没有合适的理由。侍中傅嘉为哀帝出主意说，可以将息夫躬、孙宠告发东平王刘云奏疏中常侍宋弘的名字抹去，改成董贤，这样就成了董贤率先发现了东平王刘云谋反。哀帝听了傅嘉的计策之后非常高兴，决定就按傅嘉的意见办。但是，先行发现并告发此事的还有其他人，光赐封假立功者董贤，这事儿肯定摆不平，于是，哀帝首先将奏疏中所提到的人全部赐封为关内侯。

后来，哀帝想启动赐封董贤侯爵一事，但很顾忌丞相王嘉和御史大夫贾延的反对。

王嘉，字公仲，平陵人。他初以明经射策甲科被朝廷任命为郎官，不久因守卫殿门时没有拦住不应进入皇宫的人而被免官。后来，汉宣帝长女馆陶公主刘施的老公于永征召他为属官，被举荐为孝廉，先后担任了南陵县（今西安市东南十公里）的县丞[①]和长陵县（今咸阳市东北十五公里）的县尉[②]。鸿嘉年间（公元前 20 年至前 17 年），因“敦朴能直言”，王嘉受到朝廷赞赏，被破格提拔为掌议论的太中大夫。后来又先后担任了九江、河南两郡太守。由于治政颇有名声，被提拔为掌诸侯及藩属国事务的大鸿胪，不久调任京兆尹，又升任御史大夫。建平三年（公元前 4 年），王嘉担任了丞相，封爵新甫侯，加授食邑一千一百户。哀帝即位后，知道王

① 县丞地位在县令之下，比县尉高，主要辅佐县令管理粮食、仓储、财务和文书等工作。

② 县尉也是县级行政机构的佐官，掌一县之军事和逐捕盗贼等事。大县设左、右尉，小县多为一人，官秩二百石至四百石，由朝廷正式任命。

嘉为人刚直严毅，颇有威望，对他较为敬重。丞相王嘉和御史大夫贾延多次联名上奏弹劾董贤，哀帝欲升级董贤的爵位，担心他们反对，所以，他就让自己的老丈人孔乡侯傅晏拿着起草好的诏书给丞相和御史大夫看，意思是先给二位重臣通报一下情况。

王嘉和贾延不以为然，他们呈报密封奏疏说：当初，董贤等三人被封为关内侯时，朝廷和民间议论纷纷，大家都说董贤是因为得宠而受到赐封，捎带着其余两人蒙恩受封，至今流言蜚语尚未平息。陛下非要对董贤施加仁恩，那就应该把董贤等人立功真相公之于众，询问公卿、大夫、博士、议郎等人意见，请他们考查是否合乎古今礼制。如果公开评论此事，必然会有人说应该加封，陛下只不过是听从采纳他们的建议罢了。对此，哀帝采取了拖一拖、放一放的做法。几个月过去后，哀帝跟谁也不打招呼，就直接下发了诏书。这个诏书褒古抑今，先把公卿大臣们打了一闷棍，接下来突出董贤的功劳，意思是你们这些公卿大臣都不负责任，只有董贤的责任心强，及时发现并报告了刘云企图谋反这一重大政治事件，才使得这一祸患被及时铲除。难道董贤不应该封侯吗?《尚书》有言，用恩德表彰善行。所以，赐封董贤为高安侯，光禄大夫息夫躬为宜陵侯，南阳太守孙宠为方阳侯。终于，哀帝通过掩耳盗铃的方式把董贤的事办成了。与此同时，息夫躬和孙宠也跟着占了大便宜。

哀帝和傅嘉认为赐封董贤为高安侯，有他立下的“首功”作支撑，有依据、有理由，不会引起什么强烈反应。然而，大臣们谁也不傻。虽然郑崇等人因上疏劝谏被哀帝关到大狱里，后死在狱中，但并没有吓住那些具有强烈的国家意识、坚持原则、敢于斗争的大臣，他们依然以不怕入狱、不怕杀头的大无畏精神进行上奏。如丞相王嘉上密封奏疏，建议陛下审慎地对待自己的偏宠，细察众人共同的疑惑，深察前世的教训，节制对董贤的宠爱，以保全他的生命。后来，王嘉再次上疏说，高安侯董贤是奸佞宠臣，陛下把尊贵的爵位赐封给他，使他显贵，竭尽国家库藏赐给他财富，使他富足。陛下损害国家和人民的利益去宠爱他，君王的权威已降至最低，国库的积存已完全枯竭。如今，董贤却把陛下赏赐给他的财物作为私人恩惠随意施舍。贪得无厌的宠臣董贤，已遭到全国吏民的痛骂。俗话说“千夫所指，无病而死”，据此，我常常为他感到担忧。王嘉因接连上疏劝谏哀帝，并义无反顾地退回哀帝为董贤增加封国户数的诏书，得罪了哀帝。哀帝将王嘉关进监狱。在狱中，王嘉二十来天不肯进食，绝食而死。

谏大夫鲍宣的奏疏也是不讲情面，他一针见血地说，哀帝对“幸臣董贤，多赏赐以大万数”，使他们的仆从、宾客把酒当水，把肉当豆叶来挥霍，他们的奴仆、侍从“皆用致富”。他批评道：治理天下的人，应该把天下人的心意作为自己的心意，不能光图自己高兴，想怎么干就怎么干。后来，鲍宣再次上疏说，侍中、驸马都尉董贤，本来与陛下没有丝毫亲属关系，可是他凭三寸不烂之舌，博取了陛下的欢心，陛下对他的赏赐没有限度，竭尽了国库全部积藏，合并三座宅第赐给他，还认为太小，又拆除宫廷暴室（宫廷内的织作之所）来扩充面积。他家祭扫祖坟和举行聚会，都由太官供应餐饮和祭品。各地的贡献，本应奉养一位君主，而今都送到董贤家里。这难道是天意和民意吗？对董贤如此厚待，反而会害了他！如果陛下真的怜惜董贤，就应该替他向天地和百姓谢罪，解除全国百姓对他的仇视，罢免他的官职，遣回封地，没收所赐御用器具，归还朝廷。只有这样，才能保全他的性命，不然，作为全国百姓所仇恨的人，他不可能获得长久的安宁。鲍宣几次上疏都是措辞尖刻激烈，只因鲍宣是当时的名儒，哀帝才没有治鲍宣的罪。

4. 欲禅帝位，未能如愿便一命呜呼

元寿元年（公元前 2 年），哀帝任命高安侯、驸马都尉董贤为大司马、卫将军。刚刚二十二岁的董贤，成了执掌国家军政大权、总领京城南北军的统帅。哀帝的任命策书是这样写的：树立你为“三公”，作为汉朝的辅佐。我一向知道你的忠心，你能匡正众事，真诚地坚持中庸之道。当时，董贤虽然贵为“三公”之一，且领尚书事务，但时常在宫中随侍哀帝，而百官必须通过董贤才可以奏事，他们又不敢轻易打扰，所以很多重要工作一拖再拖，严重影响了政务工作效率。哀帝又让董贤的弟弟接替董贤成为驸马都尉。董氏的亲属都成为侍中、诸曹，能够随时朝见皇帝，荣宠在傅、丁两家外戚之上，其政治地位万众瞩目。董贤不懂得树大招风之道，他沾沾自喜、洋洋自得，殊不知已成众矢之的，尤其是外戚王氏集团对他恨得牙根疼。

哀帝大肆提拔重用董氏家族和傅氏、丁氏两大新的外戚家族，老外戚王氏家族被边缘化了，包括大司马王莽也被免去官职回到封地，赋闲在家，王氏家族逐渐衰微，只有平阿侯王谭的儿子王去疾担任侍中，王去疾的弟弟王闳担任中常侍。王闳生性聪明，胸有谋略，有节操、风骨，是王氏家族的另类。中常侍王闳面对幽暗的政治环境，多有奏谏，建议哀帝疏远董贤。一次，哀帝在麒麟殿设宴，董贤父子及其亲属都被请来吃喝，在场的侍中和包括王闳在内的中常侍们都在旁边站着服务。哀帝一边饮酒，一边笑眯眯地看着董贤说：我要效法尧让位于舜，如何？王闳闻听此言，立即走上前去，表示坚决反对。他当着众人的面，谏告汉哀帝：天下是汉高祖打下的，不归陛下私人所有，陛下应当传位给子孙后代。世代相传的大事至关重要，皇上不应随便乱说！汉哀帝很不高兴，禅位之事暂时搁置。从此之后，王闳就被哀帝冷落了，被贬到郎署任职。过了很久，王政君向哀帝表示道歉，哀帝这才勉强同意召回王闳。王闳一回来又上书规谏，他引经据典，指斥董贤为大司马纯粹是“乱政祸国”之举。他说，大司马、卫将军董贤对汉朝没有任何功劳，跟皇家没有丝毫血亲关系，既没有杰出的事迹，也没有高尚的品行，还没有清白的名声，让这样的人作为世人的表率，而且一连数次擢升，短短几年就位列“三公”。他无功加封侯爵，父子兄弟凭空得到提拔，赏赐之多使国库空虚，万民喧哗，实在是不合天意。我担心陛下会因这样的过失而受到讥讽，董贤也会有小人不知进退的灾祸！哀帝虽然听不进王闳的劝告，但碍于太皇太后王政君的情面，也没敢加罪于他。

汉哀帝刘欣在位六年多，早期祖母傅太后干政，哀帝的施政行为围着他奶奶转，使他奶奶的政治虚荣心一步一步地得到满足。他大肆提拔重用傅氏、丁氏两家外戚，傅氏家族中有六人封侯，两人曾任大司马，六人官至“九卿”，担任侍中之类职务的多达十几人；丁氏家族中两人封侯，一人曾为大司马，“九卿”、将军一级的有六人，担任侍中之类职务的也有十几人。丁氏、傅氏两家的政治势力迅猛崛起。令人不可思议的是，他还利用皇权厚宠小帅哥董贤，使董贤的官职一提再提、爵位一升再升；董贤父子占据公卿之位，弟兄并宠受恩。对董家，为其“治第宅，造冢圹，放效无极，不异王制，费以万万计”，以至于国库的收入、皇宫中的金银财宝几乎全部进了董家。董贤的老丈人、小舅子，以及凡是能跟董家扯上关系的人，都被封官赐爵。为了给董贤及其家族谋取利益，无论大臣怎么冒死直谏，无论社会舆论多么强烈，哀帝一律不听，甚至还把那些诚心劝谏的大臣治罪整死。

傅氏、丁氏和董氏三大家族势力瓜分了朝廷的重要官职，严重挤压并削弱了包括大司马王莽在内的老外戚的政治空间。

元寿元年（公元前 2 年）农历正月，皇太太后傅氏死了；次年六月，哀帝刘欣死了。此时，太皇太后王政君站出来了，王莽出头的机会来了。（据《汉书·何武王嘉师丹传》《汉书·佞幸传》《汉书·盖诸葛刘郑孙毋将何传》《汉书·哀帝纪》《汉书·蒯伍江息夫传》《汉书·王贡两龚鲍传》,《资治通鉴》第三四、三五卷）

2

王莽的政治阴招和爬升轨迹

西汉后期的元帝、成帝、哀帝三任皇帝，都大肆提拔重用宦官和外戚，宠信奸佞，陷害忠良，把国家政治搞得混乱不堪。而政治混乱时期，正是浑水摸鱼的人大打出手的时机。王莽作为一个小外戚，一个从小就失去父亲的孩子，原本没有出人头地的机会，但因他善于观察和研究高层的政治动向，看到了自己的政治机遇。他在长期充斥“政治雾霾”的气候中，利用一切可以利用的条件，加快爬升的步伐，以实现自己的政治目标。

一、初露锋芒，政治手腕老辣

王莽政治上的成长和进步，离不开他的姑姑王政君的帮扶。王政君是元帝刘奭的皇后，其父是御史王贺。甘露三年（公元前 51 年），王政君“生成帝于甲馆画堂，为世适皇孙”。汉宣帝非常疼爱他的嫡皇孙，亲自给他起名叫刘骜，字太孙，常常将他带在身边。宣帝死后，太子刘奭即位，是为汉元帝，封王政君为婕妤，三天之后立为皇后。俗话说，朝中有人好做官。自此以后，王政君娘家一族的男人们都当上了高官，且多被赐封侯爵，走上了西汉王朝的政治舞台。唯独王政君的弟弟、王莽的父亲王曼，没等封侯就死了。

王政君很怜惜这个不幸的家庭，就把弟弟的遗孀、王莽的母亲供养在东宫。王政君是历史上寿命最长的“坤极”之一，她身居皇后、皇太后、太皇太后长达六十一年，活了八十四岁，是王莽初政、辅政、摄政和当政时期的政治靠山。

王莽，字巨君，魏郡元城（今河北邯郸市大名县）人。王莽的叔伯兄弟中，先后有九人被封侯，五人担任过大司马。他们依仗着王政君的地位和权势，竞相侈靡腐化，炫耀车马衣饰，飞扬跋扈，盛气凌人，斗鸡走马，吃喝玩乐。唯独王莽独守清寒，师从当时名儒、经学大家陈参，学习《周礼》《仪礼》。通过勤学苦修，王莽掌握了礼法、礼义的基本思想。这对他日后从政产生较大影响，特别是在他辅政期间以及当上新朝皇帝以后，对那些观点和做法，经常进行模仿和复制。（据《汉书·元后传》《汉书·王莽传》）

（一）善结名士，对待伯叔“曲有礼意”

早年的王莽胸有大志，外柔内刚，谦逊简朴，低调做人。对内，他孝母尊嫂，抚育亡兄遗子，侍奉伯伯叔叔，礼貌有加；对外，遵礼守法，行为检点，注重结交俊杰之士，恭敬待人。无论在王氏家族内部，还是在社会上，王莽都赢得了良好的口碑。特殊家庭的生活锻炼，促使王莽善悟老成，懂礼貌、有眼色、会来事。大将军王凤病重时，王莽昼夜侍候，亲口尝药，一连几个月都不能解衣入睡，顾不上洗脸梳头。王凤甚为感动，在临死之时把他托付给太后王政君和成帝。从此，王莽在仕途上步入了“快车道”。

王莽最初担任专门供应皇宫生活物资的官署的郎官——黄门

郎，不久被提拔为领兵七百人的射声校尉[1]。王莽很会奉迎伯伯、叔叔，特别是成都侯王商为王莽谦虚谨慎、尊奉长辈的言行所感动，他上疏表示愿意拿出自己的部分封地，包括那块土地上的百姓，请求皇上转封给王莽。从此，王莽在经济上就有了可靠保障，他喜欢上了养士，并结交了不少名人。比如，掌管汉朝“三宫”之一的长乐宫私财的少府戴崇，为皇上指派的散官侍中金涉，皇帝近侍官中郎陈汤等，都力挺王莽。成帝对王莽的印象很好，认为他贤能，再加上皇太后王政君又屡次念叨提拔重用王莽的事，使得成帝敢于破格提拔使用年轻的王莽。

永始元年（公元前 16 年）五月，成帝将二十九岁的新都侯王莽提拔为掌管羽林骑士的骑都尉、光禄大夫、侍中，使其一举成为年俸二千石粟谷的高官。王莽虽然做了高官，但他为官做人非常低调，爵位越尊贵、官位越高，他的礼节操守越谦恭。王莽有一个显著特点，那就是善于包装和美化自己，善于运用舆论宣传手段树立良好的形象。这是王莽从政为官的发明创造，并且他把这一“专利”运用到他的整个政治生涯。王莽因叔父王商的经济支持和鼎力举荐下短期内就当上了高官，各项待遇丰厚，他就把自己的车马、衣物、皮裘等周济给门下的宾客，而自己家中并无余财。他还供养了一批名士，结交了不少将、相、卿、大夫等。因此，那些身居高位的官员轮番向皇帝美言，推荐他担任更高的职务；而那些游者（不担任官职的知名人士）也到处为王莽宣传，其声誉压过了

① 该职务为汉武帝所置，为北军八校尉之一，位次列卿。其属官有丞、司马等，领待诏射声士，所掌为常备精兵，屯戍京师，兼任征伐。

他的诸位伯伯、叔叔。王莽“敢为激发之行，处之不惭恧”，就是说他敢于干一些偏激的、违俗立异的事情，而又处之安然，毫无愧色。他脑瓜灵活，随机应变的能力很强。王莽私下里买了一个婢女，伯伯、叔叔家的儿子们听说了，就向他询问此事，他马上解释说：后将军朱子元没有儿子，我听说此女有多生儿女相，就出钱帮朱将军买下了，并且当天就把这个婢女送给了朱将军。对此，史书评论说：“其匿情求名如此。”（据《资治通鉴》第三一卷，《汉书·王莽传》）

（二）阴招初使，干掉政治对手之后被“拔出同列”

绥和元年（公元前8年），王莽的叔叔、重要辅政大臣——大司马、骁骑将军、曲阳侯王根，因病卧在床，请求辞去官职。按理说，应该由位居“九卿”之一的卫尉淳于长接替王根的职务。

淳于长，字子鸿，魏郡元城人，与王莽既是同乡，又是表兄弟。其父族虽无权势，但母亲家族非常厉害，他的姨妈是汉元帝刘奭的皇后、成帝刘骜的皇太后王政君，几位舅父以及舅父家的儿子们全都是高官。因这样的背景，淳于长年少时就担任了黄门侍郎，成为给事于宫门之内的中朝官员。汉代朝官自汉武帝以后有中朝、外朝之分，中朝即内朝。淳于长干了几年，官位不进，未得宠爱。此时正好碰上舅父、大将军王凤生病，淳于长与表弟王莽竞相服侍，王凤很受感动。他临终时，把淳于长、王莽都托付给太后和皇帝。皇帝赞赏淳于长的孝心，任命他为列校尉诸曹。列校尉指左校尉和右校尉，皆掌领屯卫兵，地位略次于将军；诸曹，犹言各部，亦借指部门官员。列校尉诸曹，就是左、右校尉下面负责具体工作的官员。不久，淳于长又被提拔为水衡都尉、侍中。水衡都尉与少府同掌帝室财务，少府的帝室收入大部分转归水衡都尉掌管；侍中可入侍宫禁，与闻朝政，赞导众事，顾问应对，与公卿大臣论辩，评议尚书奏事。淳于长身兼这两个重要职位，足见皇帝对他的厚爱和重视。后来，淳于长又升任“九卿”之一的卫尉，主要负责皇帝所居住的未央宫的禁卫，管理屯驻宫门的卫士，昼夜巡警和检查出入者身份。这期间，淳于长在成帝立赵飞燕为后一事上没少出力。事成之后，成帝非常感激淳于长，屡次表彰他的功劳，并赐封他为关内侯，不久又晋封他为定陵侯。淳于长颇受成帝的信任和重用，其富贵程度超过了公卿大臣。淳于长主动交结诸侯、州牧和郡太守，这些人知道淳于长是成帝的“红人”，也都纷纷巴结他，竞相给他送钱送礼，加上他从皇帝那儿得到的赏赐，时间不长，淳于长的家财累积过亿。淳于长娶了一大堆老婆，整天沉湎于声色之欢，不遵守国家的法令制度，为所欲为。

时任侍中、骑都尉、光禄大夫王莽看到大司马、骁骑将军、曲阳侯王根病得不轻，很想继任他的职位，但他非常清楚表兄淳于长在成帝那里比自己还受宠，且官位又在自己前边，为了实现自己的政治目的，他一定要想办法把淳于长整倒。于是王莽一方面暗中调查淳于长有哪些短处，干过哪些坏事；另一方面就像当年伺候大将军王凤那样，去精心伺候病中的叔叔王[illegible]

王莽不择手段地了解到淳于长的短处后，借机向王根报告说：

淳于长见将军您卧病不起，便兴奋不已，他自认为可以代替将军您辅佐朝政了。目前，他正在私下里做着各种准备，甚至已经与士大夫及贵族子弟谈论起设置官署的事。接着王莽又向王根详细讲述了淳于长那些鸡鸣狗盗、见不得人的丑事：淳于长仗着自己得宠于成帝，不仅经常与诸侯、刺史、太守一起吃吃喝喝、拉拉扯扯，大肆收受钱财，而且还整天放纵于声色犬马之中。已废皇后许氏的姐姐寡居在家，淳于长与她长期私通，后来又娶她为妾。许皇后被废黜后居住在长定宫，她通过自己的姐姐贿赂淳于长。淳于长收受了许皇后的金钱和御用车马、衣物、器具等，加起来达千余万钱之巨！他欺骗和许诺许皇后，他可向成帝建议，将她立为左皇后。许皇后的姐姐每次到长定宫，淳于长就让她捎书信给许皇后，调戏和侮辱她，无所不言，这种书信往来以及收受许皇后贿赂的事情已持续多年。病中的王根听了这些事以后，大怒说：如果有这等事，你为什么不早点儿告诉我？王莽说：我不知道将军您心里的想法，因此没敢说。王根说：赶快去禀告太后！王莽去见太后，又向太后讲了一遍，太后也发怒说：这孩子竟然放肆到这种地步，赶快去奏报皇上！王莽又报告给了成帝。成帝鉴于淳于长是皇太后的外甥，仅免去了他的官职，把他遣送回封国了事。

在淳于长即将回归封国时，红阳侯王立的嫡长子王融，要求淳于长把车辆马匹赠送给他，而淳于长则要求王融把过去自己送给其父王立的那些贵重礼物退回来。王立怎肯把已经到手的珍宝再吐出来，他想给淳于长办成一件事，就算扯平。所以，王立就给皇上写了密封奏疏，建议成帝将淳于长留在京师。奏疏说：陛下既然在诏书中说因看在皇太后的情面上，不加罪于淳于长，那就不应该有其他惩罚了。王立替淳于长说话引起了成帝的怀疑，成帝就把这件事交给有关官署去了解查证。主管官吏逮捕了王立的儿子王融，王立却命令儿子自杀，以达到灭口的目的。这样，成帝更加怀疑里面有大的奸谋，于是逮捕了淳于长，关押在洛阳监狱，对他进行了审讯调查。淳于长供出戏弄、侮辱和忽悠废后许氏，承诺立其为左皇后等犯罪事实，罪名达到“大逆”级，于是，成帝下令处死了淳于长。淳于长的妻妾和儿子，凡是受到牵连的，都被放逐到遥远的合浦。同时，成帝赐给废后许氏毒药，许氏自杀。红阳侯王立因是成帝的舅舅，从宽处理，遣送他回其封地。王立的党羽和密友，都被免去官职，回归原郡。

富有心计的王莽将这件事干得干净利索，表面上看是忠君，实际上是利己。成帝“以王莽首发大奸，称其忠直”，加上王根力挺和保荐，便任命三十八岁的王莽为大司马。王莽被越级提拔，成为继几位伯伯、叔叔之后的又一位辅政大臣。王莽“欲令名誉过前人，遂克己不倦”，他还聘请一些贤良做掾、史等属官，将皇帝的赏赐和封国的收入全部用来供养名士。他自己越发简朴节约，母亲患病，公卿列侯都派夫人去探望慰问，王莽的夫人出来迎客，所穿的衣裙的长度不拖地，腰上系着粗布围裙，看见她的人还以为是奴婢。对此，司马光说：“其饰名如此。”（据《资治通鉴》第三二卷，《汉书·佞幸传》《汉书·王莽传》）

（三）力维靠山，惹恼定陶太后坐了三年冷板凳

绥和二年（公元前 7 年），高昌侯董宏为巴结傅太后，上疏即位不久的哀帝，建议改称定陶太后傅氏尊号，并搬出了所谓的历史依据。对此，大司马王莽和左将军、关内侯、主管尚书事务的师丹，为了维护太皇太后王政君独一无二的“至尊之号”，对高昌侯董宏提出的历史依据进行了批驳，并对他的不当言行进行弹劾。哀帝认为王莽、师丹的书奏很有道理，于是将董宏免官，贬为平民。傅太后知道后大吵大闹，非要称尊号不可。当时，哀帝还提拔任命祖母傅氏娘家一族、母亲丁氏娘家一族的家族成员为高官。这两件事引起了太皇太后王政君的严重不满。于是，王政君诏令其娘家侄儿大司马王莽离开朝廷，回到府第，让权给哀帝的外家，王莽上疏哀帝请求退休。因王莽与太皇太后是姑侄关系，哀帝对太皇太后心存敬畏，不敢得罪，就派尚书令持诏书，命令王莽出来履职，又派遣丞相孔光、大司空何武、掌京师兵卫的左将军师丹、统率卫士守卫宫禁的卫尉傅喜，一起向太皇太后王政君报告说：皇上听到太皇太后命令大司马王莽离开朝廷的诏书后，“甚悲”，如果大司马不出来上班，“皇帝即不敢听政”。太皇太后王政君还是要给哀帝面子的，于是她立即下令王莽上朝处理政事。王莽回到原来的工作岗位以后，积极主动地与有学问、有才能、年轻有为的皇族成员刘歆搞好关系，拉拢同样受到排挤的皇族势力，以发展外援。刘歆是皇族老臣刘向的小儿子，当时的职务是主管京师治安警卫工作的中尉校尉。当年，成帝想提拔刘歆担任中常侍，大将军王凤说不可，整了

成帝一个大窝脖，没有提拔成。这次，王莽专门向哀帝作了推荐介绍，哀帝任命刘歆为侍中。刘歆得到哀帝的宠信，不断成长进步，逐步升任光禄大夫。一般说来，大夫为皇帝近臣，分为中大夫、太中大夫、谏大夫，无固定职数，也无固定职务，依皇帝诏命行事。在西汉后期，“九卿”等高官多由光禄大夫升迁上来。后来，刘歆改名为刘秀。哀帝又命令刘歆负责审核校对“五经”，完成其父亲刘向生前尚未完成的事业。刘歆汇总群书，编成“七略”，名为目录，实际是从先秦到当时的学术史，其思想性、理论性都很强。

后来，哀帝在未央宫摆设酒席，少府属官内者令把傅太后的座位设在太皇太后王政君的旁边，大司马王莽严厉斥责内者令：定陶太后不过是藩王妃而已，怎么配跟至尊无上的太皇太后并排而坐！并下令撤去原先的座位，重新摆放。定陶太后听说后大怒，不肯出席宴会，对王莽恨得牙根疼。王莽第二次请求退休。深知内情的哀帝这次不再挽留，赐给他金五百斤、车一辆和套马四匹，让他辞官回家。

王莽下野后，其以前克己留名、重视自我包装和形象宣传的效能开始发挥作用，公卿大臣和士大夫们都称赞王莽，替王莽说好话、鸣不平。但哀帝鉴于奶奶定陶太后鲜明的政治态度，不敢起用王莽，就给予王莽更多的恩宠：特意派出居于禁中、在黄门内做服侍工作的太监中黄门到王莽家，以供差使；每隔十天，哀帝赐餐一次；授予王莽位在“三公”之下的虚职——特进，以备顾问应对；任命他为可上朝谒见的加官——给事中，每月初一和十五可以朝见皇帝，朝见时的礼节一如“三公”。应该说，哀帝给予王莽的政治经济待遇并不低，只是实权没有了。

哀帝上台后，王氏家族的政治势力虽然受到严重削弱，但有太皇太后王政君这棵大树罩着，哀帝和定陶太后还不敢把王氏家族的人往死里整。为安抚太皇太后王政君，缓和与王氏家族的关系，哀帝还下发诏书，增加新都侯王莽、曲阳侯王根、安阳侯王顺，以及丞相孔光、大司空何武采邑民户，又召回红阳侯王立，使其居住在京师。

但是，也有人觉得已经远离政治中心的王莽日子过得太安稳了，想给他整点事，而且欲彻底把他整倒。这个人就是现任丞相朱博。朱博在整人上是很有套路的。当他看到朝廷中最有权势的就是定陶太后娘家一族时，就削尖脑袋钻进外戚傅氏家族的小圈子里。当他看到哀帝已将王莽“下架”后，便落井下石，给哀帝上奏：新都侯王莽先前为大司马，却不能发扬尊崇尊号的大义，反而压抑贬低尊号，损伤了陛下的孝道，罪当诛杀。幸蒙大赦，王莽得免死罪，但不应该让他再有封邑了，请求陛下免除王莽的爵位和封地，降为平民。哀帝接到奏章后反复思考，认为王莽是太皇太后的亲属，不能免去其封爵采邑，但可以将他遣送回封国。于是，王莽不得不离开长安，回到封国。

王莽一下子成了时代的弃儿，对此，官场和民间舆论给予了太多的同情和热炒。在这样的背景下，谏大夫杨宣上密封奏疏说：先帝汉成帝深思宗庙的重要，称赞陛下有崇高的品德，才把陛下钦定为接班人，陛下才得以继承帝位，可以说成帝圣明决策的意义重大而深远，他老人家对陛下的恩德再丰厚不过了。追思先帝的本意，岂不是希望陛下代替他本人侍奉太皇太后吗？而今太皇太后已七十岁高龄，数次经历国丧的忧伤，尽管这样，她仍然下令要自己的亲属引退，以避开傅、丁两家外戚，路上的行人都为此流下眼泪，更何况是陛下呢！陛下“时登高远望，独不惭于延陵乎”！杨宣的密奏打动了哀帝，哀帝心想绝不能再做对不起太皇太后的事情了。为弥补自己压制王氏家族而造成的心理亏欠，哀帝又封王商的二儿子王邑为成都侯。可以说，谏大夫杨宣的奏疏牵制了哀帝对王氏集团的穷追猛打，以至于王氏家族若干棵“离离原上草”，又逢“春风吹又生”的机会。

回到封国的王莽一直关闭宅门，谢绝见客。可是，偏偏家门之内出了人命案子——王莽的次子王获把家奴给杀了。王莽担心此事给自己带来麻烦，就严厉责备王获，并命他自杀。王获迫于父命，将自己“解决”了。王莽清楚，如果此时包庇儿子而逃避法律惩处，那些政敌肯定会抓住他的“小辫子”进行攻击，到那时，王莽不仅保护不了王获，很可能连他本人也将搭进去，甚至家族其他成员也要进大狱。王莽的这一硬心肠，既维护了自己清白的名声，也保护了自己和其他家庭成员的安全。

王莽始终爱惜自己的羽毛，他在封国待了三年，除了与增秩、怀能等侍妾“待月西厢下”之外，从不乱说乱动，官吏和百姓对他的评价很高，他们纷纷上疏为王莽鸣冤叫屈。据史料记载，为王莽上疏者“多达百人”。元寿元年（公元前 2 年），发生了日食，哀帝召集有关官员和学者策问其原因及对策。被推举为“贤良第”的周护、宋崇应约参会，周护和宋崇在回答哀帝策问时，对王莽的功德多加颂扬，并为王莽申冤辩屈。在朝廷和民间舆论挺莽的压力之下，哀帝下令征召隐居封国新都的王莽，以及因藏匿赵昭仪亲属而被遣返封地的平阿侯王仁，让他们以侍奉太皇太后的名义回到京师。王莽的政治危机总算过去了。(《资治通鉴》第三二至三五卷，《汉书·佞幸传》《汉书·王莽传》《汉书·元后传》)

二、辅政才能：既打又拉，维护和扩大手中权力

太皇太后王政君作为一位老政治家，在哀帝统治期间，表现得非常沉稳、老到。她非常清楚哀帝和皇太太后傅氏极力打压和排挤她娘家一族，但她没有同傅氏斗气，也没有像傅氏那样对哀帝的朝政指手画脚、横加干涉，更没有利用自己的威望及王氏家族势力同对方展开政治较量。可以作出这样的判断：如果太皇太后王政君挑这个头，发起对哀帝和皇太太后的政治攻击，她是一定能够取得胜利的。但她没有那样做，而是采取了回避和等待策略，曾先后两次把处在风口浪尖上的王莽撤下来，避开傅氏、丁氏两大外戚家族锋芒。太皇太后不生气，不着急上火，好好地保养自己身体，以那个时代少有的八十四岁高龄，先后把皇太太后和哀帝熬走了……

（一）哀帝死亡与王政君走上前台

汉哀帝即位时就患有痿痹病，该病往往导致人的肢体软弱无力、肌肉萎缩直至死亡。在当时，这种病是不治之症。哀帝即位后病情逐年加重，到元寿二年（公元前 1 年）六月在未央宫去世，年仅二十五岁。

太皇太后王政君得到哀帝驾崩的消息后第一时间来到未央宫。这位老太太在皇宫里生活了几十年，经过了宣帝、元帝、成帝、哀帝四任皇帝，经历了许多政治事件，积累了丰富的政治经验，培养和造就了很强的政治能力。她一进未央宫不是哭天抹泪，而是立即收走了象征皇权的玉玺、绶带。哀帝刘欣死了，新的皇上还没有到位，在这段政治空档期，她暂时履行皇帝的职能，领导国家、统帅军队和指挥文武百官。

太皇太后王政君收完玉玺和绶带，就在东厢召见大司马董贤，太皇太后问董贤，哀帝的后事是如何安排布置的。二十二岁的董贤，尽管聪明伶俐、能说会道，很受哀帝待见，但由于没有经历过大事，根本不知道怎么安排哀帝的丧事。面对太皇太后的询问，董贤心里发毛，“不能对，免冠谢”。此时的太皇太后王政君就想把为了维护自己的尊严，敢于同傅氏集团进行斗争，坐了三年“冷板凳”的大侄子王莽扶植起来。于是她非常平和地说：新都侯王莽曾经以大司马的身份办理过先帝的丧事，熟悉旧例，我命他来辅佐你。寥寥几句话，就把王莽安插了进来，而董贤根本不懂其中蕴含的政治意义，只是认为太皇太后给他找了一个帮忙干活的人，所以“顿首幸甚”。太皇太后一方面派遣使者骑快马速召王莽进宫，另一方面给尚书下发诏书，将征调军队、百官奏事以及统领期门武士等事宜，统统归王莽管理。这样，她把军政大权全部划归王莽掌控。

太皇太后将王莽征召到位后，不用太皇太后说，富有心计和政治经验的王莽心里明白，在眼前严峻复杂的局势下，迅速拿掉大司马董贤乃第一要事。老政治家太皇太后王政君和年轻的政治投机分子王莽不谋而合。于是，他们立即安排尚书弹劾董贤，指控他在哀帝病重期间不亲自侍奉汤药。这条罪状是很重的，作为大司马，董贤在哀帝病重期间不履行应该履行的责任，从而导致哀帝驾崩。据此，严禁董贤进入宫廷禁卫军中，剥夺了他出入皇宫和指挥、调动军队的权力。事情到了这个地步，毫无政治斗争经验的董贤走向皇宫大门，脱下官帽和鞋袜，面向皇宫叩头谢罪，一天一夜跪着不起。第二天，王莽派遣在皇宫中负责接待引见宾客、朝会时担任警卫、经常奉命出使的谒者，拿着太皇太后的诏书，在皇宫大门口罢免了董贤的官职。诏书很简单:“高安侯贤未更事理，为大司马不合众心，非所以折冲绥远也。其收大司马印绶，罢归第。”董贤被免官的理由并不复杂，就是“未经过事理”“不合众心”。此时的董贤才真正醒悟了、明白了，但说什么也晚了。董贤回到宅第后，同他的老婆一起自杀了。

董贤死了，谁来做大司马、主管尚书事务？谁都知道这件大事只有太皇太后王政君说了算，但这个老到的女政治家却玩了一把封建政治民主。王政君下发诏书，让公卿举荐可以担任大司马的人选。王莽从前就是大司马，为避开傅、丁两家外戚才辞职回家的，大家都认为他贤能，又是太皇太后的亲侄儿，所以文武百官几乎全都举荐王莽担任大司马，只有职掌京师兵卫的前将军何武和左将军公孙禄持有异议。

何武，字君公，蜀郡郫县（今四川成都市郫都区）人。早年曾跟随博士研习《易经》，后参加了朝廷的考试取士，因成绩优异被任命为郎官。何武与翟方进志趣相投，是不分你我的好朋友。光禄勋选拔质朴、敦厚、逊让、有义“四行”人才时，何武入选，被朝廷提拔为江夏郡鄂县（今湖北鄂州市）县令，后因犯错误，被免官回家。几年后，太仆王音推举何武为“贤良方正”，何武被征召参加应询考试，结果被提拔为谏大夫，不久升任扬州刺史。何武做了五年刺史，后调入京担任丞相司直，成为丞相府的高级僚属，位居司隶校尉之上，主要协助丞相监察检举百官，督录州郡长官。之后，他又被下派到治所在清阳县（今河北邢台市清河县东南）的清河郡担任太守。几年后，他因该郡近一半的地区遭受自然灾害而获罪，被免官回家。过了很长时间，大司马、曲阳侯王根推荐何武，朝廷征召他担任了谏大夫，时间不长升任兖州刺史，又入京担任司隶校尉，掌纠察京都百官及京师附近的“三辅”“三河”和弘农七郡的朝廷命官。而后又被调任为京兆尹，既负责治理京师，又参与朝政，地位高于郡太守。过了两年，因何武所推荐的“方正”人才在朝廷召见时行礼不规范，有关部门认为他推荐人才不够慎重，因此将他贬为楚内史（西汉诸侯王国掌民政的官员）。后来何武又被调到治所在相县（今安徽淮北市相山区）的沛郡担任太守，干了一段时间之后，被朝廷提拔为掌管国家刑狱的廷尉，成为“九卿”之一。

建平元年（公元前 6 年），何武被提拔为御史大夫，成为“三公”之一，主管弹劾、纠察等事。不久，成帝将要修治辟雍[①]，为开设辟雍的需要，将御史大夫改为大司空，何武因此改任大司空，封

① 本为周天子所设大学，校址圆形，围以水池，前门外有便桥。后世作为尊会儒学、行典礼的场所。

爵泛乡侯，食邑一千户。哀帝即位后，又为他增加食邑一千户。何武曾派人去接自己的后母，但在回途中赶上汉成帝驾崩，迎接的人担心盗贼趁机作乱，考虑到路途安全问题，就把何武的后母留在沿途郡府，空车返回。为此，汉哀帝身边之臣指控何武侍奉后母不诚。汉哀帝正想调换大臣，于是借机免掉了何武的大司空职务。又过了几年，谏大夫鲍宣多次声称冤枉了何武，汉哀帝鉴于丞相王嘉和高安侯董贤的劝谏，又将何武召回，任命他为御史大夫。一个月后，调任为前将军。

左将军公孙禄与前将军何武相善，两人是无话不谈的好朋友。太皇太后让公卿大臣举荐大司马人选的诏书下发后，他们两人私下切磋后一致认为：汉惠帝、汉昭帝时，外戚吕、霍、上官氏把持朝政，严重危及江山社稷，而汉成帝、汉哀帝两任皇帝接连没有后嗣，应当选立刘氏近支亲属为新帝，不应再让外戚大臣独专朝政大权。让外戚大臣跟非外戚大臣互相掺杂，才是治国之策。于是，何武举荐公孙禄为大司马，而公孙禄举荐何武。但当时的情况是太皇太后王政君和王莽说了算，他们需要的是重返国家政治舞台的核心，谁要是阻止或延缓他们走向这个核心，谁就要吃大亏。现在太皇太后顺应文武百官的呼声，任命王莽为大司马，主管尚书事务。因哀帝没有子嗣，太皇太后与王莽商定立中山王刘衎为皇帝继承人。太皇太后派出新提拔的车骑将军王舜和职掌诸侯藩属国事务的大鸿胪左咸，带上符节去中山国迎接刘衎入京。

刘衎，乳名刘箕子，中山国卢奴县（今河北定州市）人，年九岁，汉元帝刘奭之孙，中山王刘兴之子。刘兴病故后，三岁的儿子刘衎继嗣了中山王王位。母亲卫姬是汉宣帝妃子卫婕好之兄卫子豪之女。是年，刘衎登基，是为汉平帝。平帝是西汉王朝的第十四任皇帝。

由于汉平帝年幼，太皇太后临朝听政，大司马王莽秉持国政，文武百官都要听从于王莽裁决。这是哀帝死后，太皇太后一手建立起来的政治体制。这种体制给了王莽过于集中的权力，王莽实际上就是一个不是皇上的皇上，所以一般把这个时期看作王莽辅政时期。

太皇太后王政君在关键时刻干净利索地办了几件事关政治、事关全局、事关稳定、事关长远的大事。她一手建立的政治体制，为以后王莽独裁和篡位提供了便利条件。（据《资治通鉴》第三五卷，《汉书·何武王嘉师丹传》《汉书·汉平帝纪》《汉书·王莽传》《汉书·元后传》）

（二）王莽掌权后实施政治清算

王莽的长相有些特殊，嘴大，下巴短，眼球凸出，声音粗而沙哑。他身高七尺五寸，喜欢穿厚底鞋，戴高帽子，穿硬毛絮衣，挺胸仰视，远远地向下看左右两边。当时有人向一位正在黄门等待提官的人打听王莽的长相，候官者回答说：王莽的眼睛像猫头鹰，嘴巴像老虎，声音像豺狼，所以他能够吃人，将来也会被别人吃掉。发问的人告发了这件事，王莽处死了候官者，封赏了那个告发的人。从此以后，王莽经常用云母屏面，不是亲近之人不能见他。王莽在政治上站稳了脚跟之后，就开始收拾那些过去整过他的人和他看着“不顺眼”的人以及别人看他“不顺眼”的人。经太皇太后下诏或同意，王莽在政治清算上干了以下诸事。

1. 打击报复皇太后赵飞燕

王莽的主要理由是：当年的皇后、现在的皇太后赵飞燕与妹妹赵昭仪，专房专宠，禁锢其他嫔妃和美人进御，耽误了汉成帝生儿子，造成皇帝没有子嗣。于是将赵飞燕贬为李成皇后，搬迁到北宫居住。

元始元年（公元 1 年），王莽又将李成皇后赵飞燕废为平民，遣送她到成帝的陵园守陵。赵飞燕思前想后，还是追随汉成帝去吧，于是当天自杀，在地下又与成帝相会了。

2. 打击报复皇太太后、哀帝皇后和傅、丁两大外戚家族

王莽以皇太太后傅氏与她的堂弟孔乡侯傅晏（哀帝皇后之父）同心合谋、背恩忘本、专断放肆、行事不轨为由，将傅氏的“皇太太后”尊号废除，贬称为“定陶恭王母”；贬哀帝的母亲丁太后为丁姬；将傅晏之女、哀帝皇后贬到桂宫居住；傅氏、丁氏两个家族的居官者全部免官去职，剥夺爵位，遣回原郡。傅晏带着妻儿迁居合浦郡。同时，将哀帝皇后傅氏废黜，贬为平民，遣送她到哀帝陵园守陵。当天傅氏也自杀了。

元始五年（公元 5 年），王莽奏报，定陶恭王的母亲傅氏、汉哀帝的母亲丁姬，生前不遵守藩臣姬妾的规矩，坟墓竟然跟元帝的一般高，而且身携“皇太太后”“帝太后”的印玺、绶带一起埋葬。建议发掘定陶恭王母和丁姬的坟墓，取回印玺、绶带，然后把定陶恭王母的遗体运回到定陶国，安葬在恭王的墓园。太皇太后王政君认为，这都是过去的事了，没有必要再折腾死人。但王莽坚持报复到底，固执己见。于是太皇太后下令，用傅氏原来的棺木改葬。王莽又奏报，定陶恭王母和丁姬的棺材，都是用名贵的梓木制成，而且尸体还穿着用珠子串缀的外套，裹着金缕玉衣，这都不是藩臣姬妾应该享用的物品，其规格和标准严重超标，请求用普通棺木代替，剥去玉衣，并将丁姬埋葬在嫔妃坟墓之间。太皇太后批准。于是，王莽组织了一场规模空前的“掘墓运动”。在位的“三公”“九卿”和文武百官都迎合王莽的意旨，捐出钱币、丝织品，派遣子弟及儒生，组织四方的少数民族，总共十余万人，手持铁锹，肩挑箩筐，像蚂蚁搬家那样，共同参与了铲平傅氏和丁氏的坟墓的劳动，用时二十天。王莽又命人用荆棘将挖掘现场围成一圈，作为对世人的警戒。

王莽还下令拆除恭皇祭庙，将当初提议造庙者泠褒、段犹流放到合浦。

在追杀剿灭傅氏、丁氏残余势力的斗争中，太皇太后和王莽唯一放过且大加褒扬的人是傅喜。元寿二年（公元前 1 年），太皇太后专门下发诏书褒扬傅喜说：高武侯傅喜，性情端庄严谨，公道正派，言论和主张忠诚正直，虽然与已故傅氏有亲属关系，但始终不肯盲目顺从她的旨意，与其同流合污、附和邪恶。傅喜因孤高耿直，严守节操，受到了傅氏集团的打击迫害，曾被斥逐回封国……现在召傅喜回到长安，官位为特进，可以定期朝见天子。傅喜虽然受到褒奖，但内心是复杂的，他既不为太皇太后的褒扬而激动——

他不想出卖傅氏集团而投靠王氏集团，也坚决反对对傅氏家族的种种打击报复行为。他改变不了傅氏家族的命运，也改变不了自己的良心，所以深感孤独和忧虑，闷闷不乐。后来傅喜又被遣回封国，终其天年。

3. 沉重打击董贤及其家族

董贤自杀后，王莽下令将董贤家的房产、园林、土地、珍宝、车马和其他财物等全部没收，归入国库。官府变卖董氏家产，“估价凡四十二亿万贯，皆帝所赐之物”。哀帝把全国人民辛苦创造的财富全都赠送给了小帅哥董贤。

董贤和他的老婆自杀之后，其家人非常惊恐，趁着夜色将董贤夫妻草草埋葬。王莽怀疑董贤诈死，派人挖开坟墓，开棺验尸，加以确认。与董贤交情较深的大司马府属官朱诩自我弹劾，辞去官职，买来棺材、寿衣等，收殓董贤的尸体安葬。王莽听说后，用其他罪名将朱诩诛杀。

4. 打击报复何武、公孙禄等人

在王政君组织举荐大司马、主管尚书事务人选活动时，何武、公孙禄互相称颂保举。王莽绝对不会忘记这件事，于是将两人同时罢免。此外，还有一些人或与王莽有睚眦之仇，或因自身确实有这样那样的问题，也都被免官并驱逐到边境之地。如南郡太守毋将隆在担任冀州牧时冤枉陷害无辜，关内侯张由诬告皇家骨肉，中山太守史立、泰山太守丁玄陷害无辜并判死刑，河内太守赵昌陷害郑崇等。这些人幸遇大赦，都免于一死，王莽认为这些人“不适宜”居住在中原地区，于是将他们贬为平民，放逐到合浦。（据《汉书·王

莽传》,《资治通鉴》第三五、三六卷）

（三）隔离平帝亲属，屠杀“所恶者”和“不附莽者”

王莽吸取哀帝时期王氏家族被排挤的教训，担心平帝掌握实权之后，可能要瓜分或剥夺王氏家族手中的权力，于是他要未雨绸缪，提早防范。王莽禀报太皇太后：从前哀帝即位，忘恩负义，大肆提拔重用外戚，使傅氏、丁氏两大家族显贵荣耀，扰乱了国家秩序，危害社稷江山；而今平帝年幼，又奉大宗，应当及早明确一统的大义和原则，以防范再次出现从前的事情，作为后代遵循和效法的榜样。太皇太后同意了王莽提出的防范方案。于是，王莽派遣自己的心腹，掌羽林诸禁卫军等事的光禄勋甄丰，让他带着印玺、绶带前去中山国，拜平帝的母亲卫姬为中山孝王后，赐平帝的舅父卫宝、卫玄为关内侯，赐平帝的三个姐妹尊号为“君”。王莽在给他们利益的同时，也给他们明确了纪律，那就是命令他们全部留居中山国，不允许他们到京师。

王莽还尽各种手段打压一些直言上谏者。扶风功曹申屠刚在以“贤良方正”身份回答朝廷策问时，对王莽隔离平帝，不让其与亲属相见的做法提出了尖锐批评。他说：我听说以前周成王年幼，周公摄政，善听直言，礼贤下士，平均权力，广布恩宠，所作所为均上顺天意、下合民心，举措从来没有失当之处。如今圣主年幼，即位以来就与骨肉至亲分离，断绝亲情。况且汉家制度规定，虽然任用英杰贤才，仍然要引入外戚，使亲疏交错，阻塞间隙，这实在是为了安定宗庙，以国家利益为重，所以，应该赶快派遣使者征召中山太后到京师，安顿在另外的宫殿，使他们经常能够相见；再征召卫家亲属到京，给安排闲散官职，使他们都能亲执武器，充当宿卫，以抑止祸患的发生。申屠刚滔滔不绝讲了一大篇。他一讲完，王莽就下达了诏令：申屠刚的话，违反儒家经典，背叛大义，罢免他的官职，遣返原籍。

王莽的长子王宇也反对对卫氏家族采取隔离措施。他认为平帝年龄尚小，离不开母亲，非常希望与他的家人生活在一起，而老爹王莽凭借手中的权力将平帝与其家人隔离开来。但王宇没有实力与老爹进行较量，思来想去，他欲用计谋来破解老爹将平帝与其家人隔离的命令：他暗中跟平帝的舅父卫宝通信，让卫宝转告平帝的母亲中山孝王后卫姬上疏谢恩，并借机陈述傅氏和丁氏家族的种种罪恶，最后写上盼望被允许到京师长安朝见。卫宝就让卫姬按照王宇教的给王莽写了一封信。王莽接到信后对卫姬的政治立场深表赞赏，并将书信内容向太皇太后做了汇报。太皇太后下诏褒扬赏赐卫姬，增加汤沐邑七千民户。虽然卫姬得到的物质赏赐不菲，但解决不了母亲对儿子的惦记和思念，她日夜哭泣，期盼与儿子平帝见面。卫姬按照王宇的主意上疏之后，并没有见到儿子，很失望。王宇又教她上疏直接提出前来京师探望平帝的要求，而王莽接信后不予理睬。王宇一计不成，便与他的老师吴章以及大舅哥吕宽又谋新计。吴章判断，王莽这个人非常任性，不可规劝，但他相信鬼神，可以采用制造怪异的方法来吓唬他，然后再乘势推论，劝说他允许卫氏家族移居京师，使平帝能够与亲人相见，并且把权力适当地分给卫氏家族一部分，这样，日后平帝就不会打击报复王莽的后人了。王宇与大舅哥吕宽商量来商量去，最后决定弄些牲畜血液，由吕宽趁夜撒在王莽府邸的大门上。这就是历史上非常有趣的“畜血门事件”。

但王宇既没有想到王莽家宅看门的小吏十分敬业和负责任，也没有想到在大舅哥动手之前把门吏引开或者灌醉，更没有嘱咐大舅哥小心行事，千万不能被门吏发觉。当吕宽正在往王莽府邸外门上泼血时，被看门的小吏逮了个正着。小吏将此事报告给了王莽。王莽下令捉拿长子王宇并把他送进监狱，后责令王宇服毒自杀。为了自己的政治前程，王莽不惜逼死两个亲生儿子。更令人不解的是，王莽还把怀有身孕的儿媳妇吕焉也囚禁在监狱之中，等生下小孩之后就把吕焉杀掉了。孔光的女婿、右将军甄邯将上述情况报告给了太皇太后。元始三年（公元3年），太皇太后下诏褒扬王莽：阁下身居周公的地位，辅佐像周成王那样的幼主，而实施对管叔、蔡叔那样的诛杀，不以骨肉私情而伤害君臣大义，朕非常嘉勉这种大义灭亲的壮举。太皇太后的这一褒扬更激发了王莽杀人的疯狂。王莽下令除了留下中山孝王后卫姬一人之外，将卫氏家族全部诛杀。这也是日后王莽毒杀平帝的一个重要原因，因为他害怕平帝亲政以后对自己实施报复。王莽还下令在长安东市门将王宇的老师吴章施以分裂肢体的酷刑。王莽还认为，吴章教过的那些学生都是恶人的党徒，都应该禁锢起来，不得为官。吴章的学生们被吓得全都变换自己的身份，改投别的老师。有个叫云敞的人，时任大司徒掾，上疏自我弹劾，声称是吴章的学生，将吴章的尸体收拾齐备，买了寿衣和棺材将其埋葬，“京师称焉”。

王莽以“畜血门事件”为由头，下令追查吕宽的党羽，凡是与王莽政治立场不一致的人、平素与他有点矛盾的人、他所厌恶的人，一律诛杀。在被杀死的人中，最具影响力的是敬武公主。敬武公主系汉宣帝刘询之女、汉元帝同父异母的妹妹。她最初嫁给原大司马、卫将军、领尚书事的张安世曾孙富平侯张临为妻，生了个儿子名叫张放。张放长大后成为浪荡公子，由于国戚的缘故，官至侍中、中郎将，多次随成帝微服私游于民间，因长得比较帅气，颇受成帝宠幸。张临病逝后，敬武公主改嫁给原少府赵充国之孙临平侯赵钦。赵钦死后，敬武公主又改嫁给高阳侯薛宣。薛宣被免职回乡后，敬武公主留在长安，后来第三任丈夫薛宣也死了。敬武公主上疏朝廷，请求将薛宣埋葬在延陵，得到批准。薛宣之子薛况任右曹侍郎，听说博士申咸背地里毁议自己的父亲，于是花钱雇凶在道路上用斧头砍伤申咸，被罚为期五年的夜里筑长城、白天站岗放哨的“城旦”之刑，迁徙到敦煌。后来薛况私自从敦煌逃回长安，恰逢大赦，便留在长安，与后妈敬武公主“私乱”。薛况与吕宽交好。吕宽案爆发后，王莽抓捕了薛况，在审讯时薛况就把后妈敬武公主攀附汉哀帝的母亲丁氏家族、祖母傅氏家族，以及她“诽莽”之事予以揭发。于是王莽派使者打着太皇太后诏令的旗号，赐敬武公主毒药。敬武公主死后，王莽便向太皇太后报告说，敬武公主患急病而死。

王莽还派遣心腹左将军、光禄勋甄丰等，乘坐驿车，前往各地诛杀卫氏家族党羽。各郡、封国的豪杰和汉王朝的忠臣义士中，凡是与王莽政治立场不一致、不顺服王莽者，都被诬陷为有罪，予以处斩，包括王莽的叔父王商的儿子乐昌侯王安，原左将军辛庆忌的三个儿子护羌校尉辛通、函谷都尉辛遵、水衡都尉辛茂等，都被诛杀。共诛杀数百人，举国震惊。这是王莽辅政以来又一次大规模的报复性屠杀。（据《资治通鉴》第三五、三六卷,《汉书·张汤传》《汉书·赵充国辛庆忌传》《汉书·薛宣朱博传》《汉书·杨胡朱梅云传》）

（四）大搞顺我者昌、逆我者亡

王莽掌握实权之后，大肆实施专制独裁，极力推行“附顺者拔擢，忤恨者诛灭”的用人路线。

王莽在朝廷拉帮结派、结党营私，凡巴结、依附和紧跟他的人，他都委以重任。他打破官署和官员的职责分工，搞乱工作秩序，营造了一个坚决服从服务于个人意志的小圈子，并依靠这个小圈子来安排部署工作任务，使正常的公务都变成了“私务”。

一是以王舜、王邑为心腹骨干，将许多重要事项都交给“二王”办理。王舜是王音之子，王莽从弟，王政君侄子。王音死后，王舜承袭了其父安阳侯爵位，与王莽相善。哀帝去世后，王莽任命王舜为掌征伐叛逆，有战事时领兵出战的车骑将军。由于王舜带队迎立平帝“有功”，又提拔他担任“太保”，位在太傅、太师之下，司徒、大司马、司空、御史大夫之上，虽然是个虚职，但地位荣耀尊贵。王邑是成都侯王商的次子，王莽的从弟和爱将。成帝时，王邑担任侍中，出入禁中，身居君侧，参与朝事，掌顾问应对，分掌皇帝的车、轿、衣服、器物等，位次常侍。哀帝即位后依赖和重用傅氏、丁氏两个外戚家族，侍中王邑等王氏家族成员都被边缘化了。王莽复起和摄政之后，王邑被任命为大司空，成为负责国务的最高长官。

二是“用甄丰、甄邯以自助，丰、邯新贵，威震朝廷”。王莽将有关弹劾及司法刑狱方面的事情都交给“二甄”办理。甄丰、甄邯都是中山无极县（今河北石家庄市无极县）人。甄丰初在都城位于凌县（今江苏宿迁市泗阳县）的泗水封国担任国相，后因攀附王莽并帮助其排除异己，仕途走入“快车道”。平帝即位后，王莽提拔他为光禄勋，职掌宫殿门户宿卫，兼从皇帝左右，管理跑腿传达的诸官等，其官署设在宫禁之中，宫内设狱，称光禄外部，另外还负责郎官选拔等。不久又提拔他为掌水土之事，凡营城起邑、浚沟洫、造陵修墓等，皆归其负责，并赐封广阳侯，加官辅佐太子的少傅、辅佐皇上的太阿右拂、掌皇宫禁卫军的卫将军。甄邯系原丞相孔光的女婿，汉哀帝时曾担任右扶风斄县（今陕西咸阳市武功县境内）县令。汉平帝即位后，王莽先后提拔他为侍中，掌御车的奉车都尉，封爵承阳侯。后来又提拔他担任光禄勋。

三是安排平晏典掌机要。平晏，梁国下邑（今安徽宿州市砀山县）人，原丞相平当之子。哀帝时，他以明经入仕，被任命为五经博士，后担任官秩二千石、掌皇太后宫中事务的长乐少府，并与刘歆等共治明堂辟雍，因功赐封食邑千户。平帝即位后，他结附于王莽，被任命为掌传达记录诏命、臣下上疏章奏等机要事项的尚书令，后升任为掌土地、户口等事的大司徒，封防乡侯，又晋封就德侯。

四是让刘歆负责起草诏书文告。刘歆是西汉宗室大臣、经学家，楚元王刘交的五世孙，著名经学家刘向的儿子。汉成帝时，其凭借精通经学和文笔好，被任命为给事于宫门之内的黄门侍郎。其间，随父进入天禄阁，负责整理校订国家藏书。由于交好权臣王莽，历任北军八校尉之一、戍卫京师的中垒校尉，与闻朝政、赞导众事的侍中，掌监羽林骑的骑都尉，掌皇帝车舆的奉车都尉，掌顾问应对的光禄大夫，典掌枢机的右曹，掌论议的太中大夫等。

五是由孙建负责军事。孙建是王莽手下名将，汉哀帝初年为尽护诸将的护军都尉，后升迁为掌京城安保工作的执金吾，又被任命为右将军，不久改任左将军①。后来，孙建又先后被任命为光禄勋、轻车将军、强弩将军，赐封成武侯。王莽辅政时为奋武将军，不久又恢复轻车将军。

另外，甄丰的儿子甄寻、刘歆的儿子刘棻、涿郡人崔发、南阳人陈崇等，都属于“忠莽派”，得到了王莽的重用。

王莽外表严厉，内有阴招，他想要做什么事，只要作出一点暗示，小圈子里的人就心领神会，按照王莽的意图公然上奏。王莽则谦恭推让，装出一副谦谦君子的样子。王莽用这种手段，欺上愚下，把所有人都欺骗了。

王莽对政治异己分子和不肯依附他的人，以及有可能会对他造成伤害的人，皆实施打击迫害，即便是他的亲叔父。红阳侯王立是王政君的亲弟弟、王莽的亲叔父，爱说闲话，喜欢发议论，无拘无

① 西汉时置左、右、前、后将军，均为重号将军，位上卿，但低于大将军及骠骑、车骑、卫将军。有战事则典掌禁兵，戍卫京师，或领兵出征讨伐，平时无具体职务，一般兼任他官，有时也参与朝政。

束。王莽害怕王立在太皇太后面前谈论朝廷政事，说一些不利于自己的话，就私下里给大司徒孔光讲了王立的无道之事，要求孔光出面弹劾王立。

孔光，字子夏，曲阜（今山东曲阜市）人。他是孔子的第十四世孙，太师孔霸的第四个儿子。孔光自幼随父徙居长安，他聪颖好学，尤其对经学较为精通，不到二十岁就被推举为议郎。光禄勋匡衡因孔光品学兼优，便推举他为“方正”，入朝担任专掌议论的谏大夫。后来，因其所议论的政事不合皇上心意，被贬到治所在今安徽蚌埠市五河县境内的沛郡虹县担任县令。孔光未赴任，便回乡教授经学。汉成帝即位后，他被选任为博士，朝廷多次让他负责平反冤狱、整治风俗、赈济灾民，孔光每次都能圆满完成任务。孔光的名声传遍朝野，皇上也很信任他，先后提拔他担任尚书、尚书仆射、尚书令、光禄大夫，后又提拔他担任光禄勋，仍负责尚书事务，不久升任御史大夫，成为“三公”之一。经过官场上的多次冲击和挫折，晚年的孔光变得胆小怕事了。王莽知道孔光是儒学专家，先后辅佐过成帝、哀帝，为太皇太后所尊敬，所以他极力拉拢孔光，为自己所用。王莽推荐孔光的女婿甄邯担任侍中兼奉车都尉。王莽对哀帝的各位外戚和平素不喜欢而又身居要位的大臣，分别罗织罪名，写成弹劾奏章，叫甄邯带给孔光，孔光便以自己的名义上奏，先后罢免了一大批年俸二千石以上的“忤恨者”。

这次王莽要求孔光出面弹劾红阳侯王立，孔光不敢违背王莽的旨意，于是写了弹劾奏疏，指控王立两大罪状：一是曾经为淳于长说情辩护，误导朝廷舆论；二是提议以官婢杨寄的私生子为皇子。

在奏疏中，孔光建议遣送王立回封国。对这个处理意见，太皇太后开始是不同意的。王莽就此对太皇太后进行了劝谏，他说现在汉王朝已经衰弱，连续两代皇帝都没有子嗣，太皇太后替幼主刘衎主持国政，即使努力做到公正无私，一心为天下人着想，仍然人心不服。现在因为私情而反对大臣的建议，下面的官吏就会竞相作恶，祸乱将由此而起。最好暂时先让王立返回封国，等局势安定之后，再把他召回来。太皇太后不得已，只好同意遣送王立暂回封国。王莽排挤亲叔叔王立的阴谋终于得逞。

大司空彭宣对王莽独揽朝政大权很有看法，不愿意与王莽为伍，他在用婉转的语言上疏劝谏的同时，要求退休。

彭宣，字子佩，淮阳阳夏（今河南周口市太康县）人。年轻时研究《易经》，学识渊博，曾在丞相张禹手下做事，张禹推举他为博士，不久升迁为东平王的太傅。张禹又因彭宣曾经担任过皇帝的老师，再次向朝廷举荐彭宣，由此彭宣被任命为右扶风职掌。不久，他被提拔为主管诏狱和修订律令等事宜的廷尉。后来，彭宣因是诸侯国人，被调离京城，到治所在晋阳县（今山西太原市晋源区）的太原郡做了太守。数年后，他被调入京师，先后担任掌租税钱谷盐铁和国家财政收支的大司农，管理大夫、郎、谒者、期门（虎贲）、羽林等属官的光禄勋。汉哀帝即位后，将彭宣调任为左将军。一年多以后，皇上因彭宣任汉将之重职，而他的儿子娶了淮阳王的女儿为妻，姻亲不绝为由，令他上缴左将军印绶，以关内侯身份回家，并赏赐他黄金五十斤、驷马安车等。彭宣被罢官回乡数年后，谏议大夫鲍宣多次在皇帝面前为彭宣说好话。恰逢元寿元年（公元前 2 年）发生了日食，鲍宣再次提及任用彭宣之事，于是皇帝召回彭宣，任命他为掌顾问应对的光禄大夫，不久升任为负责监察百官、起草诏命文书等事的御史大夫，后再改为大司空，并封爵长平侯。适逢汉哀帝驾崩，新都侯王莽为大司马，秉政专权。彭宣上疏："三公"就像鼎的三只脚，一起承奉君王，如果有一只脚不能胜任，就会使鼎倾覆，破坏里面的美食。我资历浅薄，年纪又大，多次患病卧床，头脑混乱，记忆力衰退。愿上缴大司空、长平侯的印信、绶带，批准我辞职退休，返回故乡，以度残年。王莽上报太皇太后，太皇太后下发策书免去彭宣的官职，让他回归封国。王莽对彭宣在奏疏中提出的"三足承君"大为不满，于是，故意不按惯例赐给他黄金、驷马安车。彭宣在封国居住数年后辞世。（据《汉书·王莽传》《汉书·匡张孔马传》《汉书·隽疏于薛平彭传》,《资治通鉴》第三五卷）

（五）形塑高手：虽笑未必和，虽哭未必戚

1. 把自己包装成谦谦君子

元始元年（公元 1 年），王莽暗示益州地方官进献有祥瑞意味的白雉（白毛野鸡）。益州官员几经周折，从位于今越南、老挝一带的越裳氏部落弄来一只白雉进献给朝廷。在当时，白雉被认为是瑞鸟，是国家强盛和人民安居乐业的象征。王莽向太皇太后报告此事，建议她下诏，将白雉献于宗庙。一些溜须拍马的大臣，顺应王莽的意图，为王莽歌功颂德，他们上疏太皇太后：王莽像历史上周公姬旦那样，使平帝获得白雉，这象征着国家祥瑞。姬旦被称为周

公，王莽也应该赐号为安汉公，并增加他的采邑民户，以便与爵位相称。太皇太后接到大臣们的奏章之后，便诏令尚书筹办此事。

善于把自己伪装成仁义、谦让者的王莽，给太皇太后打报告：我与孔光、王舜、甄丰、甄邯共同决策拥立新皇帝，现在我希望仅对孔光等人论功行赏，不要将我与他们列在一起。太皇太后下诏说，“无偏无党，王道荡荡”，你有安定宗庙的大功，不能因为你是我的亲戚，就遮掩隐讳，而不加宣扬褒奖，请你不要推辞了。王莽又先后四次上疏推让，并称病不去上朝。左右大臣对太皇太后说：还是不要硬性改变大司马谦让的心意，只论功赏赐孔光等人吧。太皇太后下诏：任命太傅、博山侯孔光为掌邦治的太师，车骑将军、安阳侯王舜为太保，与太师、太傅、少傅并列为“四辅”。同时，还将孔光、王舜采邑民户各增加至万户，任命左将军、光禄勋甄丰为辅佐天子的少傅，并赐爵广阳侯，赐封侍中、奉车都尉甄邯为承阳侯。太皇太后封赏四人之后，王莽依然没有上朝理事。有大臣又进言：王莽虽然克己谦让，但朝廷对应当封赏的大臣，还是要及时加以封赏，以表明朝廷重视元勋，否则就会使百官和黎民失望。于是太皇太后下诏任命大司马、新都侯王莽为太傅，主管“四辅”，称“安汉公”，增加采邑二万八千户。王莽通过装腔作势、言不由衷的谦让，换来了更大、更多的政治经济利益，他接受了“安汉公”和太傅的封号，但坚决推辞掉了新增加的采邑民户。他想把自己包装成一个与老百姓“同甘共苦”的好官，还言不由衷地说：愿意等到老百姓家家富足，都过上好日子，他才接受赏赐。群臣又为他力争，太皇太后最终下诏：安汉公自己决定要等到老百姓家家富足之后才接受赏赐，因此，应当尊重安汉公的意见，不过到那时要让俸禄和赏赐都增加一倍；等到百姓家家富足的目标实现之后，大司徒、大司空再行奏报。王莽凭借索要的白雉，自导自演了一场闹剧，使他得到了“安汉公”和“太傅”两大尊号，拿到了崇高荣誉。

2. 把自己包装成节俭忧民的典范

元始二年（公元 2 年），全国大部分地区发生严重的干旱和蝗灾，青州尤其严重，无数百姓流离失所，饿殍遍野。王莽禀告太皇太后，在全国老百姓大都衣不蔽体、食不果腹的灾荒年景，皇家和朝廷应该带头节俭，穿没有花纹的丝帛服装，减少御用膳食，向天下展示朝廷和各级官府克己节俭、惜民怜民的良好形象。同时，他还用国家财政资金在长安城中建造了二百所民宅，让那些居无定所的流民居住。王莽还上疏，表示愿意捐出百万钱和三十顷耕地，以救助遭受灾荒的贫民。在王莽的带动和影响下，文武百官纷纷效仿，共有二百三十名文臣武将捐献田宅。大司农将这些田宅按人口分配给贫民。过了些时日，王莽率领群臣奏报太皇太后：有幸仰赖陛下圣德恩厚，最近一段时间几降甘露，出现了风调雨顺的好气象，灵芝生长，蓂荚（古代传说中一种象征祥瑞的草）、朱草、嘉禾等诸多象征祥瑞的植物应运而生；愿陛下恢复以前的正常生活，依规穿帝王的衣服，恢复太官的正常膳食供应。王莽私下里又让太皇太后下诏表示不同意，这样就会更加突出太皇太后节俭和爱民的高大形象。另外，安汉公王莽每遇水旱灾害，都要吃素食。太皇太后得知此事后，便派使者诏令王莽：听说安汉公只吃素食，真是忧民之深啊！今年秋天幸而庄稼丰收，请安汉公及时吃肉，为了国家和人民，请爱护自己的身体。王莽忧民至深的形象在太皇太后脑子里刻下了。

3. 把自己包装成品德高尚的“准老丈人”

元始二年（公元 2 年），王莽想把自己的女儿王嬿嫁给平帝做皇后，使自己成为“国丈”，以巩固手中的权力。于是，他上奏太皇太后：陛下即位已经三年，尚未立皇后，后宫嫔妃也有空缺。以往国家有难，多缘于皇帝无子，后宫嫔妃来路不正。当前应该考察“五经”中的有关记载，制定聘娶皇后之礼，将古代天子娶十二个女子的规定纳入正轨，以广求继嗣。在此基础上，应广泛地在殷、周天子的后裔，周公、孔子的后代，以及在长安的列侯之家中，挑选合适的女子。王莽在奏章中提出的人选范围虽大，但最重要的一句话是“在长安的列侯之家中”，这自然包括了新都侯王莽之家。太皇太后将此事交给主管部门办理。经过一段时间的运作，主管官员呈报了包括王氏家族在内的众多女子名单。王莽怕王氏家族其他成员的女儿跟自己的女儿王嬿竞争，他又上疏：我本身没有高尚的品德，女儿王嬿的资质和才能又为下等，她不适宜与众女子一起去应选。这使得太皇太后更相信王莽是真的谦虚，所以她下诏：王氏家族的女子，都是我的娘家人，都不要参加应选了。这样，就出现了大批吏民上访上疏的情况，包括平民、诸生[①]、郎官及其以上的官吏，他们每天守候在皇宫门口。其中，公卿大夫有的前往朝堂，有

---

① 指那些经过考试录取而进入国家和地方各级学校读书学习的学生，包括增生、附生、廪生、例生等，统称为诸生。

的俯伏在宫内官署门下，他们都呼吁安汉公功勋盛大而辉煌，应当让安汉公的女儿做天下之母。王莽派遣长史等官员去“劝说阻止”公卿及诸生们的“请愿”活动，然而上访上疏的人却越“劝”越多。太皇太后不得已，就听从公卿们的意见，选用王莽的女儿为皇后。此时的王莽又言不由衷地说：“宜博选众女。”公卿争辩说：再选其他女子，就会出现多个正统，那是不合适的。于是王莽只好说：那就观察我的女儿吧。

元始三年（公元 3 年）春，太皇太后王政君派长乐少府夏侯藩，掌管皇帝亲族和外戚勋贵等有关事务的宗正刘宏，处理天下奏章和管理少府文书、传达命令的尚书令平晏，一起前往王莽家中，呈上贵重的礼物，并与王莽的女儿王嬿相见。他们回来之后向太皇太后奏报：安汉公的女儿受到最好的教育，有美丽的容貌，适宜承受天命，侍奉皇家宗庙。随即，朝廷有关大臣就王嬿被确立为准皇后一事举行“卜卦”。参加“卜卦”的大臣主要有：太师孔光，主管户籍和财税的大司徒马宫，负责最高国务的长官大司空甄丰，负责京师兵卫和屯兵边境的左将军孙建，负责京城保卫工作的保镖总头执金吾尹赏，掌议论、暂时负责宗庙礼仪等事务的刘歆，以及掌管皇帝车马事宜的太仆、负责历史记录和史书编撰工作的太史令等。“卜卦”后，大家一致认为：这是金、水相互辅佐的吉兆，父母和睦喜悦的卦象，正是康乐、强健的预示，子孙大吉的征兆。接着，他们用猪、牛、羊各一头祭祀，以策书形式禀告宗庙。搞完这些礼仪活动之后，主管官吏报告说：按照成例，迎聘皇后的彩礼为黄金两万斤，折合钱是二万万。王莽执意推辞，只愿接受钱四千万万，又从中拨出三千三百万，分别赠送给被选为媵妾（陪嫁的女子）的十一家。群臣又说：皇后的聘礼比群妾没多多少。太皇太后又下诏追加钱二千三百万，最终合计三千万。王莽又从中拿出千万分给王姓九族的贫苦亲属。

王莽经过一番“弯弯绕”，不仅顺利地当上平帝的“准老丈人”，而且还落了个品德高尚的美名。（据《资治通鉴》第三五、三六卷，《汉书·王莽传》）

（六）大肆封赏皇族、遗老和功臣子孙

王莽吸取了成帝、哀帝两任皇帝重用外戚致使外戚专横跋扈、皇族严重不满的施政教训，他辅政后采取了“依靠、打击、拉拢”的政治斗争策略——紧紧依靠王氏精英里的“附顺者”和忠于他的优秀人才，坚决打击哀帝扶植起来的傅氏、丁氏、董氏三大家族势力及其同党，拉拢和团结在成帝、哀帝统治期间被削弱的皇族势力和汉初功臣的后裔等贵族官僚阶层。为此，王莽向太皇太后提出建议，褒奖和赏赐宗室子弟、王公列侯子孙和一定级别的老臣。得到太皇太后批准后，王莽封当年因“刘云逆谋案”而被迫自杀的东平王刘云之子刘开明为东平王；封已故东平王的孙子刘成都为中山王，作为中山孝王的后嗣；封汉宣帝曾孙刘信等三十六人为列侯；封太仆王恽等二十五人为关内侯；命令王公、列侯、关内侯，凡无儿子，但有孙子或同母兄弟有儿子的，都可以作为继承人；皇族近支系的后裔，因犯罪而被开除宗室谱籍的，恢复原来的身份；全国官秩二千石以上的高官，年老退休的，以原俸禄的三分之一作为退

休金，直到死亡。除了对贵族、官僚等进行安抚之外，王莽还对社会弱势群体进行了救助，特别是对那些年老多病、丧失劳动能力的鳏夫、寡妇、残疾人等，给予照顾和优待。

元始二年（公元 2 年），王莽又对一些老王侯的子孙和汉兴以来的大功臣的后裔进行了大范围的封王赐爵：封代孝王玄孙的儿子刘如意为广宗王，江都易王的孙子刘宫为广州王，广川惠王的曾孙刘伦为广德王；赐汉兴以来大功臣的后裔周共等一百一十七人继承爵位，他们都被封为列侯或关内侯。

以上政策措施取悦了已经严重衰弱的皇族成员和几乎被人们遗忘了的老王侯的子孙、老功臣的后裔，安抚了贵族和官僚阶层，巩固了太皇太后和王莽的统治地位。（据《汉书·王莽传》,《资治通鉴》第三五卷）

（七）厚待太皇太后身边之人，遮其视线，便于专权

平帝年幼，王莽辅政，对王莽具有权力制约的只有太皇太后王政君。如果太皇太后王政君对王莽辅政不放心，那么她就必然插手朝政事务，王莽当家做主的空间势必大大压缩。所以，王莽必须千方百计地升级太皇太后对他的信任。只要王政君对王莽十分信任、十分放心，那她自然就不再过问和干预政事。为此，王莽花费了许多心思，采取了多种方法。

1. 从关爱老人的角度，向太皇太后提出少管些“小事”的建议

王莽对太皇太后非常了解，知道她岁数大了，厌恶朝政和官场上那些麻烦事务，于是就暗示有关大臣向太皇太后打报告：以后根

据官吏的政绩和资历，按顺序逐阶提升到二千石高官；各州部刺史所举荐的茂才、异能等被任命为官之后，大多数不称职，应该让他们去谒见安汉公；太皇太后年事已高，不宜亲自过问那些小事。这个报告语言简练，但政治性很强，手段也很高明。报告的第一层意思是，在朝廷层面所提拔任用的官员，都有严格规范的制度机制，即根据工作成绩和资历，按顺序逐级提拔，一直到年俸二千石高级官吏。这个事您就放心，不会出问题。第二层意思是，各州部刺史所推荐的所谓优秀人才，任命以后大都不称职，意思是各州部刺史对朝廷不负责任，所举荐的人才素质不行，所以应“皆见安汉公”，即凡各州刺史举荐官吏，都应该先报到安汉公那里审查，由安汉公进行询问把关。这就等于把各州推荐官吏的权力都交到了王莽手里。第三句话原文就九个字：“又太后不宜亲省小事。”隐含的意思就是让太皇太后完全放弃人事任免权。太皇太后看完这个报告后便下诏说：从今以后，只有封爵之事才禀告我，其他事项由安汉公和“四辅”裁决处理；新任命的州牧、二千石官员以及茂才出身的官吏奏报后，就直接引领他们去安汉公官署回答问题，由安汉公考核他们过去的政绩，询问今后的施政打算，以了解他们是否称职。太皇太后的这个诏书进一步扩大了王莽的权力，大大缩减了报告事项，为王莽进一步专权提供了法律依据。

2. 贿赂太皇太后身边人员，使她们都为王莽说好话、唱赞歌

元始三年（公元 3 年），王莽收下了朝廷拿出的黄金二万斤、折合二万万钱聘其女儿王嬿为皇后的彩礼的一部分，即四千万钱。元始四年（公元 4 年），为表明礼仪的隆重，朝廷又增加聘娶“准皇后”彩礼二千三百万钱。王莽从这个钱中提出一部分，分别送给太皇太后身边的侍从人员；又建议封太皇太后的姐妹为“君”；太皇太后身旁供支使的“弄儿”有病，王莽携带重礼亲自前去探视。王莽这样做，就是想让太皇太后身边的人为他说好话、唱赞歌，从而达到“诳耀媚事太后”的目的。侍女们收了王莽的金钱，“日夜共誉莽”。这样一来，太皇太后就对王莽辅政越来越放心。

3. 安排王政君一年四季郊游，以转移其关注点

王莽知道太皇太后整天在深宫里感到憋闷，愿意到外面透透风，了解一下民间百姓的生活状况，而王莽也“欲虞乐以市其权”。为此，王莽在春夏秋冬四季都安排太皇太后到长安四郊出游，请她去慰问孤儿、寡妇和贞妇。太皇太后所到之处，布施恩惠，赏赐钱币、丝织品、牛肉、美酒等。那些得到太皇太后恩惠的人感恩戴德，向她三跪九叩、顶礼膜拜，太皇太后心里美滋滋的，乐此不疲，对朝政越来越不感兴趣。王莽成功地转移了太皇太后的注意力和关注点。

4. 操弄民意，欺上瞒下，沽名钓誉

元始四年（公元 4 年），王莽的心腹骨干、太保王舜等人联络官民八千余人联名上疏，“一致”请求：请按照大司徒司直陈崇的建议，增加对安汉公的赏赐。太皇太后将奏章交给主管官吏研究办理，主管官吏“研究”后奏报：增加安汉公王莽的封地，把召陵（今河南漯河市郾城区东三十里）、新息（今河南信阳市息县）、黄邮聚（今河南南阳市新野县之东）、新野（今南阳市新野县）四个地方的耕田全都划入安汉公的封地；采取伊尹和周公的称号，给安汉公加上“宰衡”的官号，位居上公；“三公”向安汉公报告工作，自称“冒昧陈辞”；封王莽的母亲为功显君，封王莽的儿子王安为褒新侯、王临为赏都侯；太皇太后应到前殿亲自给王莽颁发爵位和封号，王莽在前面跪拜，两个儿子在后面跪拜，一如周公的旧例。太皇太后同意奏报的意见和仪式安排，并要求按此实施。王莽叩头辞让，出宫以后上密封奏章说：仅仅愿意接受对我母亲的封号，而退还王安、王临的印玺、绶带和爵位称号以及封邑民户。王莽以太皇太后没有批这个意见为由，假装闹情绪不上班。太师孔光等人献媚说：赏赐不足以抵过功劳，谦虚辞让是安汉公的一贯作风，到底不可以听从；忠臣有时应该委屈一下自己，使主上的大义得以伸张，应该派遣大司徒、大司空手持符节，奉皇帝命令，召安汉公赶快入宫主持朝政，并下令拒绝接受安汉公任何推辞退让的奏章。太皇太后采纳了这个意见，王莽才来办理公务，仅减少了召陵、黄邮聚、新野三个县的封地。

王莽导演的戏还没唱完。第二年，因王莽不肯接受新野等县田地，又引发了广大吏民的“强烈不满”，再次出现“联名上疏”事件。这次“上疏者”人数更多，达到了四十八万七千五百七十二人，仅朝廷先后接见的公卿、诸侯、列侯和皇族人士就有多批次。王莽装腔作势地上疏说：官民所上奏章，凡是让朝廷研究讨论的，应全部搁置起来，使我得以尽力完成礼仪和乐章的制定；等这些工作完成以后，如果我没有其他罪过，得以退休回家，就可给贤能之士让路。这就是我的个人愿望。

王莽手下那些心腹跟着王莽干久了，就能根据王莽嘴上说的，很快悟出他心里想的。右将军甄邯等人明白王莽说这些话的意图，于是赶紧向太皇太后做了汇报。太皇太后下诏说，安汉公每次进见，都流着眼泪，叩头陈情，不愿意接受赏赐。如果坚持赏赐于他，安汉公就不敢身处高位了。现在礼乐制度工作还没有完成，等完成之后，群臣再研究大家提出的有关建议，但“九锡”礼仪，要迅速制定实施方案。过了一个月，太皇太后颁发策书：加赐王莽“九锡”。“九锡”是皇帝赐给诸侯、大臣、有特殊功勋者的九种礼器，是最高的礼遇。对此，王莽并未推辞，他接受了以皇帝名义赏赐的绿色的蔽膝和龙冠、礼服，用金玉装饰的佩刀，鞋头突出的履，有铃大车和套马，装饰着九束绦子的大龙旗，皮帽子和细褶白布衫，军车、套马，红色、黑色的弓和箭，立在左边的钺和立在右边的戚，铠甲和头盔各一套，美酒两坛，玉勺两只，九级青玉珪两枚。王莽家里可以安装红漆大门、修建檐内台阶，可设置职掌礼乐的宗官，掌祭祀祝祷的祝官，掌占卜的卜官，掌记载史事、编撰史书的史官，可拥有护卫勇士三百人。王莽操弄众人，再次获得至高无上的荣誉。

5. 派出人员巡视各地，编造歌谣，颂扬王莽之功德

元始四年（公元 4 年），王莽派掌皇帝舆马和马政事务的太仆王恽、司直陈崇等八人为使者，每人再配设副手，持符节，巡视全国各州、郡和封国，考察了解社会民情。与此同时，逐渐长大的汉平帝也开始着手一些工作，他下发诏书命令刘歆等四人，负责兴建明堂、辟雍。一年零三个月之后，王恽等八个巡视人员回到京师。他们反映说，全国一派莺歌燕舞，并编造出各地民歌民谣，颂

扬朝廷的恩德。可以说，王恽等人明白王莽的意图，他就是想借用巡视这个手段，颂扬他辅政以来所取得的“政绩”。对王恽等人的巡视成果，王莽非常满意。因此，王恽等八人和按照平帝诏令建造明堂、辟雍的刘歆等四人，全被封为列侯。根据王恽等人的巡视报告，王莽又向太皇太后奏报说，现在全国形势一片大好，各地做买卖的没有两样价格，官府没有诉讼案件，城市没有盗贼，乡野没有饥民，路不拾遗，对于犯罪者，仅处以象征性刑罚。太皇太后非常高兴。（据《资治通鉴》第三五、三六卷，《汉书·王莽传》）

三、摄政时期：“色仁行违”，毒杀平帝，自成真帝

《汉书》作者班固对王莽作出了较为客观中肯的评价，他说：“王莽始起外戚，折节力行，以要名誉，宗族归孝，师友归仁。及其居位辅政，成、哀之际，勤劳国家，直道而行，动见陈述。”这不就是孔子所说的“色取仁而行违”吗？班固所处的时代距离王莽统治时期较近，无论是书面的还是口口相传的资料，都相对比较丰富，应该说他对王莽的评价还是颇客观的。

（一）毒杀平帝，立刘婴为嗣，以假皇帝之名把持朝政

平帝随着年龄的增长，明白的事理越来越多，特别是对母亲卫姬娘家人一族的不幸遭遇感到愤懑和不平。平帝的这些行为表现，触动了王莽极其敏感的政治神经，他毅然决然地把黑手伸向年仅十四五岁的平帝。经过谋划，王莽决定在腊月初八这个“腊祭日”把平帝干掉。王莽借着腊祭日向平帝进献用花椒浸制的椒酒的机

会，在酒中下了毒药。平帝饮用此酒后毒性发作，痛苦不堪。善于做“两面人”的王莽写下策书，到位于今陕西淳化西北的甘泉山泰畤祈祷（祭祀天神），请求天神保佑平帝的性命，自己愿意代平帝去死，云云。王莽把策书收藏在金柜（金縢）里，放在前殿，告诫有关大臣谁也不准讲出去。这是王莽为自己留下的“后手”，表明自己“清白”和“忠心”的文字证据。多年之后，王莽还真的用上了这个“证据”，并企图以此证明自己的“清白”。

平帝死后，王莽为了掩盖毒杀平帝的罪恶行径，下令年俸六百石以上的官员，一律服丧三年；又上疏太皇太后王政君，尊称成帝庙为“统宗”，平帝庙为“元宗”。太皇太后王政君与王莽等文武百官商议遴选新皇帝事宜。此时，汉元帝的后代已经绝户，而汉宣帝的曾孙中为王的有五人，为列侯的四十八人。王莽非常厌恶他们已经长大成人，坚称兄弟之间不能互相作为后代，于是，改为征召宣帝玄孙这一层级，而这一层级的人全都是幼儿，王莽就在这些幼儿中选择储君。

此时的王莽，最想干的一件事就是自己当皇帝，而且他这个想法也是路人皆知的。这个时候往往会有一些投机钻营的人，为了迎合和巴结欲称帝者，制造一些所谓的“符命”昭示，以便其当上皇帝以后自己获取好处。果然，有人就向朝廷奏报说，武功县长孟通在疏浚水井时挖出一块白石头，该石头上圆下方，上面有八个朱红色大字——“告安汉公莽为皇帝”。王莽接到这一报告，便让有关大臣将这件事情上奏太皇太后。但太皇太后说这是欺骗天下，绝不能实行。王莽的这一阴招被太皇太后一眼识破。王莽的心腹干将、太保王舜对太皇太后说：事情发展到这个地步，已无可奈何，想要制止王莽，力量也达不到，而且王莽也没有别的想法，只是想公开宣告他代行皇帝职权，以此来加强他的权力威慑，目的就是镇服全国罢了。太皇太后王政君虽然坚决反对王莽这样做，但她确实也无力遏制，只好默许。王舜等人一起请太皇太后下发诏书：孝平皇帝短命驾崩，朕已命令主管官吏征召孝宣皇帝玄孙二十三人，从中选择合适人选，由其做孝平皇帝的后嗣；宣帝玄孙年龄尚幼，如果不请德高望重的君子辅政，那么谁能够维护他呢？安汉公王莽辅佐朝政已经三代，跟历史上的周公虽有异处，但功业相同；现在白石丹书的符命已明确昭示，我深深思索“为皇帝”三个字的含义，就是代行皇帝职权的意思。现命令安汉公登上皇位，代行皇上职权，仿照周公旧例。太皇太后下发的诏书，为平帝死后的政治体制定了调子。

王莽又暗示“群臣”上疏：太皇太后圣德英明，洞察天意，亲自下发诏书命安汉公摄政。我们请求安汉公登上皇位，代行皇权，伏请他穿上天子的礼服，戴上天子的礼帽，背靠斧形图案屏风，面南接受臣子们朝见，处理朝廷政事；他的车驾出入要实行戒严，一切按照天子的礼仪制度办事；在郊外祭祀天地和各位神祇，在明堂、宗庙祭祀祖宗，赞辞都要称“假皇帝”，官吏和百姓称他为“摄皇帝”，“假皇帝”要自称“予”；决定实行的重大事项要用皇帝诏书形式下发，称为“制”；“假皇帝”秉承和遵循上天的心意，辅佐汉朝，抚育孝平皇帝的幼小继承人，完成委托的义务，振兴治平的教化；在朝见太皇太后和孝平皇后（即王莽女儿王嬿）时，全都恢复臣下的礼节；在他的官署、家宅、封国、采邑，可以独立实行政治教化，按照诸侯礼仪的成例办理。太皇太后下诏批准实施。次年，改元居摄。这就意味着王莽名义上是“假皇帝”，实际上已经成为真皇帝了。（据《资治通鉴》第三六卷，《汉书·王莽传》）

（二）暴露真面目，全国上下群起而攻之

居摄元年（公元 6 年）春，王政君和王莽册立宣帝玄孙、广戚侯刘显之子刘婴为皇太子，称号为孺子，年仅两岁。

王莽毒杀平帝、立孺子婴为太子，引起了那些固守刘氏宗室“正统”观念的大臣和宗室子弟们的强烈不满与坚决反对，他们彻底识破了王莽假仁假义的面目。朝中大臣和地方官员中，先后有七十多人辞官回乡或以“病”为由去官。他们公开或私下表示忠于刘汉而不愿在王莽手下为官，有些人勇敢地站出来同王莽进行坚决斗争。

1. 安众侯刘崇率先起事，打响了武力反莽第一枪

刘崇是汉景帝刘启第六子长沙定王刘发之后裔，他与其封国相张绍商量后认为，安汉公王莽一定会危害刘家，天下人都反对他，而刘家竟然没有人敢于起事，这是皇族的耻辱。如果我们率领同族的人倡首打头，全国必定响应。于是，他与张绍发动一百多人聚集起事，向宛城（今河南南阳市宛城区）发起攻击。可是，他们还没有攻进城就失败了。这次起事失败之后，刘崇的远房伯叔刘嘉和张绍的堂弟张竦主动前往朝廷自首，王莽赦免了他们。张竦还替刘嘉撰写奏章，歌颂王莽的美德，痛斥刘崇有罪，并声称愿意给皇族带

个头，背着箩筐，扛着锸锹，专程到南阳郡（今河南南阳市）去掘毁刘崇的宫室，使之成为蓄积污水的坑池；将刘崇的神社毁掉，把祭祀器具分送给各王侯，以作为永久的鉴戒！从此以后，凡是谋反的人，他们的房屋都会被推倒，掘成污水池，这成为惯例。王莽对刘嘉提出的“以刘治刘”的策略非常赞赏，立即封刘嘉为“率礼侯”，刘嘉的七个儿子都被封为关内侯。后来，又封张竦为“淑德侯”。

王莽利用刘崇造反这件事，唆使一些大臣向太皇太后上奏：刘崇等人敢于造反，就是因为安汉公的权力还小，应该提高他的权位，以镇服全国。于是太皇太后命令王莽在朝见她的时候可以自称“假皇帝”。后来“群臣”又奏报：请把安汉公在皇宫的处所称为“摄省”，官署称为“摄殿”，住宅称为“摄宫”。这都被太皇太后一一批准。

2. 东郡太守翟义起兵，京畿多县响应

居摄二年（公元 7 年），东郡太守翟义欲起兵反莽。当时，东郡治所在濮阳县（今河南濮阳市濮阳县境内）。该郡太守翟义，字文仲，汝南上蔡（今河南驻马店市新蔡县）人。他是原丞相翟方进之子。翟义年少时，因父亲的关系被安排为郎官，二十岁时出任南阳郡的都尉，官秩二千石，辅助郡太守管理军事；后被提拔为弘农郡（今河南灵宝市境内）太守，不久调到河内郡（今河南武陟县境内）做太守，因政绩和口碑良好，又被提拔为青州牧，时间不长又被调任东郡太守。翟义有丰富的地方工作经验，做事果断，为人正直，有其父翟方进的风度。他发现王莽弄来一个两岁的幼儿当皇帝，明白其目的就是篡权夺位，代汉自立。对此，他义愤填膺，欲起兵反莽。他对外甥陈丰说：新都侯王莽选择宗室幼儿为帝，自己摄天子之位，他打着周公辅佐成王的幌子，正在徘徊观望；我看他一定会取代汉朝，自立为帝，这个迹象已经显现；而今皇族衰弱，长安以外又没有强大的封国，天下人全都低头顺从，没有人敢于站出来挽救国难；我有幸是老丞相翟方进的儿子，又是大郡太守，父子先后受到汉朝的厚恩，有义务讨伐叛贼，维护汉朝江山稳定；我打算发兵西征，讨伐不应当代理皇位的人，选择刘家宗室子弟而立之，即使事情不能成功，为国而死，身虽埋葬，英名长存，还可以无愧于先帝，你愿意追随我吗？陈丰十八岁，初生牛犊不畏虎，一口答应。翟义又与东郡掌管地方武装的都尉刘宇、严乡侯刘信及其弟武平侯刘璜合谋这事，得到了他们的响应。于是，就在当年秋检阅军队的日子里，他们斩杀了观县（今河南濮阳市清丰县）县令，控制了他的战车、骑兵和弓箭手等，再征召郡中勇士，任命统兵将领，拉起了一支讨莽队伍。

严乡侯刘信系东平国无盐县人，汉宣帝刘询的曾孙，东平王刘宇之孙。刘宇死后，刘信的父亲刘云继承了东平王爵位。建平二年（公元前 5 年），刘信在父亲东平王刘云的封地内被封为严乡侯。次年，息夫躬、孙宠诬告刘云祭祀“立石”企图谋反，刘云自杀。刘云死后，刘信的严乡侯爵位也被废除。元始元年（公元 1 年），朝廷恢复了刘信的严乡侯爵位。

翟义等人拥立刘信为天子，翟义自称大司马兼柱天大将军，东平王刘匡（刘信的儿子）的老师苏隆为丞相，东平中尉皋丹为御史大夫。起义军领导团队组建之后，他们向全国各州、郡和封国发送檄书，檄书上明示：王莽用鸩酒毒死汉平帝，自己代理皇位，其根本目的就是推翻汉朝；现在，刘信已经即位，各地应当同心协力，共同讨伐逆贼！各州、郡和封国接此檄书后，大为震惊。地方官员们虽然内心深处支持讨伐，但不敢公开出面，民间百姓参与讨伐的热情高涨，他们纷纷加入翟义的讨莽队伍。当讨莽大军抵达山阳县（今陕西商洛市山阳县境内）时，人数已达十余万众。王莽获得消息后，惊恐不安。此时，太皇太后王政君对其侍从人员说：我虽然是个女人，但对此早有预料，王莽倒行逆施，必然会遭到天下人反对而自危。

面对步步逼近长安的讨莽大军，王莽一方面部署军事应对，另一方面展开舆论应对。在军事应对上，他任命轻车将军、成武侯孙建为奋武将军，统一指挥朝廷各路军队；任命光禄勋、成都侯王邑为虎牙将军，明义侯王骏为强弩将军，春王城门校尉王况为震威将军，宗伯、忠孝侯刘宏为奋冲将军，中少府、建威侯王昌为中坚将军，中郎将、震羌侯窦兄为奋威将军。王莽要求诸位将军可选择函谷关以西的人当校尉和军吏，率领函谷关以东地区的士卒，加上各郡临时召集的士卒，向翟义的讨莽大军发起进攻。王莽还任命太仆武让为积弩将军，驻防函谷关；命将作大匠、蒙乡侯逯并为横野将军，驻防武关（今陕西商洛市商南县境内）；羲和、红休侯刘歆为扬武将军，驻防宛城。在舆论应对上，王莽每天抱着孺子到郊区祭祀祷告。他还召集群臣开会，搞政治宣讲，为自己遭到起义军的进攻辩解。他说：从前周成王年幼，周公代君主处理国政，管叔、蔡叔挟持禄父叛变，而今翟义也挟持刘信作乱。连古代的大圣人都害怕这种事情，何况我王莽这样渺小的人物呢！

王莽懂得“防民之口，甚于防川”的道理，他仿照周公辅佐成王时率军东征镇压武庚之乱前发布《大诰》，向人民群众详细阐明东伐理由的做法，也撰写和发布“大诰”：当翟义的反书（即檄书）传到京城那天，刘姓皇族中的俊杰有四百人，民众中的贤者有九万多人，他们都在都城，可是这些人谁也没有参与翟义的谋反活动。我王莽依靠这些俊杰和贤者，保卫皇家继承人。今翟义、刘信大逆不道，兴师动众，与孺子争帝。我已命令大军东征讨伐，指日可将叛乱平定。王莽在“大诰”中公开承诺，目前自己只是代理皇帝，将来定要把皇权归还于孺子。王莽遂安排掌乐大夫、琴师和哲学家、经学家桓谭，立即派人将这个“大诰”送往全国各地，将他“日后定会将皇权归还孺子”的意思昭告天下，以此来欺骗民众放下手中的武器，不要反抗他。

3. 槐里县赵朋、霍鸿聚众起义，率领十万农民欲攻长安

槐里县距离长安四十多公里，由于王莽毒杀平帝欲取而代之的舆论早已在民间广泛传播、发酵，包括槐里县在内的长安附近各县的吏民听到翟义起兵的消息后，也纷纷起兵响应。自茂陵以西一直到汧县，也就是从位于今咸阳市与兴平市之间的五陵塬一直到宝鸡市陇县境内，共二十三个县同时爆发了规模不等的讨莽起义。槐里县的挑头者赵朋、霍鸿等自称将军，带领农民起义队伍攻击、焚烧官府，击杀右辅都尉和斄县县令，讨莽队伍很快发展到十万之众。赵朋、霍鸿等人认为，王莽众将正率领军队东征讨伐翟义，京师空虚，可以趁机进攻长安。于是，赵朋、霍鸿率领讨莽大军昼夜不停

地向京城进发，很快就看到未央宫前殿的火光了。

面对讨莽大军压城的严峻形势，王莽如坐针毡。在紧急关头，王莽任命卫尉王级为虎贲将军、大鸿胪，望乡侯阎迁为折冲将军，共同率军从西面抵御赵朋、霍鸿入城；任命常乡侯王恽为车骑将军，驻防长安上林苑平乐观，以防范起义军从此地攻入城内；任命骑都尉王晏为建威将军，驻防城北，以阻止起义军从北面入城；任命城门校尉赵恢为城门将军，坚守各个城门，以防起义军攻破。王莽还任命太保、承阳侯甄邯为大将军，在高帝庙接受斧钺，统率和指挥保卫京师的各路军队，驻扎在城外，灵活机动地实施增援，协助遭到攻击的部队。王舜和甄丰率领精兵昼夜不停地巡查各个宫殿，及时果断地处置突发事件。王莽经过先后两次全面地部署和应对，遏制住了讨莽大军潮水般进攻的势头。

王莽前期部署的七员大将率领的东征军到达陈留郡淄县（今山东淄博市临淄区一带），与翟义的讨莽大军展开大战，斩杀了他们拥立的“皇帝”刘信的弟弟武平侯刘璜，接着围攻翟义于圉城（今河南开封市杞县），大败翟义。翟义和刘信丢下讨莽大军逃亡。当翟义踏入固始县（今河南信阳市固始县境内）时，被莽军抓获。莽军将翟义押解到淮阳国陈县，施以分裂肢体的酷刑，并陈尸街市示众。刘信出逃，最终没有抓到。王莽获知取胜的消息后大喜，颁发诏书，将车骑都尉孙贤等五十五人封为列侯，就在军中授予爵位。

打垮翟义的讨莽大军之后，虎牙将军王邑等人率军返回到长安，马上再向西与虎贲将军王级等将领会合，共同攻击赵朋、霍鸿率领的讨莽大军。尽管赵朋、霍鸿的讨莽大军人数众多，但由于将领没有指挥经验、部众没有打仗经验，所使用的武器大都为棍棒、锄头之类，很快就被消灭。王邑、王级等人率军凯旋。王莽在白虎殿为将领们举行庆功酒宴，慰劳和赏赐将领，并根据功绩大小，对三百九十五名有功人员分别授予侯、伯、子、男四个不同等级的爵位。同时，王莽还对应该封为“关内侯”的，将其爵位名号改为“附城”，又封“附城”数百人。

宴会结束后，王莽下令诛灭翟义、赵朋和霍鸿三个家族。莽军把他们的尸体放进同一大坑，用荆棘跟五毒掺杂后一并埋葬；挖掘翟义之父翟方进和他祖先在汝南的坟墓，焚烧棺材，砸骨扬尘；将翟义、赵朋和霍鸿部众的尸体，堆积在濮阳、无盐、圉城等五个地方的交通要道旁边，把木牌竖立在尸堆上，上书“反虏逆贼之鲸鲵”，以此来恐吓、震慑老百姓。

九年之后，即天凤三年（公元 16 年），翟义的余党王孙庆被官军活捉，王莽命令太医、药剂师和具有杀猪技术的屠宰手一道活体解剖王孙庆，其惨状不可想象。

镇压反莽大军后，王莽认为再也没有人敢于起兵造反了，是时候考虑正式登基称帝了。（据《汉书·王莽传》《汉书·翟方进传》《汉书 · 宣元六王传》,《资治通鉴》第三六、三八卷）

（三）制造多种符命，编造始祖，终将假皇帝变成真皇帝

虽然自汉元帝以后的几任皇帝瞎折腾，导致西汉王朝破落不堪，又遇到“汉嗣不昌”的厄运，但王莽想改朝换代，并不是说改就改、说称帝就称帝的事儿。即使天时、地利、人和等各方面的外

部条件都已成熟，王莽距离天子之位只剩下“最后一公里”，他还必须要解决好两个层面的四个问题。第一个层面的两个问题，即君权神授问题和皇族血统问题。王莽非常清楚改朝换代的传统文化，那就是“君权神授”；他也非常清楚当皇帝的硬条件，那就是血统高贵。这两个问题都是天大的难题，王莽颇感棘手。第二个层面的两个问题，即从太皇太后手中要回汉朝玉玺和把太皇太后的汉朝尊号改为新朝尊号，否则，名不正、言不顺。鉴于太皇太后鲜明的政治态度，这两个问题解决起来难度也不小。那么，王莽是怎样解决这“四大难”的呢?

1. 制造多种符命指向，预示是上天让王莽当皇帝

居摄三年（公元 8 年），先后有三个地方发生了怪异现象。一是西汉宗室成员、菑川靖王刘建（公元前 109 年去世）的后裔，平帝时期袭爵为广饶侯的刘京奏报说，齐郡治所临淄县昌兴亭亭长辛当一夜数梦，有天神遣使来告知亭长：我是上天的使者，上天派我来告诉你，摄政皇帝应该成为真皇帝。你若不信，你的亭中就会出现一口新井。亭长辛当早早起床去查看，果然有新井冒出，入地有百尺深。二是车骑将军扈云奏报说，农历十一月壬子这天正值冬至，他在巴郡（今重庆市）发现了一头石牛，戊午日，又发现了石文。三是太保的属官臧鸿奏报说，扶风雍县（今陕西宝鸡市凤翔县）发现一块仙石。

王莽对这三个地方上报的神奇现象兴趣盎然，心中窃喜。他怀着激动的心情亲自受理所谓“神物”，如获至宝。在进行了一番考察和研究之后，他向太皇太后王政君上疏说：陛下至德至圣，可是汉嗣不昌，又赶上立朝十二世三七之厄（当时流传已久的迷信说法，从文帝到平帝，正好十二代二百一十年），陛下诏命臣莽居于摄皇帝之位。臣兢兢业业，唯恐治政有失，云云。接着王莽向太皇太后详细报告了这三个地方出现的“神物”情况，并说：巴郡的石牛、雍县的仙石等都送到未央宫前殿，我和安阳侯王舜等人去看时，天空忽然刮起大风，飞沙走石，天地昏暗，当我到达时，大风戛然而止，石头前面落得一块铜符帛图，上面写着“上天告示皇帝的符信，进献者可以封侯”。骑都尉崔发看到后解释说，孔子说人应该“畏天命，畏大人，畏圣人之言”。我王莽岂敢不遵从执行！我请求在祭祀神祇、宗庙，以及向太皇太后和孝平太后奏报时，都自称“假皇帝”，如果向全国臣民发号施令，或全国臣民向我奏报，都不要再说“代理”了。把我居摄政三年改为初始元年，铜壶滴漏的刻度改为一百二十度，以符合上天的旨意。今后，我王莽一定好好培育孺子成长，使他能够跟周王的品德相媲美，把太皇太后的声威和德行传播到全国，使各地老百姓富足并得到教化。等到孺子举行成人加冠礼后，我就把明君的权力归还于他，如同周公旧例。

太皇太后没有立马表态，此时她的心情复杂而沉重，从王莽向她报告的改年号、改铜壶滴漏刻度等情况看，他早就把当皇帝的事全都谋划好了，生米已经煮成了熟饭，她根本无力阻止王莽当真皇帝的进程。所以，她只能默认。

王莽还让大臣们就其称帝问题进行广泛议论，并把“大家”的意见再次奏报给太皇太后，以显示他是在“天意”的明确昭示和大臣们的力挺之下登上皇位的。

此时，还有一个名叫哀章的人正在为王莽制造登基称帝的符命。哀章是梓潼（今四川绵阳市梓潼县）人，在长安太学读书。此人“素无行，好为大言”，品行不端，善于投机钻营。当他看到王莽居位摄政，又听说王莽想做皇帝，便动了曲意逢迎王莽的歪脑筋。哀章制作了一个铜匮，做了两通检签，一检写有“天帝行玺金匮图”，另一检写有“赤帝行玺某传予黄帝金策书”。这两句话是什么意思呢？先说第一句：古人将黄帝、炎帝、玉皇大帝等称为天帝，玺为帝王的印，秦汉时期皇帝使用玉玺发布诏令称为“行玺”，金匮是存放贵重物品的金色盒子。这句话的大体意思是，黄帝、炎帝、玉皇大帝等，经过会商之后共同下达指令，放在这个金色盒子里面，那张图就是。再说第二句：赤帝是炎帝神农氏，某指汉高祖刘邦，金策是古代记载皇帝诏令的连编金简。这句话的大体意思是，炎帝神农氏已经把诏令发布给汉高祖刘邦，刘邦按照神农氏的指示，将下一步谁做皇帝、谁辅佐皇帝等重大问题已经写在金册书上了。那策书上说王莽是真天子，太皇太后应当遵照天意行事，并且写明了王莽手下八位大臣的名字，还加上“王兴”和“王盛”两个具有“帝王兴盛”之意的名字。哀章趁机也把自己的名字加在里面，这样总共十一人，都是皇帝的辅佐大臣，而且还写明了应具体授予的官职和爵位。当哀章听说齐郡新井和巴郡石牛之事之后，就迫不及待地于当天黄昏穿着黄衣、拿着铜匮来到高帝庙里，把它交给仆射[①]。仆射立即向王莽做了汇报，王莽亲自到高帝庙拜受了铜匮。

2. 编造自己是黄帝的后代、虞舜的子孙，血统正宗高贵

王莽从高帝庙请回铜匮之后，他戴上王冠，去见太皇太后。他向太皇太后汇报了“铜匮”之事，然后回到未央宫。这样，王莽想当皇帝的“符命”指向问题解决了，但还有一个问题必须解决，那就是血统问题。如果没有高贵的血统，当皇帝就名不正、言不顺，天下人不服。

受哀章铜匮策书中“天帝”“赤帝”之说的启发，王莽终于想出了解决自己“血统”问题的妙计。于是，他发布文告说：我王莽德行不够，幸赖是皇初祖黄帝的后代，是皇始祖虞舜的子孙，又是太皇太后的微末亲属。那意思是说，我王莽当皇帝是根红苗正的！王莽非常清楚自己姓王而不姓刘，是外戚，外戚是不能当皇帝的，如果硬要当，那就是篡位。如果说他的祖先是黄帝和虞舜，那就显示他王莽的祖先比姓刘的祖先还伟大！王莽在文告中接着说：皇天上帝予以隆厚的庇佑，令我继承大统。符命、图文和铜匮中的策书，都是神明的诏告，把天下千百万人托付给我。赤帝告诉汉朝高祖皇帝的神灵，秉承上天的命令，赐给我汉朝政权，转让于我金策书，我非常敬畏，不敢不恭谨接受。根据占卜，选定黄道吉日，我戴上王冠，登上真天子的座位，建立国号为“新”。据此，决定实

① 古代官名。凡侍中、尚书、博士、郎皆有仆射，根据所领职事称号。汉代后，仆射职权渐重，属尚书台，分左、右仆射。

行“五个改变”，即改变历法，改变车马服饰的颜色，改变祭祀之用牲畜的颜色，改变旌旗，改变用器制度。将今年十二月初一定为始建国元年，把鸡鸣之时作为一天的开始。

经过这一番准备，王莽把神明指向问题“搞定了”，把高不可攀的血统问题“攀上了”，此时不仅没有人提出不同意见，反而“群臣和百姓”纷纷上疏呼吁王莽当皇帝。这“天时”“地利”“人和”等各方面“条件”都更加充分了，所以，王莽就下发“文告”，向全国宣布将要建立“新朝”，他将是“新朝”的首任“皇帝”了。王莽谋划和筹备建立“新朝”的各项工作在顺利推进。

3. 从太皇太后手中索要汉朝玉玺

因孺子刘婴年龄太小，这个刻有“受命于天，既寿永昌”八个篆字的“皇权天授、正统合法”之信物——玉玺，就放在太皇太后王政君所居住的长乐宫。王莽请太皇太后交出玉玺，但太皇太后就是不交。王莽知道太皇太后平常很喜欢、信任安阳侯王舜，于是就让王舜前去劝谏和索要。太皇太后怒骂道：你们父子宗族，靠着汉朝的力量，几代富贵，你们不但没有感恩和回报，反而利用人家托孤寄子的机会，夺取政权，不再顾念恩义，你们“狗猪不食其余，天下岂有而兄弟邪”！太皇太后接着说：你们以金匮符命当新皇帝，改变国号、年号，改变旌旗，改变历法等，就应该自己另刻玉玺，使其代代相传，用这个亡国不祥的印玺干什么？“我汉家老寡妇，旦暮且死，欲与此玺俱葬，终不可得！”太皇太后一边骂，一边哭，身边的人也都跟着她哭泣。王舜也落泪了。过了很长时间，王舜才抬起头来问太皇太后：臣等已无话可说，只是王莽一定要得到传国玉玺，太皇太后难道您最终不给他吗？太皇太后听王舜的话语恳切，又害怕王莽用暴力胁迫，于是拿出传国玉玺扔到地上，她对王舜说：我已是老死之躯，你们兄弟将要被灭族的！已经八十岁的王政君知道，一旦王莽把这个东西弄到手，必然要向天下人宣布自己正式称帝，这样就会给她娘家一族带来灭顶之祸。但王舜根本没有这样的意识。当他把玉玺抱起来时，心里面想的是堂兄王莽交给我的这项光荣而艰巨的任务总算完成了。王莽拿到玉玺，喜不自胜，于是在未央宫为太皇太后摆设酒宴，以示庆贺。众人纵情欢乐，唯独太皇太后忧心忡忡……

4. 改太皇太后的旧封号为新朝尊号，更换她的印玺、绶带

这是王莽称帝的最后一个重要关节。对打通这个关节，王莽心里发怵，他害怕太皇太后拒绝。恰在此时，远族王谏欲献媚王莽，就上奏说：上天废黜汉朝，而命令建立新朝，太皇太后不宜再称尊号，应该与汉朝同时废除，以顺应天命。王莽把王谏的奏章呈报给太皇太后阅览，太皇太后虽然说了句“此话有理”，但脸色阴沉。王莽立即说：这是违背德义之臣，此罪当杀！于是，他用鸩酒毒死了王谏。

此时，有个叫张永的人，溜须拍马就比王谏专业多了，他给王莽呈献了一块璧形铜片，上面刻有符命文字，说太皇太后应称为“新室文母太皇太后”。王莽下诏接受，并赐封张永为“贡符子”，意思是贡献符命的先生。始建国元年（公元 9 年），王莽率领公、侯、卿、士捧着新制作的太皇太后玉玺，呈予太皇太后，打着“顺符命”的幌子，去掉了太皇太后的汉朝尊号。

5. 假托皇天威命降低刘婴规格，西汉彻底灭亡

在去掉太皇太后汉朝尊号，改称“新室文母太皇太后”后，王莽于公元 9 年正月下发策书，降格孺子刘婴为“定安公”，将平原郡平原县（今山东德州市平原县）、安德县（今山东德州市境内）、漯阴县（今山东德州市齐河县东北）、鬲县（今山东德州市平原县西北）、重丘县（今德州市陵城区），共五个县，民万户，纵横百里，作为安定公刘婴的封国，允许他在国中立汉祖宗之庙，世代祭祀。改孝平皇后王嬿尊号为定安太后。改汉历寅正为丑正，改元为始建国，改国号为新，建都常安，史称“新莽”。

“新莽”王朝诞生了，立国二百一十年的西汉王朝就这样灭亡了。（据《资治通鉴》第三六、三七、四〇卷，《汉书·王莽传》《汉书 · 元后传》《汉书 · 宣元六王传》《后汉书 · 隗嚣公孙述列传》）

（四）大面积调整人事，更改地名、机构名和官名

王莽的“新朝”不是空中楼阁，而是在汉朝基础上建立的。汉朝的政治、经济、文化等制度不可能一下子都被换成新的，所以，王莽就在行政区划和官名、机构名、地域名等名称上做文章，企图把“新”字贯穿到“新朝”的政治、经济、社会、文化等各个领域。

1. 封“十一公”

首先，王莽完全按照哀章金匮符命图和金策书中所列的十一人名单，举行辅政大臣任命仪式。一是任命位列“上公”的“四辅”：（1）任命太傅、左辅王舜为辅弼君王、掌管军国大事的太师，封爵安新公。（2）任命大司徒平晏为帝王的老师与辅佐朝政的太傅，封

爵就新公。平晏系原丞相平当之子，五经博士。（3）任命“四少”之一的少阿、羲和刘歆为国师，封爵嘉新公。刘歆是皇室宗亲，著名经学家、目录学家，古文经学的开创者，不仅知识渊博，而且著作颇丰，他以文化挺莽，是王莽的御用文人。（4）任命待业知识青年哀章为国将，封爵美新公。二是任命了“三公”：（1）任命孔光的女婿、太子的武功老师甄邯为大司马，封爵承新公。（2）任命丕进侯王寻为大司徒，封爵章新公。（3）任命步兵将军王邑为大司空，封爵隆新公。三是任命了“四将”：（1）任命太阿、右拂、大司空甄丰为更始将军，封爵广新公。（2）任命城门令史王兴为京师防卫部队的统帅卫将军，封爵奉新公。王兴系王莽的孙女婿（还有一位王兴系王莽的第五子，是王莽与侍女怀能所生，被王莽封为功修公），虽然他乳臭未干，但由于符命图和金策书上有他的名字，所以王莽也把他拉进“十一公”。（3）任命轻车将军孙建为立国将军，封爵成新公。孙建是新朝的立国名将。（4）任命卖大饼的“个体户”王盛为掌京师兵卫和屯兵边境的前将军，封爵崇新公。为什么王莽在国家领导团队里面配备“个体户”呢？就是因为哀章制造的符命图和金策书里面写有“王兴”“王盛”这两个意味着帝王和王氏家族兴盛的名字。由于尚书台所掌握的官员名册中没有叫“王盛”的人，王莽便派人四处寻找，终于找到了原城门吏叫王兴的和一位卖大饼的“个体户”叫王盛。因此，王莽就将二人“径从布衣登用，以视神焉”，使他们进入国家“十一公”行列。

2. 改变官署和机构设置，频繁变更行政区划、官名、地名等

王莽设置大司马司允、大司徒司直、大司空司若，职位都是卿一级的高官；将大司农改名为羲和，后又改为纳言，大理改名为士，太常改名为秩宗，大鸿胪改名为典乐，少府改名为共工，水衡都尉改名为予虞，加上“三公”司卿，分别归“三公”管辖。设置二十七大夫、八十一元士，分别主管京师各官署的所有职务。还将光禄勋改名为司中，职位为上卿；将郡太守改名为大尹；都尉改名为大尉；县令、县长改名为宰。长乐宫改名为常乐室；长安改名为常安；其余百官、宫室、郡县都改了名，史书说“不可胜纪”。

王莽喜欢将简单问题复杂化，既爱好复古，又嗜好标新立异。天凤元年（公元 14 年），他按照《周官》《王制》的记载，设置卒正、连率、大尹，职务如同太守；还设置州牧、部监二十五人；把常安郊区划分为六乡，每乡设置乡帅一人；把“三辅”地区划分为六尉郡；把河内、河东、河南、弘农、颍川、南阳六个郡作为六队郡；把河南郡大尹改名叫保忠信卿；增加河南郡属县达三十个；设置六郊州长各一人，每人管辖五个县。其他官名全部改动。还把一些大郡最多分成五个郡，全国共计一百二十五个郡、二千三百零三个县。又模仿古时的“六服”，把全国土地划分为惟城、惟宁、惟翰、惟屏、惟垣、惟藩，各以其方位称呼，共计一万个封国。此后，每年都有变动，一郡甚至改了五次名称。朝廷每次颁发诏书，总要在新名之下标出旧名。这导致地名混乱不堪，给官吏和百姓造成很大困惑。

3. 降低汉朝诸侯王及其子弟名号，最后又全部予以剥夺

王莽在摄政之初为了笼络人心，将刘氏皇族子孙后代、老王侯的子孙后代、汉兴以来大功臣的后裔等，全部封为列侯或关内侯。

随着统治地位逐渐稳固，王莽的政治观发生了变化，他最担心的就是那些受到汉朝恩惠的遗老遗少们怀念汉朝，与自己离心离德，甚至联起手来推翻新朝，恢复汉朝。因此，王莽绝不能让汉朝遗老遗少们的日子过得太好。他说：将汉朝的各诸侯称王，四方的夷族也会仿效，这严重扰乱了制度，背离了一统的原则。于是，王莽将汉朝诸侯王三十二人的名号都改为“公”，将名号为侯的一百八十一个诸侯王子弟都降格为“子”。过了一段时间，王莽又全部取消了他们的爵号，使其成了庶民。

王莽之所以改小行政区划，降低乃至剥夺汉朝诸侯王及其子弟爵号，除了体现新朝的“新”字以外，就是为了进一步削弱刘氏皇族的政治势力，防范刘姓诸侯王和一些地方官员联合起来造反。为防范刘氏皇族反攻倒算，王莽将刘氏皇族派到地方担任郡太守，将掌握地方实权的人全部调回朝廷担任谏大夫。王莽非常清楚，如果大臣的权力过于集中，就会逐步把皇帝挤到边上去，最后取而代之。王莽既总结自己的成功经验，同时还汲取汉朝被其推翻的深刻教训，把坚决防止大臣专权作为其施政的基本原则，将朝廷所有的权力集中于他一人之手。这是王莽成为新朝皇帝之后最为突出的政治特点。

王莽不仅收大臣的权，而且还把他们当贼来防，他“夺公辅之任，损宰相之威，以刺举为明，徼讦为直”，“尤备大臣，抑夺下权，朝臣有言其过失者，辄拔擢。孔仁、赵博、费兴等以敢击大臣，故见信任，择名官而居之”。在这种鼓励和支持敢于监督举报大臣的用人导向下，连王皇上自己树立为“典型”的三位大臣的下场都很悲惨。

王皇上将防范刘姓皇族这根弦始终绷得紧紧的。有意思的是，他竟然把那些尽心尽力为新朝做事，巴结奉迎自己，有着良好表现的刘氏皇族官员都赐“王”姓。始建国二年（公元10年），王皇上的心腹、立国将军、成新公孙建奏报：汉朝宗庙不应当设在常安城里，刘姓家族为官者应该跟汉朝同时废除。陛下最为仁慈，许久未作出决定。先前那些参与原安众侯刘崇等人聚众谋反、狂妄狡猾的家伙，而今又打着已经灭亡的汉朝旗号，煽风点火，一些地区起事造反接连不断，这就是陛下圣恩宽容，未及早将他们的奢望铲除于萌芽状态的原因。所以，建议把汉朝君主在京师的寺庙全部拆除，刘姓当官者全部罢免，让他们待在家里等待新官职。王皇上同意了这一建议。王皇上接着讲了刘姓皇族中一些人可以不必罢免的理由：嘉新公、国师刘歆符命“四辅”之一；明德侯刘龚、率礼侯刘嘉等三十二人都懂得天命，有的进献天符，有的提出好的意见建议，有的告发和拘捕反贼，他们都是有功劳的；刘姓皇族成员中跟这三十二人同宗共祖的近亲属、亲属，不必罢免，赐他们王姓。但国师刘歆把女儿嫁给了王莽的儿子，所以不能赐他王姓。这样，刘国师就丧失了改刘姓王的大好机遇。

东汉史学家班彪对王莽篡位称帝曾有一段评论，他说，自从夏商周以来，无论是天子还是诸侯王，他们失去权势，都与他们所宠爱的女人及女人的近亲属有直接关系。及至王莽的兴起，也是如此。汉元帝老婆王政君皇后，经历了汉朝四世皇帝，她身居国母之高位，享受国家奉养六十多年。在这六十多年里，王氏家族的众小人世代掌权，轮换把持朝政，仅王氏一家就出了五个大司马、十个侯爵，而朝政大权终将收归王莽。

班彪的儿子、史学家、文学家、《汉书》作者班固说，成帝、哀帝、平帝一连三代没有后嗣，王莽知道汉家宫廷内外衰微，根子和末梢都非常脆弱，所以他肆无忌惮，萌生了邪恶之心。王莽依靠太皇太后的权势，假托周公的美名，在朝廷作威作福，用不着走下台阶就把汉朝的政权全部拿到手里。诈谋完成之后，王莽正式称帝，分别派遣五威将军之类的官员，驾驶传车急行全国，颁行符命。而汉朝封国的刘姓王侯们叩头至地，双手呈上印信，生怕落后。有些人甚至歌功颂德，奉承献媚，以博取王莽的欢心，岂不令人哀痛！（据《资治通鉴》第三六、三七卷，《汉书·王莽传》）

（五）改革币制、土地制度和税收

面对国家财政严重拮据、百姓贫困不堪的现状，王莽试图通过币制、土地和财税制度改革来解决这些问题。

1. 先后四次对币制进行改革

第一次币制改革发生在居摄二年（公元 7 年），王莽下令改铸货币。改铸什么货币呢？一是错刀币，一枚值五千钱；二是契刀币，一枚值五百钱；三是大钱币，一枚值五十钱。这三种货币与使用的五铢钱一并流通。因新币面额较大，且制造工艺并不复杂，民间有很多人擅自仿铸，真假难辨。于是，黄金开始代币流通，而错刀币、契刀币、大钱币流通受阻。在这种情况下，王莽下发禁令：列侯以下不准私藏黄金，必须把家里的黄金送交官府，由官府返还等值的代价。然而官府把私人的黄金收上来之后，始终没有付给任何代价。王莽这一手，把那些存有黄金的金主给忽悠了，把列侯及其以下的中下层人士给得罪了。

第二次币制改革发生在始建国二年（公元10年）。王皇帝认为，繁体“刘”字由卯、金、刀组成，流通错刀币和契刀币，就等于使用了明显带有旧皇族刘姓标志的钱币；另外，五铢钱作为当时广泛使用的货币，也容易引起人们对旧汉的怀念。于是，王皇帝下令废除错刀币、契刀币及五铢钱，同时改铸小钱。小钱直径六分，重量一铢，上面铸有“小钱值一”字样，与以前的“大钱五十”同时发行。为防止民间私铸钱币，王皇帝下令严禁百姓携带铜、炭。然而，违反法令，私藏铜、炭的人很多，法不责众，王皇帝又将这项法令废除。老百姓凡是有错刀币、契刀币和五铢钱的，都花不出去了。王皇帝这一手，又把广大老百姓给坑惨了、害苦了。

同年年末，王皇帝又下发诏书：钱币如都是大面额，则不能应付小额交易；钱币如都是小面额，则携带不方便。有轻有重，等级分明，有利于交易，且携带方便。按照王皇帝的旨意，新铸宝币六类，即金、银、龟、贝、钱、布。其中，金币一种，银币二种，龟币四种，贝币五种，钱币六种，布币十种。钱币和布币都用铜制作，其中混杂一定数量的铅和锡。概括新币的类别和币种，总称为“三物、六名、二十八品”。这些货币发行流通之后，交易双方陷入混乱，买方不敢花钱，卖方不敢收钱，严重影响了货物贸易。于是，王皇帝又规定：只准使用值一钱的小钱和值五十钱的大钱，这两种钱币并行流通，龟币、贝币和布币停止使用。由于货币变化频繁，管理混乱，私自铸钱行为屡禁不止。对此，王皇帝又加重刑罚，一家铸钱，邻居五家连坐，将违法犯罪的人送到官府做奴婢。王皇帝还规定，官吏和平民外出，要携带钱币作为通行的副证，没有携带的人，旅店不允许住宿，关卡和渡口要进行盘查；公卿大臣和文武百官只有携带它才能进入宫殿大门。王皇帝试图用这样的行政手段促使新币流通，从而提高它的身价。但是，老百姓认为汉朝的五铢钱实用方便，而王皇帝的钱有大有小，时兴时废，变化多端，所以老百姓不信任、不使用，私下里都使用汉朝五铢钱购买商品，并谣传大钱将会废除。对此，王皇帝非常生气，他下发诏书：凡是携带五铢钱、说大钱要废除的人，比照“诽谤井田制”定罪，驱逐到四方边远地区。王皇帝的这些政令实施后，社会上出现了这样的情形：“及坐卖买田宅、奴婢，铸钱，自诸侯、卿、大夫至于庶民，抵罪者不可胜数。”“于是农商失业，食货俱废，民人至涕泣于市道。”

第三次币制改革发生在天凤元年（公元 14 年）。王皇帝又下令恢复金币、银币、龟币、贝币，并对其价值略加调整；取消了大钱、小钱，由新发行的货布、货泉两种钱币代替。但是，由于大钱流通已久，一旦废除，恐怕无法禁绝人们携带，于是，特准百姓暂且使用大钱，以六年为期，六年后完全禁绝。

第四次币制改革发生在地皇二年（公元 21 年）。王皇帝规定，凡是私自铸钱的，处死；抨击败坏宝货的，一律流放到遥远荒凉的地方。然而，违反规定的人实在是太多了，于是王皇帝只好减轻处罚：凡私自铸钱者，连同妻子儿女，都被收为官府的奴婢；官吏和五邻知情不报的，与私铸钱者同罪；散布谣言破坏钱币信誉的平民，罚做苦工一年，为官者一律免职。可是，处罚减轻以后，犯法的人就更多了，加上邻居连坐，许许多多的老百姓都成了官府的奴婢。

王莽的币制改革既打击了富人，又严重打击了平民，许多人因此而陷入绝境。

2. 将全国土地改为“王田”，奴婢改为“私属”

王莽认为，古代一夫分田百亩，按十分之一交租税，就可以使国家丰裕、百姓富足。而秦朝废除井田制，出现了土地兼并的现象，强者占田数千亩，贫者却没有立锥之地；同时，秦还有买卖奴婢的市场，将奴婢与牛羊一样关在栅栏之内，违背了天地之间人类生命最为宝贵的原则。汉朝减轻土地税，按土地实际收入的三十分之一征税，而实际情况是，那些老弱病残等丧失劳动能力的人，因不参加徭役而要交“代役税”，加上土豪劣绅的欺压——利用租佃关系掠夺农民劳动成果，表面上交税三十分之一，实际上征收三十分之十五的税。所以，富人家连狗马都有吃不完的粮食，因而骄奢跋扈去干坏事；穷人却吃不饱酒渣糠皮，因贫穷也去作恶。这样，富人和穷人都去犯罪，因此国家才会大量动用刑罚。所以王皇帝认为，土地问题和奴婢问题是当时社会的主要问题。于是，他针对这两个问题下发诏书，提出了改革方案：把全国的耕地都改名为“王田”，奴婢改名为“私属”，“王田”和“私属”一律不准买卖。那些家庭人口男性不满八人，而占有耕地超过一井的，就把多余的田地分给亲属、邻居或同乡亲友；那些原来没有耕地，现在应当分得耕地的，按照新规定办。如有人胆敢反对王田这种圣人首创的制度，无视法律，蛊惑民众，就将其流放到四方遥远的地方，去抵挡妖魔鬼怪，如同始祖虞舜帝惩罚“四凶”的旧例。王皇帝这项改革政策的实施，不仅没有有效解决广大农民群众的生活困难，反而给他们增加了更大更多的痛苦。过了三年，王皇帝又下发诏书：凡是持有王田的，都可以自由变卖，不受法律限制；以前违法私自买卖平民的，暂且都不要处罚。王皇帝制定政策朝令夕改，让老百姓不知所措。

3. 在全国大力推行“五均”“六筦”

为增加国库收入，恢复和发展农业生产，改善人民群众的生产生活条件，王皇帝在全国大力推行“五均”“六筦”制度。始建国二年（公元 10 年），王皇帝下发诏书：根据《周礼》等相关记载，从现在开始，实行赊贷，设立五均、诸筦，目的在于使百姓均平，遏制富豪侵吞兼并。诏书下发后，在常安、洛阳、邯郸、临淄、宛城、成都等地设立“五均司市”和钱府官。司市官每年分四次对市场上出售的各种货物定出上、中、下三个等级的平准价格，以保持物价的基本稳定。凡民间卖不出去的粮食、麻布、丝绸、棉絮等，司市官经过查看核验，依照成本价予以收购；一旦物价上涨，超过平准价一钱，司市官将所积藏货物以平准价卖给百姓。如物价比平准价低，则由百姓自由交易。“五均赊贷”制度规定，如果百姓无法解决生产生活中资金匮乏的问题，可向钱府赊贷，每月可赊贷一百钱，收利息三钱。值得肯定的是，“五均赊贷”是我国历史上最早的贷款制度。“五均赊贷”和政府经营的盐、铁、酒、铸钱、征收山税和泽税，合称为“六筦”。为约束农民和城市居民参与生产，改善生活，王皇帝规定，凡有田不耕种的，称为“不殖”，要罚交三个人的税赋；凡城市中房宅不种树的，称为“不毛”，罚交三个人的布匹；平民游手好闲、无所事事的，处罚布匹一匹。缴纳不出布匹者，就必须为官府打工，由官府供给其衣食。为增加税收，王皇帝规定，凡是在山林、水泽获取经济利益和开采金矿、银矿、铅矿、锡矿的工人，捕捉鸟兽的猎人，捞取鱼鳖的渔夫，以及从事畜牧业生产的牧民，种桑养蚕、纺纱织布、剪裁缝纫的妇女，还有各种商人、工匠、技师和有营业收入的医生、巫师及有其他技能并有收入的人，酿酒、制醋、榨油等各种生产作坊，售卖生产生活用品的门店，饭馆、旅店、当铺，集市上的小商、小贩等，全都要到所居住或营业的地方申报经营所得，由地方官府减去其成本，在纯利润中征收十分之一作为贡税。不自行申报或申报不实的，将全部没收经营所得，并处以为官府无偿服劳役一年的处罚。这些政策的实行，曾一度促进了国家经济发展和市场繁荣，增加了国库收入。

天凤四年（公元 17 年），王皇帝设置“羲和命士”。所谓“羲和命士”，说白了就是督察组。将羲和命士派往各地去督促地方官府落实“五均”“六筦”制度。朝廷抽不出那么多官吏去做督察专员，王皇帝就从地方各郡抽人，每个郡都有几个羲和命士名额。而各郡抽上来的羲和命士，全是富豪、大商人。他们乘坐由朝廷或地方派出的专车，跑遍全国各地，并借机与郡县官吏吃吃喝喝、勾勾搭搭。他们明着为国家办事，暗着为自己谋财。羲和命士除了大肆收受地方官贿赂以外，还授意地方官做假账，隐瞒收入，以“谋求奸利”，结果是国库未能充实，利益流入私囊，百姓更加穷苦。对此，王皇帝并不知情，他认为地方官员没有认真抓好落实。于是，他再次下发诏书，重申推行“六筦”的重要性和必要性。此时，作为主管国家财政的纳言（即大司农）冯常，针对实行“六筦”制度以来出现的问题，对王皇帝进行劝谏，结果被免职。史书记载：王皇帝在“六筦”中，“每一斡为设科条防禁，犯者罪至死”，意思是每一“筦”里面，总要设置一系列禁令条规，违令罪重者处以死刑。可是，王皇帝上有政策，地方官吏下有对策，他们利用王皇帝亲手营造的法令严苛的政务环境，以残暴执法树立地方官府和官吏威严，将贪婪的黑手伸向下面，去“侵克小民”，造成富者保护不了自己的财产、穷者保护不了自己的性命的局面，加上旱灾、虫灾等连年发生，赋税徭役繁重，大量农民破产流亡，土地无人耕种，田野一片荒凉。此外，中高级官员家有奴婢的，一律缴纳税金，一个奴婢要缴纳三千六百钱，这使官僚阶层也对王皇帝不满。于是，无论贫者还是富者，都纷纷揭竿而起。那些“被逼上梁山的盗贼”依靠高山大泽的险阻和屏障，到处打游击、搞抢掠，而地方官府及其武装力量根本无法制服，所以就层层瞒报和少报“盗贼”规模和人数，一级糊弄一级，大家共同糊弄王皇帝，以至于“盗贼”越来越多，团伙越来越大。在临淮郡、琅邪郡、南阳郡、颍川郡、南郡等地，爆发了规模不等的农民起义，最多的达到上万人。由于王皇帝的改制政策遭到了全国吏民的共同抵制，所以在地皇二年（公元21年），王皇帝“厌众意”，终将“六筦”制度“出之”。王莽改制

以失败而告终。（据《汉书·王莽传》,《资治通鉴》第二〇、三六至三八卷）

（六）刚愎自用，成了孤家寡人

王莽的倒行逆施和违背民心民意的政策措施，不仅激起了全国人民的反对，而且一些在朝廷工作多年的大臣也以这样或那样的理由纷纷离开朝廷回归故乡，甚至过去一直追随王莽的那些人，也都出现了离心离德的倾向。

1. 以龚胜为代表的一批汉臣，拒绝在王莽新朝任职

王莽登基做皇帝后，原来在汉朝为官的朝臣和地方主官纷纷以“老”“病”为由辞职回乡或隐居山林，王莽的新朝出现了人才危机。为解决人才匮乏问题，王莽决定把一些已经回乡的老臣请回来。从始建国三年（公元 11 年）开始，王莽就着手这项工作。他首先打算启用已经告老回乡的龚胜，欲安排他担任师友祭酒。“师友祭酒”的职责是延揽人才，后养于府中，专事谋议。这些人被称为散吏，地位相当于掾、史，其中地位最高者尊称为祭酒。

龚胜，字君宾，少时好学，精通“五经”，与经学家龚舍是志同道合的朋友。虽然他们都姓龚，但两人没有任何亲属关系，龚胜是彭城（今江苏徐州市）人，龚舍是武原（今江苏邳州市）人，两地相距七八十公里。因他们都是当时学德兼优的名人，所以被世人称为“楚二龚”。龚胜最初在郡里做小吏，后来被州府举荐为茂才，被朝廷任命为重泉县（今陕西渭南市蒲城县）县令。哀帝时，龚胜被征召为专掌议论的谏大夫。他坚守公平正义，为民请命，屡次上

疏抨击刑罚严酷、税赋繁重。不久，他转任丞相司直，辅佐丞相纠举不法，官秩二千石；后来又被平调为光禄大夫，掌顾问应对。龚胜对汉哀帝贵宠董贤非常不满，于是主动申请离开朝廷，到治所在浮阳县（今河北沧州市沧县）的渤海郡担任太守，后托病辞官，回到家乡。再后来，他又被征召，重新担任光禄大夫。王莽秉政时他又辞去官职，回归故里。王莽想让他再度出山，于是派遣使者带着诏书、印信，驾着驷马安车去迎接龚胜入朝。但龚胜已经预料到王莽未来的结局，所以不愿回朝事奉王莽。王莽的使者与龚胜家乡所在地的郡太守、县令及其郡县属官和学生等上千人，来到龚胜居住的街巷宣读诏书。使者欲让龚胜接诏书，但龚胜声称体力不支，让人把床抬到卧室门侧的南窗之下，身着官服，头向东方卧在床上。使者把王皇上的诏书、印信交给他，把安车停放在院子里，向龚胜传达旨意：圣明的新朝未曾忘记德高望重的老先生，新朝的一些制度尚未建立，等待先生您去主持制定，人们都想听到您的治国理政之道，以安天下。龚胜回答说：我向来愚昧，再加上岁数大了，又重病缠身，命在旦夕。如果随先生上路，说不定会死在途中，给先生平添麻烦，实在是非常无益！使者威逼利诱，甚至把绶带放在他身上，龚胜坚决予以推辞。使者只好向王莽奏报：目前正是盛夏时节，天气酷热难耐，龚胜有病，力不可支，可否等到秋天凉爽时再请他来朝？王莽批准。从此每隔五天，使者就与龚胜家乡的郡太守一起去问候他的饮食起居情况，同时还对他的两个儿子和学生高晖等人说，朝廷诚心诚意地用爵位、封地这样高的待遇等待龚胜赴任，他虽然有病，但也应该搬到驿站官舍去住，以表明应征进京的意思，这样做一定会给子孙后代留下巨大的家产财富。高晖等把使者的话转告给了龚胜。龚胜对他们说：我接受汉朝的厚恩，无法报答，而今年老体衰，随时就会入土，从道义上讲，岂可一身侍奉两姓君主？如果应招，死后在地下无颜面对故主！龚胜吩咐儿子和学生们为他准备后事，他叮嘱他们丧事一定要从简，衣服能裹住身体就行，棺材能装下尸体就行，不要跟随当下厚葬的风俗，不要在他墓前种植松柏，也不要建立祠堂。嘱咐完后，龚胜不吃不喝，历时十四天绝食而死，终年七十九岁。史学家班固赞曰："死守善道，胜实蹈焉。"意思是，以死来坚守忠诚原则，龚胜用实际行动来践行了。

类似龚胜这样不肯在王莽新朝为官的人还有很多。比如，南郡原太守郭钦、兖州原刺史蒋诩，都以廉洁正直而闻名，二人因不满王莽的专权跋扈而辞官回乡，终老于家。又如，沛郡人陈咸对王莽在辅政时大量更改汉朝法律制度很是不满，当他看到王莽以"畜血门事件"为由头，处死不附顺者数百人时，马上请求退休回乡。王莽篡夺帝位后，征召陈咸担任掌刑罚盗贼之事的掌寇大夫，陈咸声称有病不肯接受。当时，陈咸的三个儿子陈参、陈钦、陈丰都在当官，陈咸让他们全都辞官回家。他祭祀路神和年终祭祀众神时，仍用汉朝时规定的日子。人们问他为什么这样做，陈咸回答说：我的祖先岂能知道王氏祭祀的日子！陈咸把家中所有涉及法律法令的书籍都藏到墙壁之中，后在家中寿终正寝。

2. 王莽的死党中也出现了分崩离析的情况

当初，王舜、甄丰、刘歆均为王莽的心腹，且为"十一公"成员。他们都为王莽篡位出了不少力，因此深得王莽的宠信和厚爱，名利双收。他们最为担心的是，有朝一日新朝被推翻，他们极有可能遭到满门抄斩。因此，他们开始琢磨自己和家族的后路问题，不像以前那么积极、那么冲锋陷阵了，遇到问题和矛盾，他们能躲就躲、能拖则拖、能绕则绕。善于察言观色的王皇帝首先发现甄丰的精神状态、工作表现不如从前了。其主要原因就是，始建国元年（公元 9 年）王莽依照金匮符命，拿掉了甄丰的大司空等职务，只封了个更始将军，与卖大饼的王盛处于同一层次，这引起了甄丰和他的儿子甄寻的不满。王莽之所以这样安排甄丰，就是因为甄丰生性刚直，工作中不断冒犯王莽，因此王莽假借符命有意压他。甄丰的儿子，侍中、京兆大尹、茂德侯甄寻，对王皇帝的女儿、已故汉平帝的皇后王嬿垂涎已久，欲娶她做老婆。甄寻认为王皇帝相信符命，于是制作符命昭示王皇帝，让他把女儿王嬿改嫁给他。为慎重起见，甄寻先制作了一道符命搞试验，以“投石问路”。他首次制作“符命”说，仿效西周时期周公姬旦、召公姬奭的旧例，在位于今河南三门峡市陕县西南的陕地一带设置二伯，任命其父更始将军甄丰为右伯、太傅平晏为左伯。符命呈上去之后，王莽竟然采纳了。甄寻发现王莽挺认可“符命”的，于是又制作了第二道“符命”。该“符命”的大意是：汉室平帝皇后王嬿，应该是甄寻的老婆。“符命”呈上去之后，甄寻满怀信心地等待王莽批准。但王莽看到甄寻呈献的“符命”之后火冒三丈，他说王嬿乃天下之母，岂能做甄寻的老婆！甄寻知道自己闯下大祸，就跟随方士逃到了华山。王莽便派遣使者率领大批吏卒将甄府团团围住，以抓捕甄寻。

甄丰不知道儿子甄寻闯了什么祸，等他问明情况后吓得胆裂魂飞，急忙寻找甄寻，打算把他捆绑起来送交廷尉，以减轻朝廷对自己和整个家族的处罚，可他没找到儿子。在这种情况下，使者给甄丰施加压力，甄丰无可奈何，只好服毒自杀。甄丰死后，使者便一拥而入各室搜查，也没有找到甄寻，于是撤回，向王皇帝复命。王皇帝听说甄寻逃跑，便立即下通缉令，同时追究他的同党。官吏查出国师刘歆的儿子隆威侯刘棻、刘棻的弟弟长水校尉刘泳以及刘歆的学生骑都尉丁隆、大司空王邑的弟弟左关将军王琦等，皆为甄寻的好朋友。于是，王莽下令将他们都抓入狱中，逐一拷打审问。因甄寻在逃，无法对质，他们都不肯承认自己参与制作符命的行动。经过一年多搜捕，王莽终于将甄寻抓获归案。甄寻对制作符命企图娶王嬿作老婆的事供认不讳，并坚称皆他一人所为，与其他人无关。可是，负责审讯的官吏为了在王莽那里表功，便对甄寻、刘棻、丁隆等人严刑拷打，还将他们定成死罪。此案还牵扯到刘棻的老师扬雄。扬雄，字子云，蜀郡郫县人。扬雄博学多才，学富五车，是当时著名的思想家、儒学家、文学家、语言学家、天文学家，“雄年四十余，自蜀来至游京师，大司马车骑将军王音奇其文雅，召以为门下史”，汉成帝时，被授予黄门侍郎，修书于天禄阁。扬雄与王莽、刘歆交好。当办案使者追查扬雄时，扬雄正在天禄阁校书，扬雄怕不能逃脱，便从阁上跳下，虽然没有摔死，但已身残。王莽听到后便问：扬雄一向不参与其事，为什么在此案中？经查问，原来刘棻跟扬雄学写过奇字，但扬雄对刘棻参与制作符命一事并不知情。于是王莽下诏不予追究，只将甄寻、刘棻、丁隆三人处死，并将他们的尸体分别装进三辆驿车，把甄寻的尸体拉到今甘肃敦煌市东南二十五公里的三危山，把刘棻的尸体拉到幽州一带，把丁隆的尸体拉到今江苏连云港市东海县与山东临沂市临沭县交界处的羽山，草草埋掉。受此案牵连的几百人，全部被诛杀。

3. 现任官员怠政懒政，收受贿赂，贪赃枉法

王皇帝认为，制度一经确定，天下自然就会太平，所以，他整天琢磨改变行政区划，制定礼仪，创作乐教，要求这些东西都必须符合“六经”的原则。他在这几件事上投入了不少时间和精力。王莽专权惯了，当了皇帝以后还总是包揽众事，大事小情一律自己说了算，导致下面的官员只按既定的政令办事，没有政令的则不去推动和处理，以少犯错误，避免罪责。王莽喜欢朝令夕改，导致政令繁多，而他的时间和精力又有限，所以许多工作往往一拖再拖。王莽不贪财，工作勤奋，但抓不住重点，工作效率不高。受王莽的影响，公卿大臣也是早晨上朝，傍晚退朝，整天开会讨论，却不能做出决策，根本没有时间和精力处理诉讼冤案和老百姓迫切需要解决的问题。

王莽还认为，宦官孑然一身，没有拉家带口，所以，管理各宝库、国库和钱粮的职位，都由宦官充任。而实际情况是，宦官也有父母、兄弟姐妹，让宦官去管理国家的财富，为他们监守自盗提供了平台。官吏的密奏，由王莽身边的宦官和左右随从拆开，尚书不得而知，于是，尚书工作不积极、不主动，当和尚却不撞钟。地方上来的呈报奏章的人，长期住在驿所翘首以待，连年无法离去。被关押在郡县监狱里的人，长期不能被定罪判案。京城卫戍士兵不予

轮换三年之久，与驻地的豪杰、地痞等勾结联欢。朝廷派往各地督促农耕和蚕桑之业的使者、检查各项政令和制度落实情况的官员，在道路上络绎不绝。进驻各郡和封国的中郎将绣衣执法，利用权势互相检举弹劾，召集官民审讯问话，严刑逼供，使官吏和百姓惊恐不安，影响当地政治安定和社会稳定。县宰缺额好几年，往往派人代理，一代理就是好几年。郡县官府征收赋税，都是层层加码，贪污贿赂盛行，是非清浊不分。粮食常年歉收，粮价很贵，边疆的军队仰赖内地供应吃穿，缺口巨大。五原郡（今内蒙古包头市）、代郡的社会治安问题突出，盗贼蜂起，经常到邻近各郡作案，人民群众没有安全感。王莽派出捕盗将军孔仁，率领朝廷军队与地方军队联合打击，经过一年多才予以平定。以前，王莽以制度厘定尚未完成为由，停发上自公卿侯爵下到普通小吏的俸禄，直到天凤三年（公元 16 年）才下诏恢复。王莽针对各级官员的俸禄标准制定了一套方案，这个方案的计算方法非常复杂、琐碎。史书记载："莽之制度烦碎如此，课计不可理，吏终不得禄，各因官职为奸，受取赇赂以自共给。"各地的官吏因为得不到俸禄，就想方设法谋取非法利益，那些郡尹、县宰家里积累的黄金达上千斤之多。王莽发现这一严重问题后，组织开展了"大检查运动"。他从各州郡抽调了大批官吏，组成若干个检查组，乘坐驿站快车到全国各地军营和边境，检查始建国二年（公元 10 年）匈奴扰乱中原以来军官和边境大夫以上官吏牟取的所有非法利益，没收其家财的百分之八十，用来资助边防。检查组在调查审查贪污案件中，采取发动下级官吏告发上级、奴婢告发主人的策略，企图用制造矛盾的方法来发现问题，禁止奸邪，但实际效果是“奸愈甚”。（据《汉书·王贡两龚鲍传》《汉书·王莽传》《汉书·扬雄传》,《资治通鉴》第三七、三八卷）

（七）野心勃勃，不惜伤害和杀戮家人

王莽有天大的政治野心，他把实现这一政治野心看得高于一切、大于一切，对于影响和妨碍实现其政治野心的人，他六亲不认，一律往死里整。王莽始终爱惜自己的羽毛，坚决不允许家人有任何污点而影响其羽毛的光泽，对家庭成员更不惜杀戮，成为那个时代无人不晓的“冷血杀手”。

1. 逼迫三个儿子相继自杀

王莽的正妻是宜春侯王咸的孙女、王谭的女儿，她给王莽生了四个儿子。长子王宇、次子王获被王莽逼迫自杀的事情前面已有介绍，不再赘言。三儿子王安，史书记载“安颇荒忽”，意思是有点糊里糊涂的样子。始建国元年（公元 9 年），王莽封王安为新嘉辟，后又改封新迁王，但王安于地皇二年（公元 21 年）病逝。也是这一年，最小的儿子、太子王临被王皇帝逼迫自杀。

王莽的老婆王氏因思念长子王宇、次子王获而哭瞎了眼睛，王莽让他最小的儿子王临住在宫中，照顾他的母亲王氏。王莽是个假君子、真小人，他逼迫王临自杀与他的小人勾当有关。

王莽担任大司马时，作为权倾天下、赫赫有名的大人物，却干了一件见不得人的丑事——奸淫了王氏身边的侍女原碧。小儿子王临长期侍奉在王氏身边，与原碧好上了。王临和原碧恐怕事情泄露，就一起商量杀掉王莽。王临的妻子是国师公刘歆的女儿，名叫刘愔，

会观察星象。刘愔告诉王临，宫中将会有一场“白衣之会”，意思是可能会出现众多人穿着白色孝衣哭丧的事情。王临非常高兴，认为自己的计划能够成功。后来，王莽感觉到王临与原碧有什么瓜葛，为防范出现家丑，就把王临的太子废黜，贬为统义阳王，又打发他到外面的宅第居住。对此，王临深感忧虑和恐惧。在母亲王氏病重时，王临给她写了一封信，信中表达的意思是：皇上对待子孙非常严厉，从前我哥哥都是三十岁就死了。现在，我又刚好三十岁，一旦母后有什么不幸，我不知道将来死在哪里！王氏没有把王临的书信收好，被王莽看见了。王莽大怒，认为王临一定有什么恶意。于是，王氏去世时，王莽不让王临参加其母亲的葬礼。待安葬结束以后，王莽下令将原碧等人逮捕审问，原碧承认了与王临通奸并打算共同谋杀王莽等事实。王莽想把这一丑事掩盖起来，便派人杀死了奉命办案的司命及其属官，并把他们的尸体埋在狱中。王莽赐给王临毒酒，王临不喝，但最终还是自杀。王莽又把国师公刘歆召来，对他说王临本来不懂得星象，事情是你女儿刘愔发端的。刘愔得知王莽追问她父亲，担心父亲责备自己，也自杀了。至此，王莽的正妻所生的四个儿子全都死了，但他还有两个由侍女所生的儿子，一个叫王兴，一个叫王匡。由于身份问题，王兴和王匡都留在新都。现在，他把这两个以前不便于公开的儿子接了回来，并封王兴为功修公，王匡为功建公。

2. 逼迫嫂子和侄子自杀

起初，王莽的父亲和哥哥早亡，王莽因服侍母亲、供养寡嫂、抚育孤侄王光而获得好的名声。王莽摄政时期的初始元年（公元 8 年），王光与保卫京城的高官执金吾勾结，将自己的一个仇人判罪处死。王莽获知后大发雷霆，严厉责备王光。王光母子被迫自杀。

3. 逼迫孙子、孙女自杀

天凤五年（公元 18 年），王莽的孙子功崇公王宗给自己画了一幅像，画像上的他穿着天子的衣服、戴着天子的帽子，非常神气。他还刻了三枚龙印。这事被发觉后，王宗自杀。王宗的姐姐王妨是卫将军王兴的夫人，因“坐祝诅姑，杀以绝口”。事情败露后，王妨与其老公王兴都自杀了。

另外，王莽还以诛杀儿子王宇大舅哥吕宽死党的名义强迫他的叔父王立自杀，还杀死了叔父王商的儿子乐昌侯王安。最严重的是，王莽还毒杀了他的姑爷——少年汉平帝。

王莽为了实现自己的政治野心，到了丧心病狂、泯灭人性的地步。他要的是皇位，而不是亲情。（据《资治通鉴》第三六至三八卷，《汉书・王莽传》）

3

汉末农民起义与王莽的末日

由于王莽改制政令多变，政治腐朽，法律严苛，统治阶级内部矛盾加剧，赋税徭役不断增加，土地兼并日益严重，大量农民破产流亡，再加上王莽毒杀平帝、篡夺皇位这一政治事件在全国的舆论传播和发酵，人们普遍认为王莽的新朝不如汉朝，要求推翻王莽、恢复汉朝的舆论和呼声越来越强烈。在这样的大背景下，全国各地接连爆发农民起义。起义军最后汇集成三大支——绿林军、赤眉军和铜马军，其中最具影响力的是绿林军和赤眉军。

一、绿林军和更始政权的建立

绿林军是王莽新朝时期一支著名的农民起义军，因为参加起义的人驻扎在绿林山上，人们就把这支起义军称为“绿林军”。

（一）绿林军蓬勃兴起，合兵攻莽，打赢“蓝乡之战”

天凤五年（公元 18 年），全国多地发生了自然灾害。每有天灾，必生人祸。王莽为维护新朝政权的运行，加重了对劳动人民的盘剥，天灾加人祸逼得老百姓背井离乡，四处逃生。当时，荆州一带的蝗旱灾害特别严重，为躲避官府压迫，贫苦农民纷纷逃到绿林山（今湖北荆门市京山县西北与钟祥、随州两市交界处的大洪山一带），以挖掘野生荸荠充饥。因采挖荸荠的人数众多，而资源有限，经常发生你争我夺、打架斗殴事件。在这群寻挖荸荠的人中，有两个爱管闲事的人，经常对人们之间发生的吵架、斗殴事件进行劝说和调解。这两个人，一位名叫王匡（与王莽的私生子王匡、王舜的儿子王匡等重名），一位名叫王凤（与汉元帝皇后王政君的哥哥王凤重名），两人都是新市（今湖北荆门市京山县）人。绿林山上采挖荸荠的人对王匡、王凤非常信任，于是，就推举他俩当头目，名曰“渠帅”。这样，那些从家乡逃出来的穷人开始有了组织领导。王匡、王凤也很乐意为大家服务。后来，南阳郡湖阳（今河南南阳市唐河县）人马武和颍川郡舞阳（今河南漯河舞阳市）人王常、成丹等几个亡命徒也先后来投奔，进一步加强了绿林军的领导力量。随着绿林军的规模不断发展壮大，荸荠也被挖光了，他们找不到可吃的东西，就攻击距离城市较远的乡村，抢劫一些粮食、家畜等，藏在绿林山上煮食。数月之间，绿林山上就集结了七八千人。这就是绿林起义军的雏形。

虽然绿林军聚众数以万计，但他们并不敢攻占城市。有传言说有的地方官吏被绿林盗贼杀死，地皇二年（公元 21 年），王莽责令荆州牧调集地方军队二万余人攻击绿林军。

绿林军渠帅王匡、王凤等率领部众在新市云杜县（今湖北荆门市京山县境内）迎战，大破州府官军，杀死数千人，并将官军的军用物资全部缴获。绿林军第一次发这么大的财，全军上下欢呼雀跃，战斗意志更加高昂。荆州牧准备向北撤退，绿林军将领马武等率众再次截击。战斗中，绿林军钩住了荆州牧车上的挡泥板，刺杀了陪乘人员，但是，他们却不敢杀害荆州牧。绿林军攻陷竟陵郡（今湖北天门市境内），转而袭击云杜县和安陆县，将官军打败，掳掠了大量年轻妇女和物资，凯旋退回绿林山中。这次战斗使他们第一次感受到，打败官军能给他们带来这么大、这么多的利益，增强了他们敢于打仗的信心和勇气，同时也积累了作战经验。绿林军打败州府官军的消息很快在周边传播开来，一些贫苦农民纷纷前来加入，不久绿林军发展到五万多人。

地皇三年（公元 22 年），绿林军中发生了瘟疫，将士们非常恐慌，眼看着被瘟疫夺去生命的人越来越多，绿林军决策层决定离开绿林山，分兵逃亡。于是，王常、成丹和张印等带领一部分起义军向西进入南郡，被称为“下江兵”；王凤、王匡、马武和朱鲔等向北进入南阳。因王匡、王凤都是新市人，他们所带领的起义军就称为“新市兵”。当年夏，王匡、王凤等带领新市兵进攻随县（今湖北随州市随县）。平林（今湖北随州市）人陈牧、廖湛聚众一千余人，在平林起兵，号称“平林兵”，以响应和配合新市兵。这样，向北进发的新市兵与平林兵成功地进行了第一次合作，两股势力合并起来。

受绿林军起义的影响，全国各地反抗王莽的农民起义如火如荼，分布在地方的刘姓皇族中的一些有识之士坐不住了，他们趁机起兵。也是这一年，南阳人刘缜与他的胞弟刘秀起兵于舂陵（今湖北枣阳市）。

刘缜（一作刘演），字伯升；**刘秀**，字文叔，南阳郡蔡阳县（今湖北襄阳市代管的枣阳市琚湾镇）人。他们都是汉高祖刘邦的第九代孙，属于汉景帝刘启第六子长沙定王刘发那一支系。刘縯与刘秀虽为同胞兄弟，但两人性格迥异。刘縯锋芒外露，性格刚毅，慷慨有大节，自王莽篡汉，常愤慨，心怀复社稷之虑，交结天下英雄豪杰。当时，南阳郡一带发生大饥荒，一些大户人家的宾客、家奴等干起了偷盗、抢劫的营生。刘縯乘机谋划举兵造反之事，他秘密召集诸豪杰计议："王莽暴虐，百姓分崩。今枯旱连年，兵革并起。此亦天亡之时，复高祖之业，定万世之秋也。"于是分遣宾客四处联络，聚集起一支队伍。刘秀九岁时，父亲去世了，他由叔父刘良抚养长大。刘秀经常帮着叔父经营和管理封地，并且喜欢上了种植庄稼。刘秀生活在民间，了解百姓疾苦，有一定的社会阅历。天凤年间，刘秀到长安太学学习《尚书》，提高了自身的理论水平。他身高七尺三寸，美须眉，高鼻梁，大嘴巴，宽额头。刘縯平日即以汉高祖刘邦自许，经常与稳健儒雅的刘秀开玩笑说，弟弟像刘邦次兄刘仲那样爱家置业，喜欢农业生产劳动。由于兵荒马乱，刘秀去了新野县，后来又去了宛城。他经常把收租得来的粮食拉到宛城集市上出售。在宛城，刘秀遇到了一个名叫李通的人，这个人改变了刘秀的职业生涯，也促使他走上了"革命道路"。

李通，字次元，宛城人，世代以经商而富，闻名遐迩。父亲李守，身高九尺，容貌奇异，为人刚毅而严肃，在家中就像在官府一样庄重。李守最初事奉刘歆，喜好星象、历法、算术和图谶（古代宣扬预言、预兆的书籍），后来担任了王莽的宗卿师，掌管宗室事务。李通担任了五威将军的属官从事，出任巫县（今重庆市巫山县之北）的县丞，在县令手下掌文书及仓狱等事，有能干的名声。王莽新政末年，百姓愁苦怨愤，李通常听父亲李守念叨一句谶语："刘氏复兴，李氏为辅。"李通就把这句话牢牢记在心里。由于家里非常富有，李通不愿意受官职所累，便辞官之后回到老家宛城赋闲。后来绿林军兴起，受此影响，南阳郡一带也闻风响应，李通的堂弟李轶一向是个爱生事的主儿，他与李通议论说：天下动荡不安，王莽的新朝眼看就要完蛋了，汉朝理当重新兴盛。在我们南阳一带的刘姓皇族中，只有刘縯、刘秀兄弟能广施仁爱、宽容待人，我们可与他哥俩商议大事。适逢刘秀在宛城集市上售粮，李通就派李轶把刘秀请到家里，交谈了很久。最后，李通把谶语的事儿端出来了，刘秀不敢相信谶语上说的刘氏就是自己。当时，李通的父亲李守仍在长安为官，刘秀想进一步了解李守的打算，于是就问李通：假如是这样，你父亲该怎么办呢？李通回答他：已经有打算了。李通又把他的计划详细说了一遍。刘秀想，哥哥刘縯一向结交无业游民，现在天下大乱，英雄豪杰纷纷崛起，哥哥不可能无动于衷，必将带着他那帮哥们发动起义；况且王莽败亡的征兆已经显现，国家正在动荡，沧海横流方显英雄本色，也许起义能够为他带来好运。刘秀深知李通的用意后，就不再犹豫，与李通约定了起事的时间和方式。

刘秀用卖粮的钱购买了一批刀枪弓箭，招募了一群穷苦农民，拉起了一支起义队伍。地皇三年（公元 22 年）冬，二十岁的刘秀和李轶一起带着新招募的队伍，与哥哥刘縯的队伍会合，共有七八千人，在舂陵举起了反莽大旗，史称"舂陵起兵"。刘縯自称柱天都部，他们的军队被称为“春陵兵”，亦称“汉家兵”。

刚刚集结起来的队伍都是未经训练的农民，武器装备很差，像刘秀这样的将领连马都没有，他骑着一头耕牛。刘𬙂认为，仅靠自己这支势单力薄的队伍很难成事，必须走与绿林军联合的路子，才能干成点大事。于是他派遣随同自己起兵的族兄刘嘉前去劝说新市兵首领王凤和平林兵首领陈牧，商谈联合抗莽事宜。王凤和陈牧都表示愿意合作，这样三家队伍很快就实现了联合。他们合兵之后的第一仗是西攻长聚（今湖北枣阳市寺庄乡），起义联军旗开得胜，杀死了新野县令的佐官县尉，缴获了一匹战马，从此刘秀才有了坐骑。接着，他们继续西进，攻打湖阳县唐子乡（即今河南南阳市唐河县湖阳镇一带），斩杀了湖阳县尉，又缴获了大批财物。这些战利品由春陵兵主持分配，他们给自己分得多，而给新市兵和平林兵分得少。这引起新市兵和平林兵的不满，他们打算联合起来攻击春陵兵。刘秀获知这一消息后，把春陵兵中刘姓官兵所分得的财物全部收集起来，增分给新市兵和平林兵，这才避免了刚刚联合在一起的军队出现争斗和分裂的情况。消除隔阂后，联军向北进发，攻破了棘阳县（今河南南阳市新野县境内）。在这里，刘𬙂听说王常和成丹带领的下江兵也在附近活动，于是，他带着刘秀、李通去找下江兵首领王常，与他们谈判合作事宜。处于初级阶段的各路起义军势力都比较弱小，大家都有“抱团取暖”的愿望，所以谈判非常顺利。这样，刘𬙂、刘秀的春陵兵与王凤、王匡的新市兵，陈牧、廖湛的平林兵，王常、成丹、张印的下江兵合为一体，组成一定规模的军队，并订下了盟约。

之后，刘縯率领春陵兵、新市兵和平林兵乘胜北上，准备先攻取小长安，再攻打宛城。小长安在今河南南阳市南大约三十公里的地方，周边有山地和峡谷，树林稠密。初期的起义军并没有自己的根据地，随军而来的还有一些将领的家眷。刘縯为了保护他们的生命安全，命令王凤、陈牧当先锋，又命令自己的族兄刘祉负责殿后，自己与刘秀保护随军的家眷走在中间。起义军刚刚进入山谷，忽然从山顶上传来一阵梆子响，紧接着射下无数飞箭，起义军中了官军的埋伏。原来，新莽政权前队大夫甄阜和掌郡兵的属正梁丘赐正率领官军，利用居高临下的地理优势，向起义军发起攻击。由于起义军没有防备，被官军打得溃不成军，伤亡惨重。刘秀单骑逃命，遇到妹妹刘伯姬，兄妹二人共骑一马奔逃，跑了一段，又碰到了姐姐刘元，刘秀招呼姐姐立即上马。但刘元让他们赶紧走，否则大家都没命了。这时，追兵已到，刘元及其三个孩子被官军杀死，刘氏宗族数十人也被杀。“小长安之战”，刘縯大败，他只好收集残兵败将退守棘阳。

打了胜仗的甄阜、梁丘赐认为，刘縯的起义军是一帮乌合之众，将乏兵微，极不耐打，于是，他们率领十万官军乘胜追击起义军，准备在棘阳城将起义军剿灭。为表示灭敌勇气，甄阜命令士兵将辎重丢在蓝乡（今河南郑州新密市境内），以便轻装前进，快速追击。甄阜、梁丘赐的先头部队到达潢淳水（也叫黄淳水，今河南南阳市新野县东北的淯水，系白河支流赭水一段的别称），被河水挡住了进兵之路。于是，甄阜、梁丘赐命令士兵昼夜架设浮桥，大军才得以渡河。军队过河之后，甄阜命令士兵把浮桥拆掉，欲效仿韩信背水一战的做法，与春陵兵等决一死战。他们行军数里后，因天色已晚，就在临近沘水（今河南泌阳河及其下游唐河）的两川之间扎营，打算天亮之后进攻棘阳城。

甄阜、梁丘赐率领的官军气势汹汹地逼近棘阳，“新市、平林见汉兵数败，阜、赐军大至，各欲解去，伯升甚患之”。此时，王常等统领的一支五千人的下江兵，已从汉江南岸的南郡开赴宜秋县（今南阳市唐河县东南）。于是，刘縯、刘秀、李通亲自到下江兵驻地拜访。刘縯说：我们愿见下江兵的一位贤将，商议大事。下江兵共推王常。刘縯见到王常后阐述了“以合从之利”的想法。王常大悟说：王莽残酷暴虐，篡权弑君，百姓思汉，因此豪杰并起。今刘氏皇族复兴，这才是天下之主。我愿挺身而出，贡献自己的力量，辅佐大业成功。刘縯非常感激，他说：“如事成，岂敢独飨之哉！”遂与王常结交。王常回去后，将这次会谈情况告诉了张卬、成丹二位将领。但二位将领认为，下江兵日渐强大，大丈夫既然起事，就应该自己当主子，为什么受控于人呢？王常又为他们分析形势，讲述与春陵兵联合抗莽的好处。二位将领这才认识到，如果“无王将军，吾属几陷于不义。愿敬受教”。于是，他们率军与春陵兵会合。新市兵和平林兵见状，也都积极与刘縯、刘秀的春陵兵合在一起，共同迎战官军。此时已临近春节，刘縯杀猪置酒，以丰盛的酒肉犒劳全军，让士兵休息三天，并再次订立盟约；而后把军队分成六路，在夜色掩护下，绕过甄、梁围城大军，直接进攻官军辎重所在地蓝乡。

甄阜、梁丘赐几乎把所有的军队都带去攻打棘阳，留在蓝乡看守辎重的士兵很少，所以起义军非常顺利地劫获了官军全部辎重。正在棘阳攻城的甄阜、梁丘赐获知辎重被起义军劫获的消息之后，立即率军回救。此时，占领蓝乡的起义军迎击前来施救的官军，而留守在棘阳城的部分起义军则出城追击回救蓝乡的官军，起义军从东南和西南两个方向夹击官军主力，官军大乱，甄阜趁乱逃跑，起义军追至潢淳水，“汉兵与下江兵共攻甄阜、梁丘赐，斩之，杀士卒二万余人”。

王莽在长安敦学坊读书时的同学，曾把自己比作乐毅、白起的纳言将军严尤和秩宗将军陈茂，获知蓝乡之战莽军大败的消息后，率军开赴宛城，欲据守之。春陵兵主将刘缜闻讯后，率领起义军“陈兵誓众，焚积聚，破釜甑，鼓行而前”，与严尤、陈茂率领的莽军在淯阳展开大战，史称“淯阳之战”。刘缜和他的起义军奋勇杀敌，斩首莽军三千余人，严尤、陈茂弃军而逃。起义军乘胜追击，收编了降兵。

蓝乡之战和淯阳之战，起义军大获全胜，而指挥这两次战役的春陵兵主将刘缜名声大振，天下豪杰纷纷投奔刘缜。至此，起义军武装反莽的斗争由小打小闹，发展到敢打大仗、能打硬仗的新阶段。王莽对刘缜恨得要死、怕得要命，他发悬赏布告说：凡杀死刘缜者，封食邑五万户，赏黄金十万斤，拜上公的官职。同时，他还下令各地官署在大门侧墙上贴出刘缜的肖像，令士卒每天以箭射之，以发泄其心中的愤怒。（据《后汉书・宗室四王三侯列传》《后汉书・光武帝纪》《后汉书・李王邓来列传》，《资治通鉴》第三八、三九卷）

（二）新市兵和平林兵力挺刘玄称帝，李轶拱火刘玄杀死刘縯

蓝乡之战和淯阳之战后，起义军发展到十万余人，为此，将领们认为军队人数虽多，却没有共同的领袖，不利于统一指挥、统一行动。于是，大家都赞成拥立一位刘姓皇族的人为皇帝。在起义军队伍中，春陵兵中刘姓皇族的人不少，但是真正有威信和号召力的就是刘縯，特别是起义军连续两次取得大捷之后，刘縯声名鹊起。

除了刘縯、刘秀之外，在平林兵里面还有一个名叫刘玄的人，也是刘姓皇族。刘玄是平林兵将领陈牧手下掌安集军的安集掾，起义军灭掉王莽的前队大夫甄阜、属正梁丘赐之后，人们便开始称他为“更始将军”。其实刘玄在历次战役中并没有发挥过太大作用，只不过大家知道他是汉景帝刘启之子长沙定王刘发的后代，其祖父刘利当过苍梧太守。起初刘玄参加平林兵不是为了灭莽复汉，而是躲避官府的抓捕。

刘玄，字圣公，南阳郡春陵人。西汉皇族后裔，刘縯、刘秀的族兄。其父刘子张有两个儿子，大儿子就是刘玄，小儿子名叫刘骞。早年，刘子张因被亭长醉骂，一气之下将其杀死，十多年后，亭长的儿子为了给父亲报仇，就把刘子张的小儿子刘骞杀死了。作为哥哥的刘玄气愤不已，他结交宾客，发展势力，誓言为弟弟报仇。其间，由于宾客犯法，刘玄为躲避官府捉捕逃到他姥姥家所在地平林，于是官府就把刘玄的父亲刘子张抓走，关押在监狱。刘玄获悉父亲被抓后，就假装自己死了，派人将装有一百来斤土的“灵柩”送回老家春陵埋葬，官府信以为真，把刘子张释放了。安全起

见，刘玄加入了陈牧、廖湛的平林兵，被封为安集掾。应该说，刘玄参加起义军是“半路出家”，他不是元老级的将领。刘縯、刘秀不仅参加起义军早于刘玄，而且功劳和知名度也比刘玄大很多。因此，南阳郡的豪杰和下江兵首领王常等人认为，刘縯在几次对莽军的作战中展示了超人的谋略和卓越的指挥才能，应该拥立刘縯为帝；而新市兵和平林兵的将领们军纪松散，他们知道刘縯威武严明，因而不愿接受约束，所以他们拥立懦弱随和的刘玄。王匡、王凤等为实现自己的目的，抢先定下策略，共同拥立刘玄为帝，造成既定事实之后，才告诉了刘縯。刘縯虽然很不高兴，但也无法改变集体的决定，只能说：各位将军要立刘姓皇族的人为新帝，是对我们的厚爱，然而现在赤眉军在青州、徐州崛起，拥有数十万部众，他们听到南阳郡拥立了刘姓皇族的人当皇帝，恐怕也会效仿我们的做法，拥立一位姓刘的人为帝。王莽还没有被消灭，而刘姓皇族就互相掐架，这会造成天下人疑心，从而损伤我们的力量。这不是消灭王莽的好办法，不如先称王号令，等攻破王莽后再议尊号。经刘縯这么一说，大家又赞同他的意见。这时，下江兵将领张卬拔出剑来，一边砍击地面，一边说：对自己做的事情总是持有怀疑态度，肯定不会成功！今天的事情就这样定了，不允许再有第二种想法！大家被张卬的举动镇住了，纷纷表示不再变卦。更始元年（公元 23 年）二月初一，他们就在淯水河畔的沙滩上设置坛场，举行了刘玄登基称帝仪式，刘玄面南而立，接受大家的朝拜。刘玄从来没有经历过这样的场面，他满脸通红，“羞愧流汗，举手不能言”。因过去平林兵管他叫“更始将军”，所以他的帝号也随以前的叫法，被称为“更始帝”。

更始帝刘玄上台之后，组建了朝廷领导团队，他任命他的堂叔刘良为“国三老”，王匡为“定国上公”，王凤为“成国上公”，朱鲔为“大司马”，刘縯为“大司徒”，陈牧为“大司空”，刘秀被任命为太常、偏将军，其他将领都当“九卿将军”。绿林军终于有了自己的政权机构。几个月后，刘玄迁都宛城。但是，起义军内部和社会上大都对更始帝刘玄并不认可。因刘縯在蓝乡、淯阳重创了莽军的有生力量，沉重打击了莽军的嚣张气焰，鼓舞了起义军的斗志，也使广大老百姓看到了复兴汉朝的希望，所以很多人将刘縯视为光复汉朝的“救星”，“由是豪杰失望，多不服”，埋下严重的矛盾隐患。

刘玄称帝仪式结束之后，大司徒刘縯率部奔赴前线，此时，平林兵正在围攻新野，久攻未克。守城的新野宰（即县令）潘临站在城头上向平林兵喊话:“得司徒刘公一信，愿先下。”意思是只要大司徒刘縯给我写封信来，我愿意向你们投降。很快，刘縯率军到了城下，潘临立即打开城门迎接刘縯及起义军。潘临归降了刘縯，新野县城被起义军占领。

成国上公王凤和太常、偏将军刘秀等率领汉军攻打昆阳城（今河南平顶山市叶县境内）、定陵县（今河南漯河市舞阳县）、郾城（今河南漯河市郾城区）等城邑，都顺利拿下，将其作为汉军的根据地。随后，刘秀率军又向颍川郡阳翟县（今河南禹州市）攻城略地，首战进攻父城县（今河南平顶山市宝丰县），但未能攻克，于是汉军驻扎在巾车乡（今河南平顶山市新城区）。此时，颍川郡掾冯异正在督察该郡五个县，被汉兵活捉后押到刘秀面前。冯异诚恳地对刘秀说：我的老母在父城，我想回去安顿一下，而后我把督管的五座县城都献给您，以报答您对我的恩德。刘秀判断冯异不会欺骗，就把冯异放走了。冯异回去之后对父城县县长苗萌说：更始帝刘玄的属将大都凶暴蛮横，只有刘秀将军所到之处，一不抢人，二不劫财，我看他的言谈举止非平庸之辈，将来定成大事。于是，冯异和苗萌一起说服了其他四个县令（长）。这样，冯异就带着这五个县的军民向刘秀投降了。至此，刘缜、刘秀兄弟在内外都赢得了很高的威名。

随着刘缜、刘秀兄弟的威名日盛，新市兵、平林兵诸将阴怀猜忌，经常向更始帝刘玄进谗言，认为刘缜不除，必为后患。于是刘玄及其属将“君臣不自安，遂共谋诛伯升”。刘秀发觉异样苗头后，便对哥哥刘缜说“事欲不善”，刘缜则笑着说“常如是耳”。

很快，更始帝刘玄召集将领们开会。在会上，刘玄令刘缜把身上的佩剑拿出来，刘缜抽出剑来递给刘玄，刘玄拿着刘缜的剑看了又看，摸了又摸，就是不想退还他。此时，荆州人、起义军的“绣衣御史”申屠建向刘玄献上玉玦，暗示刘玄该出手时就出手。看到申屠建向刘玄进献玉玦，刘缜的舅父樊宏悄悄对刘缜说：申屠建莫非有范增之意？刘缜心里明白，但他没有回答。樊宏和刘缜等观察着刘玄的一举一动，保持着高度警觉，随时准备对胆敢出手的刘玄予以反击，但“更始不敢发”，并将剑还给了刘缜。

在刘缜、刘秀阵营中有一个“势利眼”，此人给刘缜、刘秀兄弟添了大乱，还唆使平庸懦弱的刘玄动手杀人。他就是最初撺掇刘秀起兵的李通的堂弟李轶。李轶跟随刘缜、刘秀兄弟在春陵起兵，后被更始帝刘玄任命为五威将军。李轶发现新市兵和平林兵将领的势力强大，而刘缜、刘秀兄弟的实力相对较弱，于是他抛弃了刘缜、刘秀，开始讨好新市兵将领朱鲔等。朱鲔力挺刘玄称帝，后被任命为大司马。

刘缜、刘秀指挥起义军打了几个漂亮仗之后，刘玄开始容不下他们了。在这样的背景下，李轶由私下里巴结朱鲔，到公开站出来出卖刘缜，以此来获取刘玄、朱鲔的信任。李轶力劝刘玄杀死刘缜，以免留下后患。刘秀发现李轶的变化之后，对哥哥刘缜说：对李轶这个人绝不能再信任了！可是，刘缜没有听从弟弟刘秀的劝告，最终被李轶出卖，被刘玄所杀。

刘玄之所以迅速杀死刘缜，就是因为刘缜手下有一位与李轶的德行完全相反的名将，对刘玄称帝极为愤怒，坚决拒绝刘玄对自己的任命。这位名将就是刘稷。

刘稷，南阳人，与刘缜、刘秀同宗。他从春陵起兵就一直跟随刘缜，刘稷是“数陷阵溃围，勇冠三军”的战将。刘玄被立为皇帝时，他正在前线指挥作战。当他得到这一消息后大怒，并坚决拒绝刘玄任命的抗威将军名号。刘玄把刘稷捆绑起来，准备杀掉。刘缜知道后坚决予以阻止，他说：你们绝不能杀掉令敌人闻风丧胆的武将！此时，仍然被刘缜认为与自己“关系不错”的李轶第一个跳出来建议刘玄逮捕刘缜，并与刘稷一块儿处死。刘玄采纳了李轶的意见，当天就把刘缜、刘稷砍了头。

刘玄杀掉刘缜、刘稷后，任命堂兄光禄勋刘赐当了大司徒。

刘秀听说胞兄被杀的消息后，迅速从父城赶回，向更始帝谢罪。他不敢为刘縯服丧，饮食、言谈、欢笑等一如既往。他也从来不夸耀自己所立的战功。刘玄因此感到惭愧，任命刘秀当破虏大将军，封武信侯。刘秀把自己的一切政治抱负都深藏于心。（据《资治通鉴》第三九卷，《后汉书・刘玄刘盆子列传》《后汉书・宗室四王三侯列传》《后汉书・光武帝纪》）

（三）昆阳之战重创莽军主力，凸显刘秀军事指挥才能

当南方的绿林军反莽斗争高潮迭起，莽军节节败退之时，北方以樊崇为首领的赤眉军不断壮大，他们攻如猛虎，势如卷席，莽军兵败如山倒，一溃千里。王皇帝看到北方地区风雨飘摇、岌岌可危，就把战略防御的重点放在围剿北方的赤眉军上，他派遣太师羲仲景尚、更始将军护军王党率领莽军攻打青州和徐州的赤眉军，“皆不能克”，太师羲仲景尚被赤眉军杀死。王莽遂又派出侄子、太师王匡，原制造符命铜匮的太学生、国将哀章，统率十余万精兵开赴前线与赤眉军作战。王莽冒着大雨，亲自把大军送到京城门外，可见他对这支军队的高度重视和对消灭赤眉军的期待。

对南方的绿林军，王莽仅让纳言将军严尤、秩宗将军陈茂率领郡县地方武装和临时招募兵与绿林军作战，且王莽疑心重重，不敢轻易授给他们兵符，要求他们每次出兵作战必须先行报备，否则就会以擅自用兵而治罪。对此，严尤对陈茂发牢骚说：派出将领又不发给兵符，遇事一定先请示而后才能行动，这就好像牵着猎狗不放，而又要求它去抓野兔一样！

绿林军斩杀了甄阜、梁丘赐之后，又在南阳城下击败了严尤、陈茂等。在起义军节节胜利、莽军步步失利的形势下，起义军又弄出一个灭莽复汉的“更始帝”来，对此，王皇帝感到前所未有的压力，他认为南方的绿林军对新朝构成的威胁更为严重。因此，他把战略防御的重点由应对北方的赤眉军，调整到竭尽全力剿灭南方的绿林军上。王皇帝一方面把正在与赤眉军作战的王匡、哀章的十万精兵调往南方前线，另一方面紧急征调全国各州郡兵力，动用一切军事资源，去剿杀南方的绿林起义军。一是任命大司空王邑和大司徒王寻为统帅，指挥官军剿灭绿林起义军。王邑是王莽的堂弟，成都侯王商的次子，他曾率领官军镇压刘祟、翟义等西汉旧势力反叛，为王莽建立新朝立下了赫赫战功，被王皇帝赞为“威宝之臣”。王寻系王莽同宗族，王莽摄政时被封为丕进侯，王莽称帝后被提拔为大司徒，封章新公，与王邑、甄邯同为新朝“三公”。二是征调所谓精通六十三家兵法的百位兵法（军事）家，担任相当于今参谋性质的军吏。三是聘请“长一丈，大十围”，头大如斗，嘴大如锣，火钳吃饭，大鼓当枕，城门过不去，小车装不下，只能用四匹马拉的大车才能装得下、拉得动的蓬莱奇人巨毋霸，为警卫营垒的武官垒尉。四是仿照黄帝教熊、罴、貔貅、虎与炎帝战于阪泉之野的做法，将虎、豹、犀、象等凶猛野兽圈养军中，待到作战时放出来，以助军威，震慑并吓阻起义军。五是下令各州郡大量招选精兵，由州牧和郡太守亲自督领，限期到洛阳集中。各地集结到洛阳的兵力总数达四十二万之多，号称百万大军。莽军以前所未有的规模和声势开进阳翟县。起义军各部将领看到王寻、王邑率领的莽军如此强大，都纷纷退入易守难攻的昆阳城。刘秀率领的三千骑兵在颍川西北遭遇莽军之后，也引兵退入昆阳城。这样，汉军加上其他退入昆阳城的起义军，昆阳城守军总共八九千人。

王邑、王寻在颍川又会合了严尤、陈茂的残兵败将，随即浩浩荡荡向昆阳城方向挺进，旌旗蔽日，逶迤千里，粮草辎重犹如蚂蚁搬家。两三天内即有十多万莽军先头部队抵达昆阳城外。

绿林军首领王凤、王常等见新莽大军云集昆阳城外，且大有一副排山倒海之势，他们心里发怵，对坚守昆阳城信心不足。一些退入昆阳城中的起义军官兵也都忧心忡忡。

莽军统帅王邑下令围攻昆阳城。纳言将军严尤汲取自己兵败南阳城下的惨痛教训，认为不应该把重兵用于围攻昆阳城这个既坚固难攻又无碍大局的小城，而应当率领大军攻击正在包围宛城的汉军，只要打败那里的汉军，昆阳城就会不攻自破。但王邑自以为是，一意孤行。

在如此严峻的形势下，对起义军来说至关重要的是稳定军心、坚定信心。刘秀发现起义军军心不稳后，果断站出来对大家讲：现在昆阳城里兵少粮少，而城外的莽军却非常强大，我们只有合力抗敌，才可以立功；如果分散，每个人都不能保全。况且宛城那边形势吃紧，他们也腾不出手来增援我们；假如昆阳城被莽军占领，用不了一天，我军各部都将彻底完蛋。大家为什么不能同心协力、共举大业呢？正在此时，侦察兵回来报告说莽军后续大部队即将到达昆阳城北，军阵长达上百里，看不见尾。到了如此紧要关头，绿林军将领才不得不请刘秀详细谋划。刘秀将敌我情势、成败的关键因素以及如何应对部署等进行了详细的分析和讲述。大家都觉得刘秀说得颇有道理。可是，刘秀深感昆阳城中的起义军兵力实在太少，于是让王凤和王常率军坚守昆阳城，自己当夜带领十三名将士骑快马从南门出城搬兵，打算对进攻昆阳城的莽军实施内外夹击。

此时，莽军把昆阳城包围了数十层，设置军营一百多座，军旗遍野，钲鼓声响彻数十里之外。莽军还挖掘地道，用攻城的专用战车撞城，并集中弓弩手向城内狂射，矢如雨下，城中军民不敢在街上走动。王寻、王邑自以为胜券在握。绿林军守将王凤等人曾一度发生动摇，他们向王邑、王寻乞降，但被拒绝。

王凤等人的投降之路被堵死之后，只好破釜沉舟，率领全体将士拼死回击莽军，以等待援军。昆阳城池坚固，加上起义军拼命反抗，尽管莽军人多势众，但始终没被撕开口子。严尤看到昆阳城短期内难以攻下，又向王邑建议说：兵法上说，围城要留下缺口，否则他们就会拼死顽抗，应当让昆阳城民逃跑一些，让他们传播失败的消息，以震撼宛城的汉军。但王邑等依仗兵多粮足，占据绝对优势，再次拒绝了严尤的建议。

刘秀带领十三铁骑到达不久前才被起义军攻占的郾城和定陵后，调拨驻守在这两个城邑的将士去救援昆阳城。当时，两城的将领都想留下一些士兵看管财物。刘秀生气地说：如果打垮敌人，大功告成，有万倍的珍宝；如果被敌人打败，连脑袋都没有了，要财物有什么用？于是驻守两地的全部人马，包括做饭的、养马的，共四千多人直奔昆阳城。刘秀亲自带领骑兵、步兵一千多人作为先头部队，在距离莽军四五里远的地方摆开阵势。王邑、王寻派出几千名士卒前来交战，刘秀带兵冲了上去，一阵猛杀猛砍，斩杀莽军数十人。刘秀的先锋队越战越猛，大大鼓舞了起义军的斗志。为进一步瓦解莽军的士气，鼓舞昆阳城内汉军的抗莽意志，刘秀把写有宛城汉军已胜、援军即将到达的密信射进昆阳城内。

这时，郾城、定陵增援昆阳城的后续部队三千多人也赶到了，刘秀与他们合兵，去攻击莽军主将的营垒。

王邑、王寻依仗兵马众多，根本没把起义军放在眼里，他们命令各个营垒严格管束士兵，没有命令，不许轻举妄动。他们在巡视阵地时与刘秀军遭遇，刘秀军团勇如猛虎，左杀右砍，势不可挡。由于事先有令，莽军大部队在营垒之内观望而不敢擅自救援。刘秀军趁机击溃莽军，并斩杀主帅王寻。王寻一死，莽军更加混乱。

昆阳城中的王凤、王常等看到刘秀带来的援军已把莽军压制下去，便带领守城的士兵冲杀出来，他们与刘秀里应外合，莽军溃败，逃跑者互相践踏，尸体和伤兵遍布一百多里。

此时，电闪雷鸣，狂风大作，暴雨突袭。宋代东光县（今河北沧州市东光县）诗人刘跂的《陇上遇雨》生动形象地描绘了莽军的惨状。诗中说："陇上怕雨竟遇雨，空山路穷避无所。昆阳之战飞屋瓦，白登之围矢交下。从者散去马可怜，故人借我非我马。上坡历块已攲侧，下坡流滑攒四脚。"当时滍水（今河南平顶山鲁山市、叶县等境内沙河）猛涨，王邑和严尤、陈茂等骑着马，踏着死伤的士兵渡过滍水逃跑。莽军活着的将士大都逃回自己的故乡，只有王邑和他带领的长安勇士数千人逃到洛阳。

昆阳之战莽军惨败的消息传到长安，新莽朝廷惊恐不安。全国各地的英雄豪杰响应配合起义军，“皆杀其牧守，自称将军，用汉年号，以待诏命，旬月之间，遍于天下”。昆阳之战是我国古代历史上著名的以少胜多的战役之一，这场战役充分显示了刘秀杰出的军事指挥才能和巨大的发展潜力。

昆阳之战是绿林起义军由弱到强的转折点，同时也是王莽和他的新朝走向败亡的转折点。王莽损兵折将，元气大伤，再也无力应对较大规模的战争，以绿林军和赤眉军为主的反莽浪潮势如卷席。（据《资治通鉴》第三九卷，《汉书·王莽传》《后汉书·光武帝纪》）

（四）绿林军攻进长安，斩杀王莽，新朝灭亡

昆阳之战后，全国各地的反莽势力发起了对新朝各级官府和莽军的进攻，新朝任命的许多地方官吏和他们的武装纷纷向起义军投降，不少郡县打开城门迎接起义军。起义军所向披靡，势如破竹，占领了许多城邑，尤其是赤眉军主力部队和绿林军部分武装力量已经攻到了长安附近。王皇帝惶然四顾，只见众叛亲离，唯闻四面楚歌。

地皇四年（公元 23 年）秋，更始帝刘玄派遣西屏大将军申屠建和固始侯李通的从弟、辅佐丞相纠举不法的丞相司直李松，率领一支三千人的部队进攻武关，“三辅”地区为之震动。当李松、申屠建率部抵达时，恰逢析县（今河南三门峡市境内）的邓晔和于匡据县起兵，以响应汉军。邓晔自称辅汉左将军，于匡自称辅汉右将军，他们先后攻取了析县和丹水县（今河南南阳市淅川、西峡一

带），稍做休整后，又对武关都尉朱萌发起进攻，朱萌兵败投降。邓晔、于匡乘胜进攻王莽的右队大夫（即弘农郡太守）宋纲，两军展开激烈交战。邓晔、于匡三战三捷，将宋纲杀死，后向西挺进，并攻陷了湖县。这样，更始帝派给李松、申屠建的任务，被邓晔、于匡替他们干完了。李松、申屠建非常高兴，便带领汉军与邓晔、于匡在湖县会师。几天后，两军一起进攻京师仓（今陕西渭南华阴市岳庙街道），但没有攻下。于是，李松安排偏将军韩臣率领部分军队向西推进到新丰县（今西安市临潼区东北），去攻击王莽的波水将军窦融。

窦融，字周公，扶风郡平陵县人。他的七世祖系西汉孝文帝窦皇后之弟窦广国（被封为章武侯）。宣帝时，其高祖父作为二千石高级吏员从常山（今河北保定市唐县一带）的老家，迁徙到扶风郡平陵县。窦融幼年丧父，因侍奉母亲、兄长和抚养幼小的弟弟受到乡里称赞，长大后又以结交豪杰、行侠仗义而闻名。王莽掌权时，窦融在强弩将军王俊手下担任司马，曾参与镇压翟义、赵朋起义，因军功显著被封为建武男。王莽派遣太师王匡等征伐青州、徐州一带赤眉军时，聘请窦融为助军，随军东征。窦融的妹妹是大司空王邑的小妾，由于这层关系，他又跟从王邑率领大军讨伐南方绿林军，兵败于昆阳城下，后与王邑一起逃回长安。经王邑举荐，王莽任命窦融为波水将军，赏赐黄金千斤，引兵驻守新丰，主要任务是堵截起义军西进。在韩臣起义军的强烈攻击下，波水将军窦融兵败逃跑，韩臣率军追击，一直追到长门宫。该宫在长安城附近的霸陵县，原为汉文帝和窦皇后之女、馆陶大长公主刘嫖的私家园林，后改建为皇帝祭祀或举行籍田仪式时临时休息的地方。

攻下新丰县后，邓晔又任命弘农郡掾王宪为校尉，率领数百人北渡渭水，进入左冯翊境内攻城略地。王宪率部向北推进到频阳县（今陕西渭南市富平县境内），沿途的官员和百姓竞相迎接，尤其是栎阳县（今陕西西安市阎良区）的世家大族申砀和下邽县（今渭南市临渭区）的王大都等，率领部众跟随王宪，使王宪的队伍像滚雪球那样越滚越大。京城附近一些县的世族大户、土豪劣绅等眼见王莽的新朝日薄西山，也趁机拉起队伍，自称汉朝将军。比如，斄县的严春，槐里县的汝臣，阳陵县的严本，茂陵县的董喜，盩厔县的王扶，蓝田县的王孟，杜陵县的屠门少等，他们少则数百人，多则数千人，汇聚成冲击王莽新朝的强大洪流。李松、邓晔考虑到进攻大长安的难度，便率军到达了华阴。在这里，他们制造攻城器械，操练士兵，以配合汉军从长安的侧背攻进城去。

此时，长安城周边武装从四面八方汇聚到长安城下，他们听说天水郡隗嚣的部队将要到达，于是争着抢着要在隗嚣到达之前攻入长安城。

隗嚣，字季孟，天水成纪（今甘肃天水市秦安县）人。隗嚣出身于陇右大族，以知书通经而闻名。王莽的国师刘歆闻其名声，推举他担任了自己的属官。刘歆死后，隗嚣回到老家。隗嚣的叔父隗崔，性格豪爽，喜欢行侠仗义，深得当地人拥护。隗崔听说刘玄被拥立为更始帝且多次打败莽军，于是就与隗嚣的哥哥隗义以及陇西郡上邽（今甘肃天水市清水县）人杨广、冀县（今甘肃天水市甘谷县）人周宗一起商量起兵反莽之事，以响应刘玄。隗嚣以起兵凶险为由，劝阻他们不要干这事。隗崔不听隗嚣劝阻，组织了一支数千人的队伍，首战攻击镇戎[①]，杀死了王莽任命的镇戎大尹（即郡太守）李育。隗崔、杨广等人认为，要干成大事并为人们所信服，必须立一位主将。因隗嚣素有名声，于是大家推举隗嚣为上将军。隗嚣辞让，但大家不依，于是隗嚣对他们说：诸位长辈和众贤既然看得起我隗嚣，那就必须用我的意见，我才敢从命。众人表示同意。从此，隗嚣割据天水一带。隗嚣上任后，便派遣使者聘请平陵人方望为军师。方望向隗嚣建议：起事辅汉，应承天命、顺民心，现在更始帝在南阳，王莽据长安，虽想以汉的名义行事，但并未得到汉的授权，用什么办法才能让民众信服呢？最有效的办法就是尽快建立汉高祖的庙宇，称臣奉祀。隗嚣采纳了方望的建议，立即在邑东建造了庙宇，并隆重祭祀汉高祖、汉文帝、汉武帝。隗嚣等人称臣执事，祭祀之官祝史手捧玉璧以告神灵。祝毕，各位将领杀畜而盟。盟言约定：盟誓的共三十一位将领，十六姓，顺承天道，兴兵辅佐汉室。如有心怀不轨者，神明主流灭他。高祖、文帝、武帝使他坠命，宗室遭到血洗，族类全部灭绝。有司举着装有畜血的勺上前，对诸将说：如果歃血不入口，就是欺骗神灵，按盟誓处罚他。于是所有人都按照古礼把畜血涂在嘴上和盟约上。之后，隗嚣又向各州牧、部监、郡国发布檄文，列举王莽的种种罪状，倡议共同谋伐。隗嚣的队伍不断发展壮大，很快发展到十万人。兵多壮帅胆，隗嚣率领大军一举攻占了雍州（今陕西、甘肃二省和青海省东部地

---

① 戎为王莽改天水郡而置，治所在平襄县（今甘肃定西市通渭县西）。

区），击杀了王莽任命的雍州牧陈庆。隗嚣拿下雍州，军需物资有了可靠保障，并收降了大量州兵，其军事实力进一步壮大。紧接着，隗嚣又率军攻击安定郡[①]。隗嚣在劝降安定大尹王向不果的情况下，进兵出击，将王向活捉并杀死，安定郡军民悉数投降。隗嚣拿下一州一郡，成为西部地区最有实力的一支队伍。

聚集在长安城下的众多武装力量听说隗嚣率军来攻长安的消息后，企图在建立大功和入城抢劫上捷足先登。

面对各路起义大军压城，王皇帝效法秦二世的做法，使出最后的“绝招”——赦免常安监狱中关押的所有犯人，发给他们武器。王皇帝命令更始将军史谌（王莽的第二任皇后之父）率领这支新组建的“囚军”与城外的起义军拼死一战。可是，尽管王皇帝赦免了这些囚犯的罪行，但他们谁也不肯为王皇帝卖命，过了渭桥之后，都四处逃散，只剩下将领史谌。

汇集在长安城下的各路起义军闲着没事，都跑去挖掘王莽祖父、父亲、妻子、儿子的坟墓，焚烧他们的棺材，还烧毁了九庙、明堂和辟雍，冲天的火光和浓烟笼罩了常安及其郊县。

更始元年（公元23年）九月，起义军冲开宣平门，进入常安城。王皇帝立即派遣九江（今安徽淮南市寿县一带）人张邯迎击起义军，但张邯刚刚与起义军交战，便被乱刀砍死。大司马王邑和王

---

① 该郡是个大郡，系西汉元鼎三年（公元前114年）初置，治所在高平县，即今宁夏固原市。辖境相当于今甘肃白银市景泰县、靖远县、会宁县，平凉市及泾川县，庆阳市镇原县和宁夏中卫市及中宁县，吴忠市同心县，固原市及彭阳县等地。东汉时，该郡属于凉州，治所在临泾县，即今甘肃庆阳市镇原县东南。

林、王巡、踰恽率部死守北阙（宫殿北面的门楼），双方士卒的金戈交鸣声、厮杀声和惨叫声不绝于耳。莽军士兵再也不肯听从王莽及其将领的命令，纷纷逃散。

常安城中的朱弟、张鱼聚集起一帮人，趁乱焚烧未央宫①便门。他们用斧子劈开处罚犯错宫人的敬法殿的小门，大声喊叫：反贼王莽，赶快出来投降！此时，宫中大火已经熊熊燃起，并蔓延到掖庭。大火又从掖庭烧到未央宫殿之一的承明殿。为躲避火患，王皇帝来到未央宫正中的前殿。王皇帝穿着一身青色衣服，手里拿着所谓的虞帝匕首，自言自语："天生德于予，汉兵其如予何！"

天快亮了，群臣搀扶着这个行将灭亡的新朝皇帝，又从前殿去渐台，公卿大臣和其他人员一千多人跟着他，谁也不说话，都是一脸忧愁和恐惧。

王皇帝的铁杆心腹王邑统领军队日夜作战，"士死伤略尽"，便退回宫内，辗转来到渐台，见自己的儿子王睦脱下衣帽正想逃走。王邑大喝一声，让王睦回来。王邑与儿子王睦手持武器，一同守卫着王莽。

起义军因追逐王邑进入宫中，听说王皇帝在渐台，将渐台层层包围，"围之数百重"。台上护卫王莽的将士与层层包围的起义军展开对射，箭射完了，便短兵相战。混战中，王邑、王睦、王巡等都被杀死，王皇帝躲进内室。

---

① 未央宫是汉王朝的正宫，在秦章台的基础上修建而成，位于汉长安城地势最高的西南角龙首原上，因在长安城安门大街之西，又称西宫。自从未央宫建成之后，汉朝历任皇帝都居住在这里，这里成为西汉王朝的政治中心。王莽新朝时期仍在这里理政。

战斗一直持续到下午五时，起义军冲上了渐台。弘农郡商县人杜吴杀死了六十八岁的王莽，校尉、东海人公宾砍下了王皇帝的首级，士兵们分割了王莽的躯体。

校尉公宾提着王莽的首级，前往王宪那里。王宪在析县起兵反莽时被邓晔任命为校尉级别的中级武官。王宪趁着公宾将王莽首级送与他的机会，自称汉朝大将军，住进了长乐宫，把王莽的嫔妃当作自己的小妾，还使用王莽的车马、衣服和器具，尝了尝当皇帝的滋味。

很快，李松、邓晔等进入常安城，随后赵萌和申屠建也到了。因王宪缴获新朝御玺后没有上缴，又私自藏匿了一些宫女，被几位将领所杀。将领们派公宾将王莽的首级送往宛城。此时更始帝刘玄“时在便坐黄堂，取视之，喜曰：‘莽不如是，当与霍光等。’宠姬韩夫人笑曰：‘若不如是，帝焉得之乎？’更始悦，乃悬莽首于宛城市”。

王莽从居摄元年（公元 6 年）摄政，到始建国元年（公元 9 年）当政，再到更始元年（公元 23 年）被起义军所杀，当了三年的“假皇帝”、十四年的真皇帝，正如班固所言：“是以四海之内，嚣然丧其乐生之心，中外愤怨，远近俱发，城池不守，支体分裂，遂令天下城邑为虚，丘垄发掘，害遍生民，辜及朽骨，自书传所载乱臣贼子无道之人，考其祸败，未有如莽之甚者也！”最终，王莽被起义军杀死了，新朝彻底完蛋了。但是，争夺胜利果实的斗争才刚刚开始。（据《汉书·王莽传》《后汉书·窦融列传》《后汉书·刘玄刘盆子列传》《后汉书·光武帝纪》《后汉书·隗嚣公孙述列传》，《资

治通鉴》第三九卷）

（五）更始政权迁都长安，大肆封赏“功臣”，日夜宴饮

在绿林军攻进长安杀死王莽的当月，洛阳城也被起义军攻陷，更始政权曾经一度移居洛阳。更始二年（公元 24 年），刘玄决定迁都长安。

绿林军将领李松和申屠建从长安来到洛阳迎接更始帝。当时，攻城灭莽的有功人员都在等待着更始帝论功行赏，而新朝的一些官员惶惶不可终日，一度出现了“吏民惶恐，属县屯聚”的现象。二月，刘玄到达长安，后下诏大赦，明确宣布，除了王莽的后代之外，其他人员都免受罪责。这个诏令的下发，对王莽新朝的官员起到了一定的安抚作用。从长安城的损毁情况看，只有未央宫和九庙被焚毁，其余宫殿、官府、仓库、城市街巷等都完好。

绿林军将领把更始帝安置在长乐宫。更始帝换上衣服，登上前殿，官吏们按照级别和排位排列在正殿前院子里，等待接见。刘玄没有经历过如此隆重的场面，有些不知所措。

李松、赵萌等将领建议更始帝抓紧赐封抗莽起义的功臣为王，以安抚立功者。朱鲔与他们争辩说：汉高祖刘邦早就定下规矩，不是刘姓皇族不能封王。但对领兵打仗的将领，刘玄是不敢得罪的，于是，他分两步进行赐封。

第一步，封宗室“六王”。

封刘祉为定陶王。刘祉，字巨伯，汉景帝刘启的六世孙，长沙定王刘发的五世孙，春陵孝侯刘仁之孙，春陵康侯刘敞之子。刘秀

的族兄。刘祉为人随和，行事厚道，被宗室所尊敬。刘秀起兵后，刘祉也加入其中，他的母亲、弟弟、妻子被新朝前队大夫甄阜逮捕，关进宛城监狱，不久全部被杀。“小长安之战”失败后，刘祉跟随刘縯、刘秀退守棘阳，参加了抵御甄阜、梁丘赐的战斗，并取得了胜利。刘玄即位后，刘祉被任命为太常将军，袭封春陵侯。这次刘祉随刘玄进入长安，被封为定陶王。

封刘庆为燕王，刘庆的儿子刘顺为虎牙将军。刘庆是春陵孝侯刘仁的儿子，春陵康侯刘敞的同母弟弟，刘玄、刘秀的族叔。燕王刘庆在更始帝刘玄投降赤眉军时被乱兵杀死。

封刘歙为元氏王。刘歙是刘玄、刘秀的族叔。刘歙的儿子刘终与刘秀是好伙伴。汉兵进军唐子乡时，刘歙诱杀了湖阳尉，因此受到更始帝重赏，其子刘终也被任命为侍中。

封刘嘉为汉中王。刘嘉是刘玄、刘秀的族兄弟，因幼年丧父，被刘秀的父亲刘钦收养。刘嘉性情温和，与人为善，同刘縯、刘秀兄弟亲如手足。刘嘉积极参加了刘縯、刘秀兄弟组织的春陵起兵。当刘縯决定走与绿林军联合之路时，派遣刘嘉与王匡、陈牧联络，刘嘉圆满完成任务。在“小长安之战”中，刘嘉的妻子、儿女全部被杀。更始政权建立后，刘嘉历任偏将军、大将军、扶威大将军，颇受刘玄信任，曾被封为兴德侯。这次又被晋封为汉中王。

封刘赐为宛王。刘赐是原苍梧太守刘利的孙子，刘玄、刘秀的同族兄弟。刘赐幼年丧父，由哥哥刘显养大。王莽登上新朝帝位之后，刘氏皇族遭到排挤和打压，政治地位每况愈下，甚至连基层官吏都敢欺负他们。比如南阳郡蔡阳县一名亭长酒醉后大骂刘玄的父亲刘子张，被刘子张杀死。十多年后，亭长之子报仇，将刘玄之弟刘骞杀死。刘显为了给刘骞报仇，图谋杀死亭长之子，官府发觉后抓捕并处死了他。刘赐对哥哥刘显被杀一事气愤不已，于是就与刘显的儿子刘信一起，变卖了田宅，以重金雇佣刺客，将亭长之子及其妻儿一家四口全部烧死，后又杀死了抓捕刘显的吏员。刘赐、刘信叔侄为躲避官府的追捕，亡命江湖。后来遇大赦，叔侄二人才返回家乡。刘縯、刘秀起兵后，刘赐带着侄子刘信一起参加了舂陵兵，并一直跟随刘縯、刘秀征战四方。更始帝刘玄对刘赐、刘信叔侄冒险为自己胞弟报仇心存感激。他上台后任命刘赐为光禄勋，封爵广信侯。刘玄杀害大司徒刘縯后，又提拔刘赐为大司徒。刘玄迁都长安时，任命刘赐为丞相，先行入关，修缮宗庙、宫室等。刘玄到长安后，任命刘赐为前大司马，赐封宛王。

封刘信为汝阴王。刘信系刘赐的侄子，但其军事能力强于叔父刘赐。

第二步，封异姓“十四王”。

封王匡为泚阳王。王匡是绿林军元老级的“渠帅”。地皇二年（公元 21 年），因绿林山发生瘟疫，他与同村人王凤带领部众到南阳，被称为“新市兵”。不久，他们进入随州，与陈牧、廖湛率领的平林兵合兵，汇入绿林军。他们先后在新野、唐子乡、蓝乡、泚水、淯阳、宛城等地与莽军交战，取得一个又一个胜利。更始元年（公元 23 年），他力挺刘玄为帝，被封为定国上公。昆阳之战胜利后，王匡率大军攻下洛阳，活捉王莽太师王匡、国将哀章。这次被封为泚阳王。

封王凤为宜城王。王凤的经历与王匡相同，在刘玄称帝后被封为成国上公。昆阳之战时，他与起义军其他将领一起守城。后来刘秀搬来援兵，赢得了昆阳之战。

封朱鲔为胶东王。朱鲔，汉阳（今湖北武汉市汉阳区）人。地皇四年（公元 23 年），朱鲔参加绿林军起义，为首领之一。绿林军分兵之后，他与王匡、王凤等率领新市兵北入南阳。他力挺刘玄为帝，在刘玄称帝后被任命为大司马。他积极建议刘玄除掉刘縯，深受刘玄信任。更始帝迁都长安之后，他被封为胶东王，但朱鲔以汉高祖“非刘氏不王”为由，拒绝接受封王。

封王常为邓王。王常最初为弟报仇，逃亡江夏，在云杜县加入绿林军，被任命为偏将军。更始帝即位后，他先后担任廷尉、大将军，受封知命侯。更始帝迁都长安后，他被任命为代理南阳太守。这次晋封邓王，赐姓为刘。

封申屠建为平氏王。申屠建是荆州人，绿林起义军将领之一。初为绣衣御史，力挺刘玄称帝，在刘玄大会将吏时，曾向刘玄献上玉玦，示意杀死刘縯。后来申屠建率领一支三千人的起义军进入武关。平定长安后，他迎接更始帝迁都长安。

封陈牧为阴平王。陈牧是平林人。地皇三年（公元 22 年）与廖湛等在平林起兵，后合兵于绿林军。

封廖湛为穰王。廖湛也是平林人。其经历与陈牧相同。

封张卬为淮阳王。张卬系关东人，早年参加绿林军。绿林军分兵出山后，他与王常、成丹一起带领下江兵与王莽政权进行武装斗争，后与刘縯、刘秀统领的春陵兵联合，在棘阳大破莽军。张卬积极拥立刘玄为帝。刘玄称帝后，任命张印为卫尉大将军。这次又为他晋爵。

封胡殷为随王。王匡、王凤在绿林山被饥民公推为“渠帅”时，胡殷被任命为偏将军。

封李通为四平王。李通最早鼓动刘秀起兵。刘玄称帝后，任命李通为柱国大将军、辅汉侯。他跟随刘玄到长安后，晋升为大将军，封西平王。

封李轶为舞阴王。李轶是李通的堂弟，早年跟从刘缜、刘秀起兵于舂陵。后来李轶抛弃了刘缜、刘秀，归附朱鲔等绿林军将领。刘玄称帝后，任命他为五威将军。他与朱鲔一起拱火刘玄杀害了大司徒刘缜。

封成丹为襄邑王。当年王匡、王凤领导流民在绿林山起义时，亡命江湖的成丹闻讯投奔绿林军，并成为将领之一。绿林山暴发瘟疫后，王常、成丹等率领下江兵西入南郡一带。他们与莽军在上唐（今湖北随州市曾都区）展开大战，取得了胜利，缴获了大批莽军辎重，后乘势北上进驻宜秋。后来，舂陵兵、新市兵、平林兵被甄阜、梁丘赐率领的官军围困在棘阳，情况十分危急。成丹等率领下江兵赶到棘阳，与新市兵、平林兵、舂陵兵会合，打败了莽军。刘玄称帝后，成丹被封为水衡大将军，这次又得以晋爵。

封宗佻为颍阴王。莽军围攻昆阳城时，宗佻随刘秀外出搬兵，引来援军，为赢得昆阳之战做出了贡献。这次更始帝任命宗佻为骠骑大将军，封颍阴王。

封尹尊为郾王。尹尊是河东平阳（今山西临汾市）人，出身于官宦世家。其祖父尹翁归初为狱吏，后来升迁为督邮、东海太守、右扶风。因尹翁归为官清廉，政绩突出，汉宣帝赏赐其家人祭祀钱黄金百斤。后来他的三个儿子都当了郡太守，其中少子，也即尹尊的父亲尹岑，位列“九卿”，官至后将军。尹尊初为绿林军车骑大将军，这次被封为郾王。

更始帝刘玄一口气封了十四位异姓王，由于朱鲔不接受封王，实际上是封了十三位异姓王。鉴于朱鲔的高尚情怀，刘玄任命他为左大司马。刘玄又命刘赐为前大司马，朱鲔、刘赐与李轶等共同安抚函谷关以东地区；又让李通镇守荆州，王常代理南阳太守；还任命李松为丞相，赵萌为右大司马，由他们二人负责朝廷的日常工作。此外，刘玄还赐封了一批关内侯，任命了一些中郎将、骑都尉。

更始帝封官拜爵过多、过滥，从长安人编的顺口溜可以看出：“灶下养，中郎将；烂羊胃，骑都尉；烂羊头，关内侯。”

针对这次封官拜爵中存在的问题和弊端，军帅将军李淑上疏劝谏：陛下创业，虽然是利用下江兵和平林兵的势力，但这只是临时措施，不能把它照搬到执政时期，尤其是公卿大臣都是戎武出身，尚书等官员都是庸才，当个小亭长、抓个盗贼也许能行，岂能让他们治理国家呢？在用人上要任人唯贤、爵授大功、官拜有能。现在，陛下把尊贵的爵位和官位给了一些不应该给的人，那就犹如上树去抓鱼、登山去采珠。四海之人看到这种情况，定会有人暗中窥伺汉朝的皇位。应该说，李淑的观点和建议是正确的，可是，刘玄龙颜大怒，将李淑关进了监狱。

由于更始帝刘玄不知道如何处理朝政，朝廷内外的官吏和将领都放了羊。因此，关中地区又出现了离心离德、混乱不堪的局面，一些地方还发生了新的叛乱。

迁都长安的更始帝刘玄娶了右大司马赵萌的女儿，于是，他把朝中的大小事情都推给老丈人赵萌去处理，自己整天在后宫里与年轻漂亮的赵氏缠绵。臣属们向他请示汇报工作，刘玄不是醉酒就是睡不醒，有时不得已，就命侍中坐在幕帐之内与臣属对话。赵萌代刘玄处理政务，独断专行，为所欲为，引起了群臣的不满。有郎官向刘玄反映赵萌的放纵行为，刘玄为庇护老丈人，就把那个郎官杀了。从此，再也没有人敢说赵萌的不是了，赵萌更加无法无天，窃时肆暴。（据《资治通鉴》第三九卷，《后汉书·宗室四王三侯列传》《后汉书·刘玄刘盆子列传》）

二、赤眉军推刘盆子为皇帝，收降更始帝刘玄

天凤元年（公元 14 年）夏初，天降冷霜，冻死草木，沿海地区尤为严重；又发生了强台风，树木被连根拔起，老百姓房屋顶上的瓦片被刮走，还降下了冰雹，砸死了许多家畜，严重毁坏了田野里的庄稼。受自然灾害的影响，琅邪郡一带，农业生产受到重创，农民生活非常困苦。在这种情况下，王莽政权依然横征暴敛，老百姓生活在水深火热之中。

（一）吕母率领的海曲抗莽起义

在琅邪郡海曲县（今山东日照市），有一位寡妇，人称吕母，

与独子吕育相依为命，经营吕育父亲留下来的家业。后来，吕育被征聘为该县负责巡查缉捕盗贼工作的游徼。这一年，县宰命令吕育去抓捕那些缴不上赋税的穷苦百姓，但吕育宁死不从，于是县宰就将他定罪诛杀。丈夫早就死了，现在又失去了儿子，吕母非常悲愤，她谋划要为儿子报仇雪恨。吕母开了一个小酒铺，并购置了刀、剑等武器。当有年轻人来买酒而没钱付账时，吕母就赊给他；如果他们生活中有困难，吕母还借给他们粮食等。那些得了吕母好处的人，经常询问吕母是否需要帮忙。有一次，吕母说：如果你们有空余的话，就把奎山脚下的那条小河沟疏通一下吧！吕母还告诉他们，要把挖出来的土堆到一块儿！大家听了吕母的话，就把小河沟加宽挖深，并把河泥堆到一起，筑成一个大土台子，称为“崮子”，这就是后来吕母起义时所用的点将台。那条疏通改造后的河道被称为“崮河”，崮河通往黄海，是吕母乘船撤退到海上的水道。几年之后，吕母将家产散尽。那些受到吕母照顾的贫苦农民在中秋时节聚集在一起，并凑了部分钱财，去偿还吕母从前借给他们的东西或赊酒钱。吕母坚决不收，她哭着说：我之所以多次救助你们，并不是为了求利发财，只是因为县宰处事不公，枉杀了我儿子。我想为吕育报仇，诸位能助我一臂之力吗？那些贫苦农民本来就对官府的横征暴敛非常痛恨，大家都愤怒地表示杀了县宰，为吕育报仇。经过一番策划，吕母很快拉起一支数百人的队伍。他们抗捐抗税，与官府斗争，有时乘船顺着崮河逃入黄海的一些岛屿，一有机会就上岸袭击官兵。当时，由于连年发生旱灾蝗灾，庄稼歉收，再加上税赋沉重，大量农民流离失所，他们大都靠吃树皮充饥，导致很多人被饿死。一些穷苦百姓在忍无可忍的情况下，纷纷加入吕母的起义军。不久，起义军规模达到数千人。

经过三年的精心准备，天凤四年（公元 17 年），吕母登上“崮子”祭天，自称女将军，点兵遣将，并亲率三千名勇士，浩浩荡荡地开进海曲县城，冲进县府与官兵展开激战，活捉县宰。县府的一些官吏跪在地上，请求吕母饶县宰一命，吕母义正词严地说：我儿子犯了一点儿小错，本来不该处死，但被县宰所杀。杀人者应该偿命，又何必求情呢？于是将县宰当众问斩，并拿他的首级到吕育坟前祭奠，而后带领起义军乘船躲避到黄海岛屿。从此，吕母声威大震。消息传到琅邪郡府，郡太守发兵海曲。在大兵逼近之下，吕母指挥一部分起义军乘船顺崮河南撤，另一部分沿着崮河两岸步行撤离。他们一起逃到海岛上聚居，在那里开荒种地，下海捕鱼，艰苦度日。附近地区的农民，由于不堪忍受官府的残酷剥削和压迫，纷纷投奔吕母的起义军。一年之内，起义军发展到一万多人，他们时而在陆地，时而在海上，只要有机会，就上岸攻打官兵，沉重地打击了王莽政权在地方的黑暗统治。（据《资治通鉴》第三七卷，《后汉书·刘玄刘盆子列传》）

（二）樊崇在莒城发动起义，在同莽军的斗争中不断壮大

樊崇，字细君，琅邪郡人。他出身于贫苦农民家庭，是一位朴实、厚道、讲义气的庄稼汉。樊崇身材高大，好抱打不平，在贫苦百姓中颇有威信。在王莽统治后期，赋税徭役沉重，自然灾害频发，加之贪官污吏敲诈勒索，樊崇在家乡实在活不下去了，便跑到

莒城（今山东日照市莒县）打工混饭吃。可是，这里的官吏依然残酷凶暴。在绿林军起义、吕母起义的影响下，樊崇在莒城聚集起一百多名穷哥们发动了起义。不久，他们转战到泰山一带打游击，樊崇自称“三老”（古代掌教化的乡官）。因樊崇没有文化，不懂得上层官僚体制，所以就以自己所熟悉的基层官名为自己封了官。当时，青州、徐州正在闹灾荒，农民起义蜂起，不少起义队伍认为，樊崇不仅英勇，而且还很讲义气，于是率领部众争相归附于他。没多久，樊崇的起义队伍发展到一万多人。吕母病故后，她的部众从海岛重返陆地，其中大部分人投奔了樊崇领导的起义军。樊崇的同乡人逄安、徐宣、谢禄、杨音等先后在不同地区起兵，而后带领部众归服樊崇，樊崇的起义军很快发展到几万人。樊崇带领这支武装力量进攻莒城，但没有攻下，他们便转攻琅邪郡姑幕县，在这里攻击王莽的探汤侯田况。樊崇的起义军斩杀田况部众万余人，缴获大量粮食、马匹等。待粮食吃完之后，起义军又在青州一带抢掠。后来又回到泰山，留屯在南城（今山东临沂市平邑县之南三十五公里）。

起义军的行动引起了王莽的高度重视。地皇二年（公元21年），王莽派遣太师羲仲景尚和更始将军护军王党调动郡国的官军去镇压起义军，“皆不能克”。次年春，樊崇的起义军打败并杀死了景尚。樊崇汲取景尚治军不严，恣意侵扰百姓，为百姓所痛恨的教训，制定了军纪规章，他们约定“杀人者死，伤人者偿创”。同时，樊崇还建立起内部组织架构，其中最尊贵的职务是“三老”，其次是“从事”，再次是“卒史”。这些都是农民群众比较熟悉的汉朝乡官的名称。

景尚被樊崇的起义军杀死的消息传到长安后，王莽于当年夏派遣太师王匡和更始将军、大司马廉丹率领十万莽军东征讨伐。

太师王匡和更始将军廉丹率领的十万大军在从长安开往青、徐二州的途中，士卒走一路、抢一路。老百姓对莽军强盗般的恶行非常愤恨，他们编了一首歌谣：“宁逢赤眉，不逢太师！太师尚可，更始杀我！”真实地反映了人民群众对赤眉军的拥护和对莽军的愤恨。樊崇获悉王莽大军来袭的消息后，率部在成昌县（今山东泰安市东平县境内）迎战。因担心在与莽军混战中难以辨别敌我，他要求起义军将士都用朱砂将双眉涂抹成赤色。从此，这支起义军就有了自己的称号——“赤眉军”。

王匡、廉丹率领莽军离开长安三个多月了，可是王莽始终没有得到他们与樊崇开战的消息。他很着急，于是下发诏书批评廉丹说：仓库粮食已尽，国库财务已空，真该出战了。廉将军深受朝廷托付的重任，如果不捐躯于荒野，就无法报答朝廷的厚恩，也无法尽到作为一名将军所肩负的重大责任。廉丹在东郡定陶（今山东菏泽市定陶区）收到了王莽的诏书，他明白王莽的意思，那就是消灭不了赤眉军，你就别活着回来。廉丹十分恐慌，他把属官冯衍叫来，想听听冯衍的意见。

冯衍，字敬通，京兆杜陵人，与廉丹是同乡。冯衍的先祖是西汉后期名臣冯野王。冯衍少有奇才，九岁时就能诵读《诗经》，二十岁时已成为博通群书的学者了。王莽当政时，不少有权势的人推荐他做官，冯衍均未应从。这次王莽命令太师王匡、更始将军廉丹率军东征青州和徐州的赤眉军，冯衍以属官的身份从征。但是，冯衍从征的目的并非为王莽贡献智慧和力量，相反，他想利用这次机会来瓦解莽军。当廉丹把王皇帝发来的诏书递给冯衍阅读时，冯衍趁机劝谏他：作为老乡，我为将军您考虑，应该把军队屯驻到一个大郡，镇服吏士，砥砺其节，招纳英雄豪杰，询问忠智之计，兴社稷之利，除万民之害，则福禄流于无穷，功业永垂青史。您的军队何必全都毁灭在荒野之中，功败名丧，耻及先祖呢！可是，廉丹拒绝了冯衍的建议，他不肯背叛王皇帝。冯衍无奈，只身逃往河东（今山西西南部）。

廉丹虽然被王皇帝施压，但他并没有着急去找樊崇作战，因为自己是主将之一，而且王莽的侄子王匡排在自己前面，只要王匡不主动提出与樊崇交战，他就一直等下去。而王匡自从东伐以来，光顾着吃喝玩乐了。就这样，一直拖到了冬季。

当时，东平一带遭遇了水灾，老百姓的田地房屋尽毁，饿殍遍野，以索卢恢为首的老百姓发动了进攻县衙的起义。索卢恢为人慷慨，仗义疏财，在当地颇有威望。他带领三四百人的队伍，攻进无盐县，杀死了县宰，打开粮仓，救济灾民。王匡和廉丹获知无盐县叛乱的消息后，便率领莽军到达东平境内，把无盐县包围起来，斩杀一万多人。王皇帝获此消息后非常高兴，立即派遣中郎将拿着诏书，去慰问王匡和廉丹，晋封二人为公，还赐封其他有功将领十多人。

无盐县起义军首领索卢恢派人联系樊崇，樊崇立即率领数万人前来支援，将莽军打败。当时，赤眉军别部校尉董宪等人率领一支几万人的军队驻扎在梁郡（今河南商丘市一带）。王匡打算率领莽军去攻打董宪，而廉丹认为刚在无盐县打了一仗，士卒疲劳，应该让大家休整一下，恢复体力之后再去讨伐董宪。王匡与廉丹意见不一致，加上王匡年少气盛，又有皇族身份，对资格较老的廉丹也不尊重。他见廉丹不愿出兵打仗，便拉起队伍就走。在成昌，王匡与赤眉军交手了，结果吃了败仗。他甩给廉丹一个烂摊子，自己便率领部分兵马逃跑了。廉丹让手下的军官拿着自己的印信、绶带和符节追上王匡，把印绶交给他，并转述廉丹的话："小儿可走，吾不可。"廉丹想到王皇帝给自己下的诏书："将军受国重任，不捐身于中野，无以报恩塞责！"只好硬着头皮跟赤眉军拼命。最终，莽军上万名士卒阵亡，更始将军廉丹也命丧疆场，真的"捐身于中野"了。此战赤眉军大获全胜，史称"成昌大捷"。

王皇帝获悉廉丹阵亡，在表示悲伤的同时，责备他不听从自己的命令。王莽下发文告说：想起廉丹拥有大量经过反复挑选的精兵、各个州郡的好马、仓储里的粮食、国库的金钱，可是他却没有按照我在诏书里下达的指示去做，擅自出战，被乱刀杀死，可悲啊！赐给他"果公"的谥号。王莽的意思是说，我对你廉丹够支持的了，而你却不听我的命令，导致失败。但对自己的侄子王匡盲目出战和中途逃跑之事，王莽却只字未提。在这种情况下，谁还肯为王皇帝卖命呢?

当然，愿意为王皇帝卖命的人还是有的，比如当年因制造符命铜匮而由太学生提拔为国将的哀章。哀章自告奋勇，向王皇帝请求去平定崤山以东地区的"盗贼"。于是，王莽派遣哀章赶往东方，顶替阵亡的廉丹。然而，赤眉军常常是几万人进攻城邑，杀死新朝地方官员，太师王匡和国将哀章多次与其交战，皆不能取胜。

王莽再也无计可施，便于地皇四年（公元23年）春下发诏书，对起义军进行恐吓。他在诏书中说：太师王匡、国将哀章、司命孔仁、兖州牧寿良、卒正王闳和扬州牧李圣，迅速集结各州郡的士卒共三十万人，围剿追捕青州、徐州地区的“盗贼”；纳言将军严尤、秩宗将军陈茂、车骑将军王巡和左队大夫王吴，立即集结所属各州郡士卒共十万人，围剿追捕前队即南阳郡的“盗贼”；要清楚明白地向“盗贼”宣告来降者不杀，守约不变，如果仍执迷不悟，不自行解散，将遣大司空、隆新公王邑率领百万之师，剿灭杀绝之。

王皇帝派遣“七公干士”隗嚣等七十二人分多路去下达此令。可是此时此刻，他再也恐吓不住任何人，即使王皇帝遣使送令的隗嚣等人，一出京城便都逃之夭夭。

此时正值刘秀等率领起义军攻下郾城、定陵等县，刘缜包围宛城进逼颍川，刘玄已经称帝之际，王莽感到南方的“盗贼”更为可怕，于是立即调整战略部署，集中全国的战略资源，去攻击南方的起义军。王皇帝丢下北方的赤眉军而不顾，急调太师王匡、国将哀章率军南下，守卫洛阳。更始帝刘玄派遣定国上公王匡率军进攻洛阳。

莽军太师王匡、国将哀章撤出青州和徐州之后，解除了赤眉军的压力，他们趁机攻城略地，很快发展到三十万人。樊崇率领赤眉大军乘势南下，先后攻破了王莽所控制的彭城、沛郡、汝南郡、陈留郡等地，接着，又东进拿下了鲁城，回过头来攻占了东郡濮阳县。经过几年的奋战，赤眉军基本上消灭了王莽在今华东、中原地区的主力部队，为推翻王莽政权作出了重大贡献。

更始元年（公元23年）秋，定国上公王匡攻下了洛阳，刘玄迁都洛阳。

刘玄听说赤眉军首领樊崇等人驻扎在濮阳，便派出使者到濮阳劝说樊崇归降。樊崇等人听说汉室复兴，非常高兴，于是随刘玄的使者前往洛阳，与更始政权商谈归降事宜。但更始政权缺乏全局意识和战略观念，生怕樊崇等人分走他们“盘子里的蛋糕”，所以没有给赤眉军将领安排任何职务，只是给樊崇等几人封了一个关内侯的爵位。樊崇等人对此非常不满，又听说自己留守濮阳的部众有人开始叛离，于是带领众人离开洛阳，返回濮阳。就这样，更始政权失去了与赤眉军联合的机会。（据《汉书·王莽传》《后汉书·桓谭冯衍列传》《后汉书·刘玄刘盆子列传》，《资治通鉴》第三八、三九卷）

（三）赤眉军通过抽签方式选十五岁的刘盆子为帝

樊崇本打算归降更始帝，但没有得到相应的礼遇，所以带着一肚子怨气返回濮阳。更始二年（公元24年）冬，樊崇率领三十万赤眉军进入颍川郡，后赤眉军分成两部：一部由樊崇和逄安统领，另一部由徐宣、谢禄和杨音统领。樊崇和逄安所统领的赤眉军，攻占了颍川郡长社县（今河南长葛市境内），南击宛县，斩杀了宛县县令；徐宣、谢禄所统领的赤眉军，攻占了颍川郡阳翟县，后引军到达了河南郡梁县（今河南汝州市汝水南岸），击杀了河南太守。

赤眉军以青州、兖州兵居多，一直跟随樊崇在家门口打仗，大都没有出过远门，虽多次打胜仗，但仍有不少士卒疲敝厌战，想打回老家去。樊崇与几位将领商量后一致认为，如果领兵东归，很可能士兵一到家门口就一哄而散了，届时再聚集起来就不容易，因此，不如西征攻击长安。于是，樊崇、逄安率领部分士兵从武关出发，徐宣等率领部分士兵从陆浑关（今河南洛阳市嵩县境内）出发，分两路向长安进军。刘玄获知赤眉军正向长安进发的消息后，命令泚阳王王匡、襄邑王成丹和抗威将军刘均等人，分别驻防在安邑县的河东郡（今山西运城市夏县西北）和弘农郡（今河南灵宝市境内），准备在这两个地方阻击赤眉军。但赤眉军队伍庞大，人数众多，而王匡、成丹和刘均率领的军队人数少、实力弱，他们未能阻止住赤眉军西进的步伐。樊崇与徐宣率领的赤眉军会师于弘农郡，驻扎在今河南灵宝市西南的枯枞山脚下。

更始帝刘玄被浩浩荡荡、来势凶猛的赤眉军吓破了胆，他派出讨难将军苏茂进入弘农郡境内去拦截赤眉军。

苏茂，陈留人。早年参加绿林军，刘玄称帝后被封为讨难将军。更始三年（公元 25 年）正月，方望、弓林在位于今甘肃庆阳市镇原县境内的临泾，拥立安定公刘婴（孺子婴）为帝，与刘玄争夺汉朝正统。苏茂与李松奉命前去讨伐，大破之，将方望、弓林、刘婴全部斩杀。

苏茂得胜回朝之后，被刘玄派往弘农郡阻击赤眉军，结果被赤眉军打败，死伤千余人。苏茂率军欲退回长安，又被赤眉军切断了退路，无奈之下，苏茂带领残部东逃洛阳，投奔驻守在那里的大司马朱鲔。

赤眉军打败苏茂之后，进行了集结整编，将一万人分为一个营，共分三十个营。为阻止赤眉军进入长安，更始帝刘玄又派丞相李松率军与赤眉军展开大战，但李松统领的军队也被赤眉军打败。李松失败后，逃回长安。赤眉军在樊崇等人的率领下继续朝长安方向挺进。

赤眉军到达华阴县后，军中有齐巫击鼓跳舞，以祭祀城阳景王，以求福祉。城阳景王名叫刘章，他的父亲刘肥是汉高祖刘邦的庶长子，汉惠帝刘盈的异母哥哥。公元前 201 年，刘邦封自己做平民时与同居的女人所生的儿子刘肥为齐王，把临淄郡（今山东淄博市临淄城北）、博阳郡（今山东泰安市东南）、胶东郡（今山东平度市东南三十公里）、胶西郡（今山东高密市西南二十公里）、城阳郡（今山东日照市莒县）等共七十三个县，以及会讲齐国话的人“皆与齐”，并在临淄建都。齐国成为西汉前期最大的诸侯国。后来，刘章在平定诸吕之乱中因“功尤大”，朝廷赏赐他黄金千斤，并加封食邑二千民户。公元前 178 年，朱虚侯刘章被晋封为城阳王。次年，刘章去世，谥号为“景”。刘章死后，琅邪、青州六郡及渤海都邑，乡亭聚落，皆立祠祭祀，可见其在齐鲁一带影响广泛且深远。所以，赤眉军中的齐巫经常拿城阳景王“说事”。

齐巫对赤眉军的一些将领说：景王发怒了，他说“当为县官，何故为贼？”景王还说，谁嘲笑巫师谁就会得病。齐巫的话迅速在军中传播开来，将士们为之惊恐。这时，樊崇的部将、谋士方阳（隗嚣手下的军师方望之弟），因怨恨更始帝杀死了他的哥哥方望，想劝说樊崇拥立一名刘氏宗室的人为帝，以此来压制更始帝刘玄。方阳给樊崇说：更始帝昏庸，政令混乱，故使将军走到这一步。现在将军拥有百万之众，向西挺进则是帝王的都城，队伍却没有称号，被人称为“盗贼”，这样不可能长期维持下去，不如拥立一位刘氏皇帝，以天子的名义号令天下，征战讨伐，看谁敢不服！樊崇认为方阳的话很有道理。樊崇率军抵达京兆尹郑县（今陕西渭南市华县境内）后，便与将领们达成一致意见：现在赤眉军已逼近长安，应该寻求一位刘氏宗室的人，拥立他为皇帝。所以樊崇等人就在军中寻找城阳景王刘章的后代。他们一共找到刘章之后七十多人，其中刘茂、刘盆子和前西安侯刘孝三人的血统与城阳景王刘章最近。

樊崇对手下将领们说：听说古时候天子亲自领兵，称为上将军。于是，他们就用木简制作“符”，上面写上“上将军”三个字，又把两片未写字的木简也放在竹筒中。樊崇还让人在郑县北面修筑坛场，祭祀城阳景王刘章，军中“三老”、从事等聚会于此，共同见证“抽签遴选皇帝”。负责具体工作的官吏引导刘茂、刘孝、刘盆子三人居于台中，按长幼顺序抽签。时刘盆子十五岁，年纪最小，最后抽，却抽中了“符”。将领们全都跪下了，向这位昨天还在放牛的少年叩拜。刘盆子蓬头垢面，光着脚丫子，穿着破破烂烂的衣服，涨红了脸，浑身冒汗。他看见这么多将领都跪下了，吓得要哭出来。他的二哥刘茂对他说：把你刚才抽中的“符”一定要收好，千万别弄丢了！刘盆子却立即把木简放到嘴里咬断，扔掉了。

刘盆子，泰山郡式县（今山东泰山市宁阳县）人。他家世系西汉远支皇族。刘盆子的祖父刘宪在汉元帝时期被封为式侯。祖父去世后，父亲刘萌嗣位。王莽篡位后，刘萌被杀，封国去除，刘家子弟都成了式县平民。赤眉军经过式县时，劫持了刘萌的三个儿子刘恭、刘茂、刘盆子，让他们加入赤眉军。老大刘恭年少时学习过《尚书》，有一定的文化素养，曾随樊崇的小型使团到洛阳拜见更始帝，被更始帝封为式侯，并任命为侍中，留在身边工作。后来他又随更始帝到了长安。这样，兄弟三人中，老大跟从了更始帝刘玄，老二刘茂、老三刘盆子还在赤眉军做事，归右校卒史（为右校属下的小官吏）刘侠卿管辖，负责割草、喂牛等工作，号称“牛吏”。

樊崇等人以刘盆子“皇帝”的名义任命徐宣为“丞相”，樊崇因不识字被安排为“御史大夫”，谢禄为“右大司马”，逄安为“左大司马”，军中其他高层人物也都被任命为“卿”或“将军”。

刘盆子虽然做了皇帝，但他并没有皇帝意识，每天早晚还是向分管放牛工作的刘侠卿请安。刘侠卿很是惬意，他为刘盆子定制了大红色的衣服和红巾帻（汉代男子包裹鬓发、遮掩发髻的巾帕）、带花纹的鞋子，让他乘坐车轼前边有赤色的屏泥、车身围着红色帷屏的高车。可是，刘盆子还是像以前那样，时常到外面与牧童们一块儿玩耍。刘侠卿愤怒地制止他说，你现在是皇帝，不是放牛娃了，不能像过去那样疯跑了，要注意自己的形象，像个皇帝样子。至于什么才是皇帝样子，刘侠卿也说不清楚。樊崇等人开始时还经常去问候探视刘盆子皇帝，后来看到刘盆子这副模样，也就不理不问了。（据《后汉书·刘玄刘盆子列传》,《资治通鉴》第三九、四〇卷）

（三）赤眉军攻入长安，更始帝刘玄向赤眉军投降

赤眉军拥立刘盆子为皇帝后，樊崇等人继续率军向长安挺进，到达高陵（今陕西西安市高陵区）。此前，刘秀看到赤眉军进军长安，就预判长安必将为赤眉军所破。刘秀想乘机夺取关中，为下一步围攻在长安的赤眉军作好准备。于是，他任命邓禹为前将军，率领精兵二万人西进。

邓禹，字仲华，南阳新野人。他少时聪慧，十三岁时已饱读诗书，稍大一点就去长安求学。当时刘秀也在太学读书，邓禹虽年少，但他见到刘秀，便认为此兄非同常人，便主动与他亲近，两人关系不错。数年后，邓禹回到家中。汉兵兴起后，当地豪杰荐举邓禹到刘玄手下为官，邓禹不肯答应。后来他听说刘秀正在河北镇抚州郡，于是驱马北渡黄河，追到邺县，跟从了刘秀。他劝说刘秀以河北为根据地，广揽民心，待机而发，夺得天下，深得刘秀信任。后来邓禹奉命率军镇压铜马起义军，屡建战功。更始三年（公元25年）春，邓禹领受西进任务后，便率领二万精兵翻越太行山进取河东。邓禹与河东都尉激战十日，大破守军，夺获军资粮秣一千多车。而后他率军围攻安邑县，但数月未能攻克。此时，更始大将军樊参率军数万人到达河东郡大阳县（今山西运城市平陆县西南三门峡水库区），欲攻邓禹。邓禹派手下诸将迎战，大破樊军，并斩杀了樊参。绿林军元老、定国上公、泚阳王王匡，水衡大将军、襄邑王成丹，抗威将军刘均等率领十万大军，与正在西进的邓禹交战，结果被邓禹打败，王匡等弃军而逃。邓禹率轻骑急追，俘获了

抗威将军刘均及河东太守杨宝等，并将其斩杀，占据了河东。随后，邓禹又乘胜攻破汾阴城（今山西运城市万荣县荣河镇），渡河进入夏阳城（今陕西渭南韩城市境内）。更始政权的中郎将、左辅都尉公乘歙率领部众十万人，与左冯翊地方武装联合起来，将邓禹军拒于衙县（今陕西渭南市白水县境内），但被邓禹军击败。

邓禹的军队逼近长安，而樊崇的赤眉军也到了长安城下。无论是赤眉军还是邓禹军，他们进入长安都不是向更始帝进贡的。面对樊崇和邓禹两路大军的夹攻之势，更始帝手下的将领们不得不考虑自己的“后路”问题。淮阳王张印同几位将领说：赤眉军早晚都会入城，我们都成了秋后的蚂蚱。与其坐地等死，还不如出宫抢掠。抢了长安城，再往东跑，逃回南阳，再去闯荡江湖。因为大家都有这种想法，所以一拍即合。于是，他们一同去见更始帝，请求他批准将领们的抢掠计划。

但此时的更始帝经过一段时间的工作实践锻炼，比以前成熟多了，他不再怯场，甚至敢于杀人了。刘玄听完张印等人的请求之后大怒，他瞪着眼，一言不发。将领们谁也不敢再说一句话。

为抵御赤眉军，刘玄命令沘阳王王匡、阴平王陈牧、襄邑王成丹、右大司马赵萌驻守新丰县，丞相李松屯兵在新丰县附近的掫城，以抵御和迎战来犯的赤眉军。但淮阳王张印、穰王廖湛、随王胡殷、平氏王申屠建与右将军、御史大夫隗嚣一起合谋，准备立秋祭祀宗庙那天劫持刘玄东归，以实施他们的既定计划。

看到这里，可能有人会问：隗嚣不是在刘歆死后跑回老家，被割据势力拥立为“上将军”，当了军阀吗，什么时候又成更始帝的右将军、御史大夫了呢？原来，更始帝迁都长安之后，便派遣使者征召隗嚣以及他的叔叔隗崔和哥哥隗义等人。隗嚣打算前往，但他的军师方望认为刘玄的成败还不可预料。但隗嚣没有听从方望的劝说。隗嚣等人到达长安后，刘玄任命隗嚣为右将军。后来赤眉军入关，“三辅”混乱。传言说刘秀在黄河以北称帝，隗嚣劝说刘玄把皇权移交给刘秀的叔父刘良，刘玄不从。隗崔、隗义合谋反叛更始帝，隗嚣因害怕祸及自己，便把此事告诉了更始帝，于是刘玄将隗崔、隗义斩杀。更始帝认为右将军隗嚣忠心耿耿，于是又提拔他担任了御史大夫。

张卬、廖湛、胡殷、申屠建与隗嚣密谋劫持更始帝东归的事儿，被更始帝知道了。立秋那天，刘玄以病为由拒绝出门，劫持刘玄东归的事儿泡汤了。作为皇帝，刘玄不会坐等被劫持，他开始了反攻。刘玄以召见张卬等人进宫为名，打算将他们一网打尽。当时，只有隗嚣自称有病没有进宫，他还安排宾客王遵、周宗等带领部分士兵埋伏在家宅之中，以应对突发事变。刘玄原想“一锅煮”，却发现有人还没有到场，正在犹豫不决时，已经到场的张卬、廖湛、胡殷一看阵势不对，立即冲出宫去。申屠建反应迟钝，被刘玄杀了。随即，刘玄命令职掌京师治安的执金吾率兵包围了隗嚣的宅第。由于事先有防备，隗嚣在其部将王遵、周宗等人的掩护下，突破执金吾的包围，一口气逃回故地，重拾旧业做起了军阀。

张卬、廖湛、胡殷冲出宫门后，迅速调来自己的士卒。他们烧毁宫门，冲进皇宫，刘玄单人匹马逃出皇宫，去投奔正在新丰屯兵驻守的老丈人赵萌。刘玄反复琢磨，认为洮阳王王匡、阴平王陈牧、襄邑王成丹与淮阳王张卬等都是一伙的，于是，他召见他们。陈牧、成丹先到，被刘玄立即斩杀。泚阳王王匡在半路上听到陈牧、成丹被斩杀的消息，不敢再去见刘玄，于是率军返回长安，与淮阳王张卬等人会合，商量下一步对策。他们商定，各自率军在高陵迎接赤眉军，向樊崇投降。王匡、张卬向赤眉军投降后，樊崇则安排他们二人各自率领原来的人马与赤眉军一道去攻击长安东都门。此时，更始帝刘玄又从新丰跑回长安，他命令丞相李松率领士卒到东都门抵抗赤眉军。交战中，赤眉军生擒了李松。李松的弟弟城门校尉李况正在固守城门，当他得知哥哥李松被赤眉军活捉后，立即打开了城门，把赤眉军放了进来。赤眉军进入长安城后，刘玄趁乱从厨城门（汉长安城北面有三个门，从西向东依次是横城门、厨城门和洛城门）逃出长安，逃到渭水河畔。

此前，被刘玄任命为侍中的刘恭获知弟弟刘盆子被赤眉军拥立为“皇帝”的消息后，第一时间就把自己捆绑起来，自投诏狱。当刘恭听说刘玄已经逃出长安之后，就从监狱里跑了出来。他出狱后就去找同样具有宗室血统的定陶王刘祉，后两人一起到渭水河畔追随刘玄。此时，掌郡兵及治安稽查的右扶风都尉严本担心赤眉军杀害刘玄，便忠心耿耿地护卫着刘玄到达高陵，并日夜保卫刘玄。刘玄手下的文臣武将，除了严本和儒生出身的左丞相曹竟，其他人或降或逃。在这种境况下，定陶王刘祉和刘恭来追随刘玄。

更始三年（公元 25 年）农历十月，赤眉军将领胁迫“皇帝”刘盆子颁发诏书：刘玄如果投降，就封其为长沙王；二十天之后不再受理。在走投无路的情况下，刘玄打算向刘盆子俯首称臣。考虑到刘恭是刘盆子的兄长，刘玄便派遣刘恭代表自己前去请降。经过沟通，赤眉军派出右大司马谢禄去刘玄的居住地迎接他归降。于是，更始帝刘玄跟着谢禄来到刘盆子居地。两个姓刘的“皇帝”见面之后，刘玄向刘盆子呈上了自己的玉玺、绶带，赤眉军将领们让刘玄坐在大厅的中央。刘恭、谢禄替刘玄求情，但未被采纳。赤眉军的将领们把刘玄拉出去，打算杀他。刘盆子的哥哥刘恭一面追，一面大声喊：陛下，我已经尽了最大努力了，请让我先死！说完，刘恭拔出剑来就要自刎，樊崇等人急忙追上去，夺走了刘恭的剑。经刘恭这么一闹，赤眉军首领樊崇担心会闹出什么事来，于是赦免了刘玄，并封他为“畏威侯”。刘盆子的哥哥刘恭是个文化人，他知道“畏威侯”的含义，所以又替刘玄向樊崇求情，最终刘盆子将刘玄改封为“长沙王”。

刘玄投降之后，刘盆子进入长安，在永乐宫居住下来。他再也不用向刘侠卿请安，也不能同那帮放牛娃一起玩耍了。而赤眉军的那些将领们过得很“充实”：每天集会讨论谁的功劳大、谁的功劳小，有时争得面红耳赤，甚至拔剑击柱，无法达成一致意见。“三辅”地区的郡县长官知道皇宫里又换了新主，于是各自派出使者呈献贡品。士兵们见到地方官员来进贡，便一哄而上，把贡品都抢走了。同时，官兵在城中屡屡掳掠，暴虐官吏和百姓，使长安城中的老百姓纷纷逃到城外。腊祭那天，樊崇等设乐举行大会，刘盆子坐在正殿，秩比三百石的中黄门带兵站在其后面，公卿都列坐于殿上，酒还没有开饮，就有人身挎战刀、手持笔墨，写了名帖准备庆贺，而不会写字的人都站起来请人代写，场面混乱不堪。大司农杨音按剑骂道：各位公卿都这样没素质！今天设君臣之礼，反而更加混乱，小孩子做游戏也不会乱成这样，都该诛杀！士兵们听说殿堂里面正在举行酒宴，便闯进宫殿抢食酒肉，争吵打斗，甚至动刀伤人。卫尉诸葛稚听到消息，立即带兵而入，击杀百余人，场面才安定下来。刘盆子惊惶恐惧，日夜哭泣，便与中黄门同起同卧，只能上观阁而不闻外面事。

皇宫外面的赤眉军更是无法无天，抢掠奸淫，无恶不作。京城和“三辅”地区的老百姓对“赤眉暴虐”非常愤恨，他们“皆怜更始”，想把刘玄从赤眉军里救出来，让他继续统领天下。被更始帝封为淮阳王的张卬听说这一消息后深感忧虑，他担心如果刘玄又成了皇帝，那么首先斩首的就是他这个叛徒。因此，张卬给谢禄下令，将刘玄勒死。

刘秀听说长沙王刘玄被人杀害后，命令攻入关中的前将军邓禹将其安葬在霸陵。

就这样，更始政权和绿林军彻底覆灭了。同时，刘秀与赤眉军的斗争也拉开了序幕。

刘盆子之兄刘恭见赤眉军乱得不成样子，知道他们必败无疑，害怕哥仨惨遭横祸，于是嘱咐弟弟刘盆子交出玉玺、绶带，辞去皇帝职务，并教给他谦让、推辞的话。建武二年（公元 26 年）农历正月初一朝会时，刘恭对大家说：各位将领拥立我三弟刘盆子做皇帝，恩德深厚，但他即位一年了，天下却一天比一天混乱。我的弟弟实在肩负不起大家的重托，希望能够让我的弟弟退位，让他做一个普通百姓，你们再求贤达智慧之人来做天子。樊崇等人道歉说：

这都是我们的不是！但刘恭坚持让弟弟退位。这时有人插话：这是你式侯所管的事吗？！刘恭害怕，起身离去。但刘盆子经过哥哥刘恭的私下教练，知道自己该怎么说、怎么做了。他走下宝座，解下绶带，叩头说：虽然立我为皇帝，可是大家还是像过去那样做强盗，吏民贡献的财物经常遭到抢劫，这种丑闻流传四方，吏民莫不怨恨，不再信任和向往我们。这全都是因为立皇帝立错了人的缘故，所以，恳请各位将军让我退位，为圣贤让路！如果一定要杀我来抵顶罪责，我也在所不辞。在此，我诚心地希望诸君能同情我、可怜我。樊崇等参加朝会的数百人听了刘盆子这番话，没有不哀怜的，于是全都离开座位，叩头说：这都是我们不好，从今以后再也不敢有放纵行为了！大家一起又把刘盆子拥上龙椅，并给他挂上绶带。朝会结束后，将领们走出厅堂，各自关紧营门，看管好属下官兵，不再让他们随便出营去祸害老百姓了。“三辅”地区的百姓称颂刘盆子皇帝聪明，长安的居民也争相返回京师，街市上的人们开始多了起来。

然而，好景不长，官兵们又跑出营门，照旧大肆抢劫，京城长安的老百姓恨透了“赤眉匪兵”。（据《后汉书·邓寇列传》《后汉书·刘玄刘盆子列传》,《资治通鉴》第四〇卷）

三、王莽的倒行逆施给了绿林军和赤眉军崛起的机会

绿林军、赤眉军的产生和发展，与王莽所营造的政治环境和政治气候密切相关。王莽在政治上的倒行逆施和一系列错误举措，给了绿林军和赤眉军崛起的机会。

（一）制作“威斗”震慑起义军，自诩可成仙升天

天凤四年（公元 17 年），绿林山起义军正在云集，吕母起义也在兴起，为了震慑和恐吓起义军，王莽去南郊铸造“威斗”，企图用它把农民起义“诅咒”下去。

“威斗”源自“炮烙”。“炮烙”是商朝末年商纣王发明的一种酷刑：用青铜铸造一根空心的圆柱，上面涂上油，下面点燃木炭，然后让所谓的“罪人”爬上油柱，如果爬不住，就掉在下面的炭火里，被活活烧死。王莽对“炮烙”进行了改造，命人用铜掺进五色石子，浇铸成形状像北斗的东西，名曰“威斗”。该“威斗”长二尺五寸，说它可以“辟邪震妖”，能威慑各地的“盗贼”。史载，“威斗”制成后，王莽视为珍宝，每次出行，都让司命（传说中掌管人的生命的神。新莽官名，掌军事）扛着它，行走在王莽车驾的前面。如果放在宫中，也必须有一位司命时刻站在“威斗”之侧。王莽走到哪里，就把“威斗”搬到哪里。

天凤六年（公元 19 年）春，受绿林军起义、吕母起义、樊崇起义的影响，全国许多地方发生了农民聚集造反事件，“莽见盗贼多”，便命令掌史书修撰和历法事宜的太史推算出往后三万六千年的日历，要求“六岁一改元，布天下”。他还下发诏书:《紫合图》说太一[①] 和黄帝都成为神仙而上天了，在昆仑山的虔山（传说中的山名，在昆仑山脉中）上演奏神仙乐曲。后代获得了祥瑞的英明帝

① 天神名，即天帝“太一”，汉朝所崇拜的主神。初由汉武帝祭祀，新朝时，王莽曾将天帝“太一”与“昊天上帝”两个神合二为一。但后来的皇帝还是将这两个神分开祭祀。

王，因此应当在秦地终南山上演奏神仙乐曲。我不聪明，没有自觉地遵行，到现在才懂得了。再把宁始将军称为更始将军（当时宁始将军为廉丹），是顺从符命的意思。《易经》不是说过吗？日日更新就是优秀的品德，在运动变化的过程中不断出现新生事物就叫作“易”。我会乐享这种幸福的！王莽在后期经常宣扬自己会像黄帝一样成仙升天，企图用这种办法来忽悠百姓、消除盗贼。（据《汉书·王莽传》，《资治通鉴》第二〇、二二、三八卷）

（二）大规模征兵征税，“博募有奇术，可以攻匈奴者”

在王莽统治的后期，内忧外患问题已非常严重。除了中原地区不同规模的农民起义如火如荼，西南地区的少数民族起义也是轰轰烈烈。辖境相当于今云南大部的益州郡少数民族僰人（古代中原华夏诸族对西南诸族的统称，今云贵高原及川渝南部地区各少数民族）首领若豆、栋蚕和孟迁等人，因不堪新莽政权官吏贪暴，于天凤元年（公元 14 年）组织西南少数民族起义，杀死了新朝任命的益州太守程隆；辖境相当于今四川凉山彝族自治州大部、乐山市和雅安市的西南部、攀枝花市，云南丽江市、楚雄彝族自治州的一部分地区的越嶲郡，发生了大牟部落叛变事件；治所在今云南文山壮族苗族自治州广南县境内的牂柯郡句町县、今云南丽江市永胜县境内的越嶲郡姑复县等地各族百姓纷纷起事。为此，王莽派遣平蛮将军冯茂攻打句町，因发生瘟疫，士兵死亡过半。冯茂和益州地方各级官府借口助军，大肆向老百姓征税，弄得益州百姓民穷财尽，但官军“虚耗而不克”。于是，王莽把冯茂调回来关入监狱，又派宁始将军廉丹与庸部牧史熊率军讨伐。王莽征调了天水郡和陇西郡的骑兵部队，以及蜀郡（今四川成都市）、巴郡（今四川重庆市）、广汉郡（今四川梓潼县）、犍为郡（今四川宜宾市叙州区）等地方士卒共十余万人，浩浩荡荡开进牂柯郡句町县进行镇压。王莽大军刚到达时，斩杀了起义军数千人，取得了初步胜利。但后来由于军粮供应不上，再加上闹瘟疫，士兵死亡惨重。于是，王莽又把廉丹、史熊召回京师。廉丹、史熊申辩不是他们无能，而是军需保障不到位。王莽听了二将的话之后，加大了税赋征收和后勤保障的力度，命令二将再返战场，并约定了完成任务的时限。廉丹、史熊回到战场之后，发现僰道县（今四川宜宾市）山险谷深，不易管理，于是就把老百姓迁徙到外地居住。后来，“吏士罹毒气死者什七”，即十分之七的士兵因遭遇毒气而死亡。此时，廉丹和史熊向王莽保证完成任务的期限将至，他们紧急征调周边郡县的壮丁，搜刮了百姓十分之四的钱粮，导致民怨沸腾。但廉丹和史熊“功终不遂”，以失败而告终。

天凤六年（公元 19 年），王莽召回廉丹等人，改派大司马护军郭兴、庸部牧李晕去攻打益州郡若豆等领导的起义军。

王莽还派出太傅、羲叔士孙喜去平定江湖“盗贼”。

天凤三年（公元 16 年），北方“匈奴寇边甚”，且又发生了姑墨、焉耆等国叛乱事件。王莽派出武威将军王骏和新任西域都护李崇等进入西域去做维稳工作。西域多国首领到郊外迎接新莽使团。王骏用莎车、龟兹等国军队去袭击焉耆国。由于焉耆事先设下伏兵，莎车、龟兹等国军队又临阵哗变倒戈，致使王骏及其所部全部被杀。“三边蛮夷愁扰尽反”，王莽感到压力山大。

在四面楚歌、八方受敌的严峻形势下，王莽大规模征集壮丁、家奴及死刑罪犯等，起名为“猪突豨勇”，作为精锐部队派往前线。王莽还广泛征集有奇巧技术的人，用来攻打匈奴。史书上记载了三个例子：第一个人说不用舟船桨楫就可以渡过江河，直接连接马匹，能够渡过百万大军。第二个人说军队不用携带一斗粮食，只要服用一种特殊药物，全军将士就可以做到不吃饭不饥饿。第三个人说他能让人像鸟一样飞行，一天可飞行一千里，可以去侦察匈奴。于是，王莽就让那个会飞行的人进行飞行试验，结果“飞数百步堕”。

王莽还把黄帝搬出来恐吓起义军。他下发诏书说：我伟大的皇初祖考黄帝平定天下，统领千军万马，他亲自担任上将军，竖起华丽的车盖，立起北斗形的震物，在大本营设置大将，营外军队设置大司马五人、大将军二十五人、偏将军一百二十五人、裨将军一千二百五十人、校尉一万二千五百人、司马三万七千五百人、军侯十一万二千五百人、百长二十二万五千人、士吏四十五万人、战士一千三百五十万人，应合《易经》所说的“孤矢之利，以威天下”。我接受符命的文告，取法古人，打算逐步设置起来。诏书下发后，王莽在中央设置了前大司马、后大司马、左大司马、右大司马、中大司马职位，总理军事；在地方，则实行了军政合一的体制。他授予各州牧为大将军，各郡卒正、连帅、大尹为偏将军，属令、属长为裨将军，各县令（长）为校尉。可以说，王莽的官位设置非常混乱。

虽然王莽给地方各级官员都封了军衔，但他们的军事素养并没有提升，地方部队的兵马也没有增加，因此，军政合一的地方体制，就是给了地方官员一个武官名号而已。即使他把“伟大的皇初祖考黄帝”搬出来，也没什么用。全国各地的农民起义军没有一个被王莽吓倒，其发展势头更加迅猛。（据《资治通鉴》第三八卷，《汉书·王莽传》）

（三）不了解农民起义的真正原因，主观臆断瞎指挥

王莽统治期间，法令烦苛，税赋繁重，官吏苛暴，加之天灾不断，民不得耕桑，于是纷纷聚众起义。

天凤四年（公元 17 年），临淮郡（今江苏宿迁市泗洪县一带）人瓜田仪（复姓瓜田，名仪）组织万余农民起义，占据了会稽郡城长州苑（今江苏苏州市吴中区、太湖北岸一带），对地方官府形成威慑。同时，琅邪郡吕母聚集众人起义。为平息两地起义，王莽派遣使者赦免起义军，以温和的方式平息了事态发展。可以说，这种解决问题的方式，避免了人员伤亡和矛盾升级。

荆州绿林山农民起义越闹越大，王莽甚为忧虑。为加大对该地的镇服力度，王莽任命“以敢击大臣，故见信任”的属官司允费兴为荆州牧。在任前谈话时，王莽询问费兴到任以后的施政计划。费兴回答说：荆州一带老百姓依靠山林湖泊，大都以捕捞、砍伐为业。前一段时间，国家推行“六筦”政策，征收山林湖泽税，损害了他们的利益，加上连年干旱，百姓饥饿贫困，所以很多人都沦为盗贼。我到任以后，会动员和劝说他们返回家园，给他们农具、耕

牛、种子和粮食，减免他们的赋税，安抚他们从事农业生产，这样就有希望解散盗贼团伙，实现社会稳定了。不料，王皇帝听后龙颜大怒，他容不得别人对他的“六筦”政策说三道四，所以立即免掉了费兴的官职。费兴还没有到任就卸任了。地皇二年（公元21年），一名属吏到豫州办案时被起义军俘虏了，起义军没有杀他，而是把他送到本县官府。后来，此人回到了京师，向王莽详细呈报此事。王莽看完报告后大怒，认为是污蔑欺骗，并下发文告批评“四辅”“三公”。王莽在文告中说：压制豪强，督查奸邪，捕杀盗贼，这是正义的举措，而你们都没有这样做。盗贼出现了却不能及时抓捕镇压，直到他们结成团伙，甚至拦截官吏乘坐的车子，官吏脱身了，却妄自说曾经谴责过盗贼，还说由盗贼护送出来。想想看，由于贫困饥寒违法犯罪，竟然发展到谋划结党、大规模叛乱，这是用贫困饥寒就能解释得了的吗？“四辅”“三公”应当严肃地告诫属官，认真管教善良的平民，迅速消灭盗贼。如果有人不同心协力，不憎恨狡猾的盗贼，就立即逮捕监禁！这个文告让下面的官员无所适从，于是就出现了“群下愈恐，莫敢言贼情者，亦不得擅发兵，贼由是遂不制”。

还有一个比较典型的例子，就是王莽把翼平郡（今山东潍坊市北部一带）的连率田况，从前线调到大后方，“帮助”起义军干了一件他们想干却根本不可能干成的事。

事情是这样的：翼平郡连率田况欲剿灭侵扰本地的起义军，他动员和招募本郡十八岁以上的男子四万多人，组成地方军。新兵入伍后，田况发给他们武器进行操练演习，以提高战斗力。为教育和警示官兵，同时也震慑樊崇的赤眉军，田况把军令、军纪刻在石碑上。赤眉军将领听说之后，不敢进入翼平郡地界。因田况没有事先将这次募兵活动向王皇帝报告，他害怕王皇帝以擅自动兵、违反朝廷禁令为由来惩罚自己，于是就自己弹劾自己。王皇帝批评田况说：没有发给你虎符，你擅自调集军队，这是擅动干戈呀！这种罪过与耽误军事调动是一样的。但你已保证要捉拿和消灭盗贼，姑且就不给你处分了。田况回到本郡后，好长时间没有战事。可是，田况承诺要消灭起义军，如起义军不入翼平，他就无仗可打，也就兑现不了承诺。所以，田况就向王皇帝请示越过郡界去攻打起义军，王皇帝批准。于是，田况带着他军纪严明、训练有素的军队开赴青、徐两州去攻打起义军，“所向皆破”。王皇帝下发诏书，任命田况为代理青州和徐州的州牧。田况为镇压起义军，专门就剿灭起义军问题向王皇帝写了奏书，试图使王皇帝弄懂弄通三个重要问题：起义军为什么能够壮大；朝廷在镇压起义军方面存在什么问题；下一步怎样做到省钱、有效、管用，把起义军消灭掉。

田况在奏书中说：盗贼刚起事时，基础很薄弱，当地的治安官吏和邻里相保的伍人就能把事摁住。问题就在于县官麻痹大意，不负责任，县糊弄郡，郡糊弄朝廷，实际上闹事的有一百人，却上报十人，有一千人，只报一百人。朝廷一看数量不多，就没有拿它当回事，所以没有及时安排督查，也没有进行责罚处理，结果发展蔓延到几个州。等盗贼团伙对朝廷和官府构成了严重威胁，才派遣将帅和使者层层督查。将帅和使者下去后，郡县的官吏忙着接待他们，以解脱自己的罪责，哪有时间和精力去忧虑盗贼和处理公务呢！另外，朝廷派下来的将帅又不能亲自率领士兵上阵杀敌，而没有将帅统领的军队往往一交战就被盗贼打败，这样，军队士气逐渐低落，徒然耗费老百姓的资财。可以说，长期在地方为官的田况对下面的情况非常了解，他的分析也非常透彻。田况在奏疏中提议说：现在洛阳以东地区米价是每石二千钱，饥荒时期人心容易动摇，仅十多天时间，又有十多万人聚集。朝廷要派遣太师（指王匡）和更始将军（指廉丹）前来，他们两人都是很有威望的武将，一定会带领很多兵马，可是沿途民穷财尽，官府无力供给军需；如果太师和更始将军统领的兵马太少，又镇服不了敌人。所以，应当在州牧、大尹及以下官员中挑选能干的人，让他们把分散在乡村的百姓及粮食、牲口等重要物资全部转移到城邑，让转移到城邑的青壮年与城中军民合力守城，这样，盗贼因为所经过的地方没有粮食而不能久留。盗贼攻城不下，却又饥肠辘辘，这个时候招抚他们，他们一定会投降，攻打他们，他们一定会被消灭。如今，派出那么多将帅和使者，要知道基层官吏和老百姓害怕官军比害怕盗贼还厉害。因此，应该把那些将帅和使者全部召回，让郡县官民得到休息。陛下把平定青、徐两州盗贼的任务派给我，我一定能够完成任务！可以说，在应对起义军方面，田况的主意省军、省钱、省力。然而，王皇帝把田况给调走了。因为田况给王莽“上课”，使王莽感到“畏忌、厌恶”。王皇帝把绿林起义军闻名胆寒的田况，从镇压起义军的最前线调到了大后方，为起义军办了一件他们想办而办不成的大好事。田况调走之后，“齐地遂败”。（据《汉书·王莽传》，《资治通鉴》第三八卷）

（四）大敌当前，斥巨资盖“九庙”，“捐粮”换官征劳役

地皇元年（公元 20 年），一些观察云气的人告诉王莽“有动土功象”，即出现了大兴土木的征象。王莽又看到“四方盗贼多”，想要显示自己是一个心胸坦荡且能够建立“万世之基”的人物，为此下发诏书：我承受天命以来，遭遇不幸的灾难，国库空虚，百姓匮乏，宗庙未修，只能在明堂太庙凑合着举行祭祀，对此我日夜惦念，不敢忘却。想到吉祥昌盛没有比今年更好了，所以我选择波水之北、郎池之南和金水之南、明堂之西两个好地方，动土兴建工程。于是他在长安城南开工营建“九庙”，工程面积达一百顷。

“九庙”中排在第一位的就是轩辕黄帝庙了。早在居摄三年（公元 8 年）冬，王莽就在发布的文告中标榜自己是“皇初祖考黄帝之后”。王皇帝将轩辕黄帝安排在“太初祖庙”，谥庙号为“新太初祖”。第二位是“三皇五帝”之一的姚重华，被王莽安排在“昭庙”，谥庙号为“新始祖”。第三位是被追谥为“陈胡王”的妫满，被王莽安排在“穆庙”，谥庙号为“新统祖”。第四位是被追谥为“齐敬王”的田完，被王莽安排在“昭庙”，谥庙号为“新世祖”。第五位是被追谥为“济北愍王”的田安，被王莽安排在“穆庙”，谥庙号为“新王祖”。王莽规定，上述五处祖庙永世不得废除。第六位是被王莽追谥为“济北伯王”的王遂，被安排在“昭庙”。第七位是被王莽追谥为“元城孺王”的王贺，被安排在“穆庙”，第八位是被王莽追谥为“阳平顷王”的王禁，被安排在“昭庙”，第九位是被王莽追谥为“新都显王”的王曼，即王莽的父亲，被安排

在“穆庙”。王莽在“九庙”开建之前，就把“安居庙”分下去，并落实到了“神头”。

“九庙”开工时正遇上秋雨连绵。由于工程浩大，征发役夫众多，再加上秋粮被淹，役夫的吃饭出现了严重危机。为解决粮食问题，王莽发动了“以粮换官”运动，明确规定老百姓只要缴纳米粮六百斛，就任命为郎官①。本是郎官的，依据“捐粮”数量升级俸禄和爵位。

“九庙”工程巨大，气势雄伟，豪华壮丽，殿堂都是层叠式房屋，斗拱用铜皮包裹，镶金嵌银，精雕细刻，用尽了各种工艺技巧，仅工匠的费用支出就达数百万钱。最气派的当数“太初祖庙”，该庙为正方形，东西南北各四十丈，高十七丈。其他庙宇比黄帝庙小一半，但都以高地为基础，把旁边低洼的地方增筑起来，工程费用无法计算，仅累死的役夫就达上万人。

在农民起义风起云涌的严峻形势下，王莽大搞工程建设，无疑为熊熊燃烧的农民起义之火添油炽薪。

地皇三年（公元 22 年）农历正月，“九庙”竣工，王莽赏赐建庙工程总指挥大司徒和大司空各一千万钱，侍中和中常侍以下人员都有封赏。大工匠仇延获得了非常丰厚的赏赐，包括相当于关内侯的“附城”爵位。

安放神主之后，王莽去参拜和祭祀，皇家车队按最高规格组

① 在秦汉时期，郎官归郎中令管理，汉武帝时改为光禄勋管理，无定员。新莽时期多达五千人，有议郎、中郎、侍郎、郎中四等，以守卫门户、出充车骑为主要职责，亦随时备帝王顾问差遣。

成，浩浩荡荡，声势赫赫。王莽乘坐的车子由六匹马拉着，每匹马都披挂着由五彩羽毛织成的龙形图案外套，马头上套着三尺长的假角。华盖车和十辆大型战车走在前头，另有四轮大车装载着高八丈一尺的九层华丽车盖，由人力拉着，拉车的人呼喊着顺应王莽心意的口号："登仙！登仙……"此时的王莽多么希望丢下这个四面楚歌、岌岌可危的烂摊子，像传说中的黄帝那样，升天而去。随从王莽祭祀的大臣们则窃窃私语：这好像是灵柩车，非仙物也。隐含的意思就是，犹如为新朝皇帝王莽送丧。（据《汉书·王莽传》，《资治通鉴》第三八卷）

（五）众叛亲离，孤注一掷，煞费苦心挥戈退日

地皇四年（公元 23 年），郎官阳成修（阳成为复姓）向王莽进献符命，"言继立民母"，因为孝睦皇后（王莽的大老婆王氏）两年前病逝，又说"黄帝以百二十女致神仙"。王莽一听说能成仙，立马派遣谒者、中散大夫共九十人，分道巡视各地，广泛选取美丽女子。六十八岁的王莽册立史谌的女儿为皇后，并遴选嫔妃一百二十人，比照公、卿、大夫、元士设立封号。这时，距离王莽被杀还有七个月。

此外，王莽为了扛住摇摇欲坠、即将倾覆的新朝，一次任命了九个将军，并且都用"虎"字作为将军的名号，让"九虎"率领禁卫军精锐开往东部前线，去抵御攻打长安的起义军。"九虎"率领禁卫军到达华阴县回谿后占领了北起黄河南岸、南到崤山的险要之地。在析县南乡起兵的邓晔和于匡率军抵抗"九虎"。邓晔命令于

匡率领数千弓箭手佯装正面迎击“九虎”，自己却率领领二万多士兵从阌乡（今河南灵宝市境内）向南进至枣街，破敌一部，之后又向北绕到“九虎”背后，发起攻击。“九虎”兵败如山倒，其中“六虎”狼狈逃窜。这“六虎”中的“两虎”，即原庸部牧史熊和虎贲将军王况逃回长安，被王皇帝逼迫自杀，其他“四虎”仍在逃亡。另有“三虎”，收拾散卒，保卫京师仓。最终，他们都没有逃脱失败的命运。

有个名叫西门君惠的道士（亦称为方士），早年与曲阳侯王根交往甚密，王根曾跟从他学养生拒老之术。这样，他就与王根的儿子王涉混熟了。据史书记载：卫将军王涉素养道士西门君惠，君惠好天文谶记，他对王涉说：“星孛扫宫室，刘氏当复兴，国师公姓名是也。”这句话的大意为，王皇帝及其新朝将由姓刘的人来取代，这个人的姓名与国师公刘歆的名字是一样的。王涉相信了这个谶言。他就把这件事告诉了大司马、降符伯董忠。王涉与董忠一起多次到国师、嘉新公刘歆的官邸谈论星宿问题，而刘歆总是沉默不语。后来王涉单独去见刘歆，他流着眼泪说：我确实是为了保护我们两个家族平安，您为什么不相信我呢！刘歆便与王涉谈论天文和人事问题，并判断东方军队定能成功。王涉说：新都哀侯（王莽的父亲王曼）从小得病，功显君（王莽的母亲）素来嗜酒，谁知道王莽是不是我们王家的种呢？董公主管中军精兵，我率领宫廷禁军，伊休侯（指刘歆之子刘叠）主管殿中禁军，如果我们几个人同心合谋，一起劫持皇帝王莽，押着他东降更始帝，就可以保全我们的家族；否则，会有杀身灭族之祸！早在始建国二年（公元 10 年），甄丰的儿子甄寻因制作不当“符命”被王莽抓进监狱，他的好朋友刘棻（刘歆的儿子）和丁隆（刘歆的学生）也受牵连被杀，因此，刘歆一直痛恨王莽。刘歆说：要等到太白星出现时才可以动手。董忠又与主管军队的起武侯孙伋商量此事。但孙伋这个人胆小如鼠，他把劫持王莽、投降更始帝的事告诉了他老婆。孙伋的老婆又把这件事告诉了她弟弟陈邯。在孙伋的老婆的劝说下，孙伋和小舅子陈邯一起向王莽告发了此事。王莽立即派人召唤董忠等。此时董忠正在组织练兵，并与刘歆、王涉在宫中会合，王莽命令踅惮责问他们，他们全都承认了。太监把董忠等人送进房舍，此时董忠拔出剑来打算自杀，侍中王望看见董忠拔剑，立马放声大喊：大司马造反！于是，太监一拥而上，杀死了董忠。顿时，朝中一片惊慌，正在训练的士兵涌到郎官衙门，准备战斗。王莽的老丈人、更始将军史谌对郎官们说：大司马董忠妄图造反，已被处死。他命令郎官全都放下武器，不要信谣传谣。王莽想拿董忠来“厌胜”①，为此，他让虎贲勇士把董忠的尸体剁碎，用竹篮子盛着，并传告“反贼都成了碎肉”。王莽抓捕并杀死了董忠的家族成员，赦免了被董忠所蒙蔽的下属官吏和士兵。刘歆和王涉听说董忠被杀的消息之后也都自杀了。由于刘歆没有把他们的计划告诉他的儿子伊休侯、侍中、中郎将刘叠，而刘叠又一向小心谨慎，所以王莽只免掉了他的侍中、中郎将职务，改任专掌议论的中散大夫。王涉、刘歆分别是王莽的堂

① 所谓“厌胜”，简言之，就是厌而胜之。它是古代一种避邪祈吉的传统习俗，即用法术诅咒或以祈祷方式来达到制胜所厌恶的人或魔怪的目的。

弟和儿女亲家，系王莽的“骨肉旧臣”，所以他“故隐其诛”，下令知情者不许传扬此事。

因内部大臣叛变，外面的军队又吃了败仗，身边也没有了可信、可用之人，在此情况下，王莽只好把他的从弟、新朝大司空、隆新公王邑从前线调回来，协助自己应对乱局。五威中城将、说符侯崔发对王皇帝说：王邑一向小心谨慎，在昆阳之战中损失了大军，这个时候召他回来，他会多心的，应当想个办法，好好安慰一下他的情绪，这样比较安全。于是，王皇帝派遣崔发去安慰王邑。崔发见到王邑后转述王皇帝的话：我年老了，已经没有正妻所生的儿子，想要把新朝大权传给你。命令你不要检讨兵败的罪过，相见时就不要再提那些事了。王邑回到朝廷后，王莽任命他为百官之首的大司马，主掌武事；大长秋张邯担任大司徒，主掌国家土地和人民教化事宜；五威中城将崔发担任大司空，主掌水土事；司中苗䜣担任“四辅”之一的国师，位上公；同说侯王林（新朝安新公王舜之子，王匡、王延之弟）担任总领京城南北军的卫将军。王莽一方面企图依靠这个班子进行最后一搏，另一方面企图靠“厌胜”之法来击垮起义军。他派遣使者去拆毁汉元帝刘奭和汉成帝刘骜陵墓门上雕刻的标志性图文屏网（罘罳）。王皇帝说：不要让老百姓再想起汉朝了。

面对朝不保夕的新朝，王皇帝昼夜难眠。大司空崔发向王皇帝献计说：《周礼》和《春秋左氏传》上都说，国家有了大难，就用哭的方法去“厌胜”它，《易经》曰“先号咷而后笑”，我们可以祷告上天救助。王皇帝认为这是一个好主意。他简单洗脸梳头之后就率领群臣到南郊新落成的黄帝庙前伏地磕头、长跪不起。

王皇帝跪在那里，首先陈述了自己承受符命的经过，而后仰天大哭，哭得死去活来、声嘶气绝。在王皇帝的带动下，公卿大臣们一个个如丧考妣，一把鼻涕、一把眼泪地哭了起来。最后，他又写了一篇告天策书，陈述自己的功劳，伏祈老天可怜他、伸出手来拉他一把。

王皇帝还安排朝臣组织众儒生和老百姓每天早晚都到"九庙"痛哭。为树立"悲而甚则仕"的用人导向，王皇帝把哭得最悲痛的人都任命为郎官。那些因家里穷而吃不上饭的人纷纷加入"哭天大军"。王皇帝因此而任命的郎官达五千多人，创造了中国吏治史上的纪录。王皇帝发动的这场"哭天运动"，最终也没感天动地，他的新朝也没摆脱灭亡的厄运。（据《汉书·王莽传》,《资治通鉴》第三九卷）

4

刘秀建立东汉王朝

刘秀具有坚定的政治理想和政治信念，很高的政治、军事悟性，他成竹在胸，却不事张扬，有智慧，有韬略，有章法。他的决策注重民主，用人公道正派，做事有板有眼，一步步地平定了各路割据势力，实现了全国统一。

一、刘秀将陷于停滞的地方工作运转起来

更始元年（公元 23 年），更始帝刘玄派遣绿林军首领之一的定国上公王匡攻陷了洛阳，生擒并斩杀了王莽的侄子、太师、褒新公王匡和国将、美新公哀章，居住在宛城的更始帝刘玄收到了绿林军从长安送来的王莽首级。随后，刘玄派遣奋威大将军、汝阴王刘信率军开赴治所在平舆县（今河南驻马店市平舆县之北）的汝南郡，攻打占山为王、自称为帝的钟武侯刘望。

刘望，又名刘圣，是汉景帝刘启的后裔。他的祖父刘度在公元前 65 年被封为钟武侯。其封地范围大概是今湖南衡阳市衡阳县大部分地域，故城在今衡阳县三湖镇。从此，刘度一家老小就在封地定居下来。刘度死后，其子刘宣继承爵位。刘宣死后，又将爵位传给儿子刘望。居摄三年（公元 8 年）王莽篡汉夺位、坐稳新朝皇

帝的龙椅之后，就将包括刘望在内的刘姓皇族后裔的爵位全部予以废除，使他们都成了庶民。对此，刘望怀恨在心，暗地里拉拢豪杰，积蓄力量，意欲恢复和重建汉朝。更始元年（公元 23 年），刘望趁天下大乱之机，在承阳县（今湖南邵阳市邵东县之境）一带起兵，得到了周边地区的响应。当时，绿林起义正在兴起，发展势头强劲，王皇帝命令大司空、隆新公王邑和大司徒、章新公王寻率领四十二万莽军南下，与纳言将军严尤、秩宗将军陈茂会合之后，一起攻打昆阳城。但在昆阳之战中，刘秀指挥起义军以少胜多，将“二王”率领的莽军打得落花流水。莽军失败后，严尤和陈茂逃到沛郡谯县。在这里，严、陈二人公开背叛新朝，使用汉朝历法，并向当地的官民宣讲新朝灭亡和汉朝复兴的重大意义。严、陈这样做的目的，就是希望投降更始政权后有个好的安排。可是，当二人真的投降更始政权后，并没有受到重用，于是，他们投奔了钟武侯刘望。刘望对严尤、陈茂的到来非常高兴，将二人敬若上宾。严尤、陈茂极力鼓动刘望称帝，刘望早就有这种想法，遂在承阳县自称“大汉嗣元皇帝”，简称“（汉）嗣元帝”，沿用汉朝国号，将严尤封为“大司马”、陈茂封为“丞相”。

更始帝刘玄听到刘望称帝的消息后非常生气，于是先后派遣大司徒刘赐和奋威大将军刘信率领大军南下，攻破汝南，斩杀“大汉嗣元皇帝”刘望和“大司马”严尤、“丞相”陈茂。

更始政权消灭了新朝太师王匡、国将哀章，夺取了洛阳；收到王莽首级，新朝灭亡；诛杀了刘望、严尤、陈茂，占领了汝南。这一连串的好事可把刘玄乐坏了，但他除了一心想把都城迁移到大城市洛阳之外，其他什么事也不想、什么心也不操，其手下的大臣多是农民出身，根本不会替刘玄谋划。所以，全国各级官府的政务工作都停摆了，官吏和百姓都在等待观望，经济、政治和民生事业一塌糊涂，百废待兴。

为此，更始帝刘玄任命刘秀为代理司隶校尉，去洛阳修建宫殿和官府，以便早点儿搬过去。政治家刘秀充分利用在洛阳独立自主开展工作的机会，就如何对待和处理王莽留下的政治体制、新的政治体制如何建立、新旧体制如何衔接，以及当前和今后一个时期朝廷和地方的工作如何运转等一系列问题做了深入思考。他分析认为，经过多年的战乱，国民经济已全面崩溃，王莽的中央政权虽然被消灭了，但各级地方官府依然存在，那些新朝的旧官吏们都在迟疑观望，各项工作无人推动；更始政权被胜利冲昏了头脑，骄傲自满和腐化享乐等腐朽思想滋生蔓延，收拾烂摊子的各项工作没人去抓。于是，刘秀拾遗补阙，主动解决那些令各级官府都十分焦虑的问题。在洛阳，刘秀设置下属官吏，起草并下发公文，从察举非法和依法行政的角度，明确规定一切工作照汉代旧制度办理。各地官府看到公文之后，知道了开展工作的基本原则和目标方向，于是，各项工作才开始运转起来。

宫殿和官府的修建工作完成之后，更始帝刘玄北上洛阳，大臣也都随从前往。因更始政权的大臣全都来自农民起义军，他们身上的衣服都是入户抢来的，且以女装居多，什么大掖襟啊，花袖口啊，等等，花花绿绿，艳丽纷繁。对此，农民出身的大臣并不介意，能穿就行，但一路上所遇到的行人“莫不笑之”，有人甚至认为他们所穿的衣服“不祥”，避而远之。可是，等他们见到刘秀的僚属，都不胜欣喜。有的流着眼泪说：想不到今天又见到了汉家官员威严的仪表啊！从此，有头脑、有见识的人都归心于刘秀。更始帝刘玄到达洛阳后，对刘秀的工作给予了充分肯定，并任命他为破虏将军代行大司马职务。

刘玄在洛阳安顿下之后，安排部署了一项工作，就是派员到各郡、各封国进行巡视，宣传刘玄制定的关于“先投降的，恢复他的封爵和官位”这项政策。刘秀也是刘玄派遣下去巡视的官员之一，他拿着符节渡过黄河北上，去了河北部分郡县。在巡视工作中，刘秀不是机械地照本宣科，而是根据自己的政治思考，创造性地开展工作。他每到一地，都要会见郡守、县令、长史、三老、属吏等，一方面认真考察了解他们的工作政绩，根据其政绩优劣和能力大小予以任用或罢免；另一方面公平公正地审理刑狱案件，平反冤假错案，遣放囚犯，废除王莽发布的残酷政令，恢复汉朝官名、地名等。刘秀严谨扎实的工作作风，受到了地方官员和百姓的称赞，人们竞相以牛、酒迎接慰劳，刘秀向他们表达谢意，但拒收官府和吏民的东西。刘秀所到之处都能赢得民心，大家有话愿意给他说。刘秀也虚心采纳大家提出的好的意见和建议，这丰富和拓宽了他的工作思路。

正当刘秀在河北一带开展巡视工作时，有个年轻人从南阳出发一路挥鞭策马追赶刘秀，一直追到邺城才追上。这个年轻人就是邓禹。

邓禹，东汉开国名将、军事家。他从长安游学回到家乡之后，听说老同学刘秀在河北一带开展工作，便只身前往。刘秀见之甚欢，便对邓禹说：我有封爵任官的权力，你这么远跑来，是想进入仕途吗？邓禹回答：不愿意。刘秀说：既然这样，那你想干什么呢？邓禹回答：只愿您的威望和恩德加于四海，我希望能尽自己的尺寸之力，使我的名字记载在史书上。刘秀笑了起来，便留邓禹住下。在接下来的交谈中，邓禹建议：如今，崤山以东还没有安定，赤眉和青犊（新莽末年活跃在黄河以北地区的一支较为强大的农民起义军）的人马众多。刘玄就是一个平庸之辈，自己处理不了政事，他手下的将领都是靠着运气爬上高位的，他们大都胸无大志，只是为了自己发财而已。观察古代圣明君王的崛起，无外乎天时和人事两个条件。现在，从天时上看，刘玄即位之后天象异变比以前频繁了；从人事上看，帝王大业不是刘玄那样的平庸之辈所能胜任的。您虽然建立了辅佐功勋，恐怕也没有什么政治地位。您无论带兵还是从政，都是纪律严明，赏罚公开，诚实守信，众心归附。当今之计，不如招揽英雄豪杰，广取民心，恢复高祖当年的功业，拯救万民于水火之中。邓禹的这一大段论述，非常符合刘秀的心思，刘秀认为这个同学脑袋瓜儿不简单，所以，他下令左右之人称邓禹为将军。刘秀每次任命官员或派出将领，都会征询邓禹的意见，而邓禹对将领们的评价与判断，都与他们的才能相称。从此，邓禹就成了刘秀的左膀右臂，成为刘秀最信任的将领和佐臣之一。

除了邓禹之外，刘秀对典领文书簿籍、经办众事的主簿冯异也非常信任。

冯异，颍川父城人。更始政权建立后，刘秀率军由南阳攻取父城，不克，便屯兵于父城之东的巾车乡。在那里，刘秀的士卒将外出巡视的新朝颍川郡郡掾冯异抓获。当时，冯异的堂兄冯孝及同郡老乡丁綝、吕晏等在刘秀军中服役，他们共同出面向刘秀保荐冯异，于是刘秀当即召见了冯异。冯异提出放他回父城安顿好老娘，然后率领所监管的五个县一起来归附的要求。刘秀同意了他的要求。冯异也兑现了他的诺言。从此，冯异追随刘秀走南闯北。更始帝刘玄处死刘秀的胞兄刘縯之后，刘秀每当独居之时，总是不食酒肉，枕席上有涕泣的痕迹。冯异发现后，对刘秀进行宽慰，刘秀摆摆手说：你千万不要乱讲啊！冯异趁机提出自己的观点和建议，他说：天下百姓同受王莽之苦，思念汉朝很久了。可是，现在更始的将领们横行霸道，到处掳掠，百姓失望，无所依从。如今您专管一方的军政事务，应该广施恩德，笼络民心。从前夏桀、商纣的昏庸暴乱，为商汤、周武搭建了创立功业的平台。您应该抓住目前广大吏民思念汉朝的机遇，尽快派遣官吏前往各个郡县审理冤案、广布恩惠，建立广泛的群众基础。对冯异所说的话，刘秀感到颇有道理，于是采纳了冯异的建议。当他们到达邯郸后，刘秀就派遣冯异乘坐驿车巡行抚慰周边郡县。冯异每到一地，就翻阅罪犯卷宗，纠察冤假错案，走访慰问鳏寡，对来自首的逃犯予以免罪，并暗中记录二千石长史中与刘秀同一条心的和不肯亲附的人员名单，送给刘秀。这次巡行，冯异广泛接触地方官吏和百姓，宣传刘秀的恩德和才能，在一定范围内争取了民心，也了解和掌握了部分高官的政治立场，收到了较好的政治效果。

邓禹和冯异两人先后不约而同地劝谏，为刘秀走上独立自主的“革命”道路起到了重要促进作用。

刘秀进至邯郸时，有一个叫刘林的人找到刘秀，神秘兮兮地说他有一计可一举消灭赤眉军。

刘林是西汉第六任皇帝汉景帝刘启的七世孙，赵缪王刘元的儿子。因刘元犯罪，皇帝废除了赵缪王王位，其封国被撤销。刘林因不能承袭已故父亲刘元的封地而心怀忌恨，他趁天下大乱之机结交亡命之徒，勾结豪杰奸猾之辈，豢养宾客，图谋造反。他还经常去找占卜先生问询吉凶。一些不明真相的人听说他是皇族子弟，也都愿意同他结交，所以刘林在邯郸一带有一定的社会影响。

刘林听说刘秀在邯郸一带活动，便找到刘秀献计消灭赤眉军。他说：黄河之水从列人县（古县名，属广平国，治所在今河北邯郸市肥乡区境内）入境后北流，只要在该县掘开黄河口子，就会使屯驻在黄河以东的百万赤眉军变成鱼虾。但刘秀说：我宁可多费些时日，多打几仗，也不去干这种伤天害理的缺德事儿！刘秀不仅果断地拒绝了刘林的所谓计策，而且还把他臭骂了一顿。对此，刘林对刘秀怀恨在心。

刘秀把刘林撵走之后，就前往真定（今河北石家庄市正定县），继续做争取民心的相关工作。（据《资治通鉴》第三九、四四卷,《后汉书·邓寇列传》《后汉书·冯岑贾列传》《汉书·景十三王传》《史记·三王世家》）

二、刘秀攻克邯郸，杀死冒牌皇帝王郎

自从被刘秀痛骂一顿之后，刘林便频频去找占卜先生王郎。

王郎，本名叫王昌，冀州邯郸人，以占卜为业，略懂天文、星

象和历法，经常宣扬河北有天子之气。因此，具有皇族血统和政治野心的刘林，就经常与他一起吃吃喝喝，“预测”未来。

王郎脑瓜灵活，能说会道，善于随机应变。王郎从刘林口中得知，有一个自称是汉成帝庶子刘子舆的人，跑到皇宫大门要求认祖归宗，结果被发现是个骗子，被王莽处死。说者无意，听者有心。王郎便动起了冒充刘子舆的歪脑筋。后来，王郎对刘林说，他才是那个“真正的刘子舆”，并解释说：我母亲是汉成帝的歌舞女，有一次下殿时突然摔倒，有一股黄气罩在她身上，于是就怀孕了。我出生后，赵飞燕皇后打算谋害我，幸而母亲以别人家的婴儿顶替，才保住了我的小命。我十二岁那年，有一位识命郎中，名叫李曼卿，带着我到达蜀地，我在那里生活了五年。我十七岁时去了丹阳，二十岁时回到长安，后来辗转到达中山，来往于燕、赵两地，以等待天时的到来。好事者刘林幼稚地认为这事一定是真的。

王郎冒充皇子，正是在王莽败亡的乱世之秋，王郎是真皇子还是假皇子，根本无人关注。而皇族小混混刘林不仅为王郎广泛宣传，而且还鼓动赵地有影响力的豪杰李育、张参等人，共同谋划拥立王郎当皇帝。

正在这个时候，民间传言赤眉军将渡过黄河，刘林更是从中添油加醋：赤眉军想拥立刘子舆为天子。刘林散布这种谣言的目的就是“以观众心”，试探广大吏民的反映。在两千年前信息获取渠道狭窄、舆论传播手段非常落后，加之社会动荡不安的情况下，“百姓多信之”。于是，更始元年（公元 23 年）农历腊月的一天早晨，刘林大张旗鼓地率领车骑数百人，浩浩荡荡地进了邯郸城，拥立占卜先生王郎为“汉朝天子”，同时，自封为丞相，封李育为大司马、张参为大将军。新“皇帝”和新“丞相”等上任后，一方面分派“将”“帅”到冀州、幽州等地宣布此事，劝说地方官员归附他们；另一方面派出人员前往全国各州郡移送“新皇帝刘子舆”的“檄书”。“檄书”上说：制诏书于各州部刺史、郡太守：朕是汉成帝之子刘子舆，从前，遭遇了赵飞燕的祸害。王莽篡汉后杀了那个假刘子舆，幸赖有知天命的人保护朕这个真刘子舆，才得以从河滨脱身，隐姓埋名，匿迹于赵、燕一带。为了忽悠人们信以为真，他借题发挥，编造翟义、刘信起兵反莽，是自己下达的“命令”，云云。他说：王莽窃位，背离天意，而上天保佑朕和汉室生命长存、形体不灭，因而朕命令东郡太守翟义、严乡侯刘信起兵征讨，出入于胡地与汉土之间。普天之下，无人不知朕藏于民间。南岳诸刘，都是朕的先驱。朕仰观天文，知天意要在赵地兴起，故于本月壬辰在赵宫即位，祥气熏蒸，应时降雨。朕闻为国君者，子承父位，古今不变。王郎还编造说：更始帝刘玄兴起义兵在客观上也是帮助联打天下，刘圣公（指更始帝刘玄）不知朕在，所以暂且持有帝号。他们兴起义兵，都是为了帮助朕，应当分封土地，使他们的子孙后代都能享福。朕已诏令刘圣公及翟太守，速与功臣们都到我这里来。有人怀疑刺史等二千石高官都为刘圣公所置，并没有看到我的沉滞和遭遇。现在平民百姓饱经战祸，死伤已经过半了，朕深感悲痛，心怀悼念，所以派遣使者颁下诏书。王郎编出的这些假话，蒙蔽了不少人，赵国以北、辽东以西广大地区的百姓都竞相归附。

刘秀看到王郎的势力正处于兴盛阶段，就没有与他纠缠，他从真定出发，欲向北去往蓟县（今北京城西南隅）夺取土地。刘秀不去挑战王郎，可刘林要报复刘秀，他拱火王郎向刘秀发起了挑战。王郎命人传递檄书，用十万户的采邑作为悬赏，擒杀刘秀。刘秀在去往蓟县的途中听到这一消息后便停了下来，他本想利用更始帝刘玄派他在黄河以北开展巡视工作的机会，开辟和建立自己的根据地，没想到半路上杀出了一个冒充皇帝的占卜先生王郎，这就打乱了他的战略计划。刘秀打算率军折回邯郸去攻打王郎，可是苦于手头兵马不足，于是他命令功曹令史王霸去集市上招募兵员。

王霸，字元伯，颍川郡颍阳县（今河南许昌市襄城县）人。王霸素来喜欢法律，其父担任郡府专管司法工作的决曹掾时，王霸在父亲手下担任监狱官。为此，王霸经常发牢骚，很不情愿做小官。他父亲觉得这孩子不同寻常，于是送他到长安求学。刘秀率军路过颍阳县时，王霸便带领门客去见刘秀，说：将军兴起义兵，我仰慕您的品德和威名，愿意在您手下当兵。刘秀非常欢迎王霸和他的门客的加入。王霸跟随刘秀在昆阳之战中打败了王邑、王寻，后来回到了颍阳老家。更始元年（公元 23 年）刘秀去洛阳修建宫殿，再次路过颍阳，王霸请示其父亲，想跟着刘秀走。他父亲说：我老了，过不了军队生活，你去努力吧！于是王霸跟随刘秀到达洛阳。刘秀担任大司马后，任命王霸为功曹令史，并让他随自己在河北一带开展工作。此时，原来跟随王霸一起来的几十个门客逐渐离去。刘秀对王霸说：颍川人跟着我的都走了，唯独你留下来了。努力吧，小伙子，疾风知劲草！这次刘秀派王霸到集市上招募兵员，王霸却遭到了人们的嘲弄，结果一个兵也没有招募到。鉴于这种情况，刘秀思考是率领现有兵马南征邯郸王郎，还是按照原定计划北进蓟县去开辟根据地。正在这时，一个名叫耿弇的小伙子骑马奔驰而来，要求面见刘秀。

耿弇，字伯昭，扶风茂陵人，东汉开国名将、军事家。耿弇的父亲耿况，与王莽的堂弟王伋一样，都是京兆长陵人。耿况起初为郎官，凭老同学王伋的运作，当上了上谷郡太守。耿弇年少时就以勤奋好学而著称，每年他都观看父亲举行的郡试和讲武练兵，喜爱上了武事，便主动学习骑射，研读兵法，取得了较大进步。更始政权建立后，撤换了一些由王莽任命的郡守县令。为讨好更始政权，耿况让二十一岁的儿子耿弇去朝见刘玄，贡献地方土特产，以图保官。耿弇从上谷出发，南行至巨鹿郡宋子县（今河北石家庄市赵县境内）时，适逢王郎在邯郸称帝，与其一同前去朝见更始帝刘玄的郡吏孙仓、卫包等人投奔了王郎。耿弇去往长安的道路受阻，他听说更始政权的大司马刘秀正在中山国都城卢奴（今河北定州市）活动，就去见刘秀。刘秀将耿弇留在身边，任命他为幕僚性质的长史。

耿弇见到刘秀时，刘秀正在为是北上蓟县开辟根据地，还是率军南下攻打王郎犹豫不决。耿弇劝谏刘秀：您带领士兵刚刚从南边过来，不宜再返回了。渔阳郡太守彭宠是您的老乡，上谷郡太守是我的父亲，征调这两个郡的骑兵弓箭手一万人，就能打垮王郎。可是，刘秀的属官和随从大都是河南一带人，他们都不愿意北上，便对刘秀说：人死之后，头还向着南方呢，为什么北伐，进入别人的囊中？刘秀指着耿弇笑着回答说：这是鼓动我北伐的人。刘秀采纳了耿弇的建议，带领部队北伐，到达了蓟县。当时，已故广阳王刘嘉的儿子刘接正在蓟城起兵，以策应王郎，城内一片混乱，老百姓惊恐不安，并传言邯郸派来的使者刚到，二千石以下的官员都出城去迎接了。于是，刘秀急催车马，带领士兵欲从南门出城，但城门已经关闭，无法出去。他们分头寻找可以出城的口子，在混乱之中，刘秀与耿弇失散了。刘秀命令士兵冲击城门，努力半天终将城门打开，才得以出城。出城之后，刘秀带领士兵昼夜不停地向南奔驰，因兵马不多，一早一晚都不敢进入城邑，就在道旁食宿。当他们到达今河北衡水市饶阳县（古今县名都叫饶阳）时，连将领们都没有可吃的东西了。于是刘秀等人自称是邯郸派来的使者，进入客栈。当时客栈中有小吏正在用餐，刘秀的随从饥饿难耐，便与小吏抢饭吃。小吏怀疑刘秀等是假冒的“邯郸使者”，便击鼓数十响，谎称邯郸将军到，刘秀的随从吓得起身逃跑。刘秀也想上车逃走，但转念又想，恐怕不好逃脱，于是又从容地回到座位上，故意虎着脸，大模大样地说：请邯郸将军进来！这样，反而把撒谎的小吏吓跑了。刘秀等吃饱饭之后，继续出发，他们披星戴月，日夜兼程，到达下曲阳县（今河北石家庄晋州市），听闻王郎的追兵就在后边，很是恐慌。将到滹沱河[①]时，侦察兵回来报告说河水流淌，没有船只，无法渡河。军中将士听后十分害怕。刘秀又命令王霸前去察看。王霸恐吓着众人，想暂且往前走，到了河边再说，于是他

① 古水名，发源于山西忻州市繁峙县，经石家庄市区北，东流沧州市献县，与滏阳河相会流入渤海，全长五百八十七公里。

谎报说河面都结冰了，可以过去。刘秀笑着说：前面的侦察兵果然是胡说。大家不慌不忙地往前走，等到达河边，发现河水确实结了冰。刘秀命令王霸保护队伍渡河，仅剩下几个人时冰就化了，几辆车也陷进河里。王霸率领大家折腾了一番，总算全都过了河。刘秀对王霸说：让我的部下安心，并得以渡河，这是你的功劳啊！王霸推辞说：这是您的恩德和神灵保佑。刘秀对部下说，王霸的权宜之计成就了大事，这是吉兆，于是就任命王霸为掌军事刑法的执法官军正，并赐爵关内侯。当部队到达信都郡下博县（今河北衡水深州市东南）城西时，刘秀和他的将领们“惶惑不知所之”。此时，路边一位身穿白衣的老者指着前面说：努力！信都郡为长安城守，去此八十里。当时，冀州许多郡国都已经投降了王郎，只有信都郡、和戎郡没有归附。于是，刘秀按照白衣老者所指的方向，率军去见信都太守任光。

任光，字伯卿，南阳宛城人。任光初为掌听讼、收赋税的乡里啬夫，因工作能力突出，先后升迁为县、郡属吏。他为人忠厚，待人诚恳，办事公道，深受百姓爱戴。汉兵攻打宛城时，士卒们见任光身上穿的衣服颇有特色，就强迫他脱下来，准备杀人夺衣。刚好光禄勋刘赐到了，他见任光容貌不凡，就把他救了。从此，任光率领手下跟从了刘赐，被刘赐先后任命为掌安集军众的安集掾和偏将军。更始政权迁都洛阳后，任光被任命为信都太守。王郎称帝后，许多郡国向王郎投降，任光却不肯依附，他与辅佐郡太守的都尉李忠、县令万修、总揆众务的功曹阮况、为郡太守左右手的五官掾郭唐等同心守城。有个县令属吏拿着王郎的檄文跑到任光家里劝降，任光立即命人将此属吏推出去斩杀，以示绝不投降王郎。这次刘秀自蓟县率部归来时，任光和他的属僚正率领郡兵独守孤城。当他们听说大司马刘秀到来的消息之后，都非常高兴，齐呼万岁，立即打开城门。

和戎郡太守邳彤听说大司马刘秀已到达信都郡，立即赶来相会。

邳彤，字伟君，信都郡（今河北衡水市冀州区）人。邳彤出身于官宦世家，父亲邳吉曾经在辽西郡担任过太守。在王莽新朝时期，邳彤被任命为和戎卒正。刘秀率兵到达下曲阳后，邳彤便举城投降，刘秀任命他为和戎郡太守。刘秀在和戎郡居留数日，便北行赴蓟。适逢王郎兴起，邯郸方面派遣将领收降郡县，所到之处莫不奉迎，唯有信都郡太守任光、和戎郡太守邳彤坚持不降。邳彤听说刘秀从蓟县归来，准备先到信都郡停留，于是就派遣五官掾张万和督邮尹绥挑选精骑二千余匹，沿途迎接大司马刘秀的军队。所以，当刘秀到达信都郡时，邳彤第一时间赶来拜见。

当时，大司马刘秀与更始帝刘玄尚未切割，刘秀名义上还是更始帝的命官。一些人议论说，信都郡的郡兵会护送刘秀西归长安。对此，邳彤一见到刘秀就说：人们思念汉朝已经很久了，因此更始帝刘玄扛起复汉的大旗时，人们纷纷响应，“三辅”地区的人们打扫宫殿，修筑道路，以迎接更始帝迁都长安；而今占卜先生王郎假冒汉成帝庶子，顺应人们的愿望，在燕赵大地兴风作浪，但是他们并没有坚固的基础；只要把和戎、信都两郡的军队联合起来讨伐王郎，不用担心不能取胜，如果放弃这个大好机会，就会白白失去黄河以北广大地区，就会大大折损您的威信。因此，您西归长安不是良策。如果您坚持西行，郡兵们将千里迢迢去护送您，但他们不愿意抛弃父母妻儿，也不愿背叛现成的主人，那么护送您的郡兵离散逃亡是必然的。其实，刘秀并没有西归刘玄的想法，邳彤被当地的舆论误导了。刘秀向邳彤简要介绍了自己的打算，并产生了“欲入城头子路、力子都军中”的念头。

所谓“城头子路”，就是一个名叫爰曾的人与一个名叫刘诩的人，在卢县城头（今山东济南市长清区之南）聚众起兵，他们的部众被称为“城头子路”。爰曾自称“都从事”，刘诩自称“校三老”，他们在黄河、济水之间游动抢劫，部众很快发展到二十多万人。更始帝刘玄上台后，爰曾派遣使者前去投降，更始帝任命爰曾为东莱太守，刘诩为济南太守，且都代理大将军的职务。更始元年（公元23年），爰曾被其部将所杀，其部众推举刘诩做首领，刘玄封刘诩为助国侯，命令他罢兵回本郡。力子都（亦作刁子都）是徐州东海（今山东临沂市郯城县一带）人。他在乡里起兵，袭击徐州、兖州地界，部众有六七万人。刘玄派使者前去招降，任命力子都为徐州牧。在当时的各路反莽大军中，“城头子路”和“力子都”算得上有名的“大块头”。

刘秀亲切地叫着任光的表字说：伯卿啊，而今咱们势单力薄，我想与你一起到城头子路、力子都军中去，你看怎么样？任光直言不讳地说：不可。刘秀说：但手头兵少，怎么办呢？任光说：可以快速招募士兵。于是，任光仅用几天时间，就帮助刘秀征集了青壮年农民四千余人。刘秀非常高兴，除了任命任光为左大将军、邳彤为后大将军（仍兼任和戎郡太守）外，又提拔任命了三个人：一是任命信都郡都尉李忠为右大将军，二是任命信都郡县令万修为偏将军，三是任命南阳人宗广暂为信都郡太守。

刘秀任命上述官员后，没有直接进击王郎，而是向不久前投降王郎的一些郡县发起了攻击。刘秀这个决策是非常英明的，因为王郎兴起之后，冀州的许多郡县只是名义上归附了王郎，但谁也不肯真心归附，更不会死心塌地地为王郎卖命，所以，刘秀击败他们相对容易，而且击败王郎在冀州的延伸势力，就等于切断了王郎的四肢。刘秀安排任光、李忠、万修与自己一起统领军队，去逐个攻打县邑，并安排后大将军、和戎郡太守邳彤为先锋。在大军讨伐之前，左大将军任光充分发挥其文才优势，编写了大量声讨文告，并派出骑兵到巨鹿郡（今河北邢台市平乡县一带）及其周边广为散发和张贴，展开强大的宣传攻势。文告上说：大司马刘秀率领城头子路和力子都的百万大军从东方而来，讨伐叛逆！官民看到文告后竞相传播，影响广泛。刘秀领兵抵达堂阳县（今河北邢台市新河县西北）时，正是夜晚，他命令骑兵们举起火把，于是水畔一片光亮，堂阳县令误以为大军压境，立即向刘秀投降。刘秀又率军进攻贳县（今河北辛集市西南），贳县也投降了。昌城县（今河北衡水市阜城县境内）受到震动，该县豪杰刘植集结数千人主动迎接刘秀。

刘植，字伯先，巨鹿郡昌城县人。刘氏是当地豪强大族，王莽末年天下大乱，刘植与弟弟刘喜、堂兄刘歆纠集了宗族宾客数千人拥兵自保。王郎兴起之后，刘植和刘喜、刘歆一起率领私人武装占领了昌城城邑。当他们听说刘秀从蓟县归来已到城下的消息后，便打开城门迎接刘秀入城。刘秀任命刘植为骁骑将军，刘喜、刘歆为偏将军，皆封为列侯，并收编了他们的私人武装。巨鹿郡大族耿纯率领宗族宾客二千余人，出城迎接刘秀。

耿纯，字伯山，巨鹿郡宋子县人。其父耿艾在新莽时期担任济平（今山东菏泽市定陶区）尹。耿纯青年时期在长安求学，之后被授予纳言士。王莽败亡后，更始帝派遣舞阴王李轶招降新莽在各郡国的地方官吏，耿艾投降更始帝，后被任命为济南郡太守。当时，李轶兄弟掌权，独断专行于一方。耿纯连续多次求见，但不得通报，过了很久他才见到李轶。耿纯肚子里憋着气，于是他对李轶说：大王以龙虎之雄姿，逢风云之际拔地而起，一月之间兄弟二人皆称王，可是士人和民众并不知道你有什么德行和功劳，恩宠与官位暴兴，这是有智慧的人所忌讳的。兢兢业业、警惕自持，还担心没有好下场，何况是骤然暴发的呢！李轶心里很不高兴，但觉得耿纯很奇异，又是巨鹿郡的大姓，所以不仅没有给他“穿小鞋”，而且还以“更始帝”的名义任命耿纯为骑都尉，并授以符节，要求他安抚赵地。恰逢刘秀渡过黄河到了邯郸，耿纯前去拜见，刘秀高兴地接待了他。耿纯见刘秀的军队纪律严明，规范整齐，与其他将领所统领的军队相比明显不同，于是积极要求与其结交依附。刘秀北上到中山，留耿纯在邯郸。王郎称帝后，刘秀自蓟县一路征伐而来，耿纯与堂兄弟耿䜣、耿宿、耿植率领宗族宾客二千余人，迎接刘秀于贳县。刘秀任命耿纯为前将军，封耿乡侯，任命耿䜣、耿宿、耿植为偏将军。

紧接着，刘秀又领军攻克下曲阳，将部队进行了整合。他们又向北进攻中山国，拿下了卢奴城。耿纯对刘秀报以赤胆忠心，他担心加入刘秀军队的族人、宾客有二心，就派遣堂弟耿䜣返回故乡，放火烧掉了他们房屋，以断绝他们回家的念头。当刘秀率军逼近距今石家庄市东北的真定县时，却出现了意外。真定王刘杨早就投靠了王郎，而他手下有士卒十余万人。相比之下，刘秀兵少，强打硬攻或武力恐吓都无济于事，于是他派遣刚刚归附的昌城县豪杰刘植去做刘杨的工作。经过刘植苦口婆心的劝说，刘杨也投降了，刘秀和他的军队进入真定城驻扎下来。

刘秀在驻扎真定城期间走了桃花运。真定王刘杨欲把自己的外甥女郭圣通嫁给刘秀。刘秀在已经娶了阴丽华的情况下，又非常高兴地答应了这门具有政治联姻性质的亲事。在举行婚礼那天，刘秀、刘植以及诸将与刘杨一道在郭氏家中大摆喜宴以示庆贺，刘杨还在酒宴上亲自“击筑”助兴。通过联姻，迅速拉近了刘秀与真定王刘杨的关系。刘秀、郭圣通蜜月期未完，刘秀便告别新婚妻子，率领大军继续南下，先后攻拔了元氏县（今石家庄市之南）和防子县（今石家庄之东南），后进入赵国故地。

此时，王郎的大司马李育驻军在柏人县（今河北邢台市隆尧县之西），而刘秀并不知道王郎大军在此驻扎。刘秀派偏将军邓禹、朱浮为先锋，浩浩荡荡地向南推进。当刘秀大军正在行进之时，埋伏的李育大军向邓禹、朱浮的先头部队发起了突然袭击，邓禹、朱浮仓促应战，被李育的伏兵打得措手不及，士兵们丢下全部辎重，如鸟兽散。刘秀在后面立即收集邓禹、朱浮所散失的士卒，与后续部队一起，在柏人城下同李育的部队展开大战，终将朱浮、邓禹丢失的辎重全部夺了回来。李育退回柏人城固守，刘秀强攻不下。此时，有人向刘秀建议说，将柏人县作根据地，不如巨鹿县更为合适。刘秀采纳了在巨鹿县建立根据地的建议，率军继续向南进发，途中攻陷了广阿县（今河北邢台市隆尧县之东），逼近巨鹿。

长史耿弇在蓟城与大司马刘秀失散后只好回到其父上谷郡太守耿况那里。耿弇多次劝说父亲去攻打邯郸，消灭冒牌皇帝王郎。上谷郡太守耿况的佐官功曹寇恂建议：邯郸仓促崛起，前途难测，而大司马刘秀礼贤下士，我们可以归附于他。耿况说：邯郸王郎势力正处在兴盛之时，我们不能单独抵抗，你认为应该怎么办呢？寇恂说：现在我们上谷郡完好无损，拥有骑兵、弓箭手一万多人，我愿意前往渔阳郡，劝说该郡太守彭宠与我们共击王郎。

寇恂，字子翼，上谷郡昌平县（今北京市昌平区）人。寇恂出身于名门望族、大姓世家，最初担任郡功曹，官秩百石。寇恂平素好学，通晓经书，办事干练，能力很强，太守耿况对他很器重。更始政权建立后，刘玄派遣使者招降冀州各郡国，并明确宣布“先降者复爵位”。使者到达上谷郡时，寇恂随从耿况前去边界迎接，并上缴太守印绶。使者收下印绶后，过了一夜还没有归还的意思。寇恂便率兵去见使者，请求将印绶归还耿况。使者不想归还，并说：我是天子的使者，你小小的郡功曹想威胁我吗？寇恂说：不是我胁迫你，而是你考虑问题不周，现在天下刚刚平定，天子的信誉尚未建立起来，您作为天子使者，带着符节俯临四方，郡国官吏无不伸长了脖子、竖起了耳朵，望风归附。如今您刚到上谷郡就要毁弃信义，打击归服者之心，催生叛离之痕，将来凭借什么号令其他的郡国呢？我替您考虑，不如恢复耿况的官位来树立一个好的导向。使者无言以对。寇恂命人以使者的名义召见耿况。耿况到了以后，寇恂上前拿起印绶并递给耿况，使者不得已，只好以更始帝刘玄的名义任命耿况为上谷郡太守。后来，王郎的使者来到上谷郡，命令太守耿况发兵支援王郎。寇恂认为刘秀“尊贤下士，士多归之”，并与同僚景丹和耿弇等一起劝说耿况拒绝王郎，归顺刘秀。

彭宠，字伯通，南阳郡宛城人。彭宠出身官宦之家，其父彭宏在汉哀帝时担任渔阳郡太守，因为不肯依附王莽，与何武、鲍宣一起被王莽处死。彭宠少年时，在南阳郡做郡吏。地皇二年（公元 21 年），朝廷从四方招募优秀人才，由于彭宠才能突出，被选拔到大司空府，成为新莽的“八十一元士”之一。次年，彭宠跟随大司空王邑参加了昆阳之战。莽军惨败后，彭宠又跟着王邑逃到洛阳。在洛阳，他听说自己的胞弟参加了宛城汉军。彭宠害怕遭受牵连，于是逃出洛阳，到渔阳郡寻找父亲彭宏以前的老部下，以求暂时安身。绿林军攻破洛阳后，刘玄以南阳人韩鸿为使者，到北方各地巡视招降。彭宠听说南阳同乡韩鸿作为更始帝的使者来到北方，便与同乡吴汉一起去见他，想谋求一官半职。三人见面之后谈得很融洽，再加上韩鸿以前就听说过彭宠的名字，知道他很有才干，于是就向刘玄作了郑重举荐。很快，刘玄任命彭宠为偏将军，代理渔阳郡太守，吴汉为渔阳郡安乐县（今北京市顺义区西南）县令。

上谷郡功曹寇恂与渔阳郡代理太守彭宠见面之后，一拍即合，双方约定，两郡各自拿出骑兵突击队二千人、步兵一千人，去增援刘秀攻打王郎，并约定了两军出发的时间和会合的地点。耿况派出的将领是上谷郡功曹寇恂、长史景丹和自己的儿子耿弇，彭宠派出的将领是安乐县令吴汉、统领都尉严宣、护军盖延和狐奴县（今北京市顺义区境内）县令王梁。

这几位将领非常优秀，为刘秀平定天下立下了汗马功劳。

上谷、渔阳两郡七名统兵将领率领四千名骑兵、二千名步兵一起南下，开赴刘秀驻军之地。他们一路上不断对归附王郎的郡县城邑发起攻击，共斩杀和瓦解王郎任命的“大将”“九卿”“校尉”及其以下官兵共三万多人，先后夺取了涿郡（今河北涿州市）；相当于今沧州市献县、河间市、青县及泊头市一带的河间国（郡）；辖境相当于今河北狼牙山以南，保定市及安国市以西，唐县、石家庄新乐市以东和滹沱河以北地区的中山国（郡）；辖境相当于今河北邢台市清河县、临西县全部及南宫、威县各一部，衡水枣强县、故城县，山东聊城临清市、高唐县，德州市夏津县、武城县、平原县全部或一部分地域的清河国（郡）等。共二十二个县。他们在刘秀尚不知情的情况下，为刘秀消灭王郎在冀州的延伸势力做出了重大贡献。

当渔阳、上谷两郡的军队进入广阿县境时，听说县城里面有很多兵马，于是停兵询问是谁的军队，回答是大司马刘秀率领的人马，正在包围巨鹿郡。将士们非常兴奋，很快来到广阿城下。以前，这里曾经谣传，王郎将派遣上谷、渔阳两郡的军队前来进攻刘秀，现在他们知道了，是上谷、渔阳的军队不假，但不是王郎派来攻打刘秀的，而是支援刘秀攻打王郎的。刘秀的军队和当地老百姓都非常高兴。老部下、长史耿弇在城下拜见刘秀，并向刘秀汇报了两郡发兵的经过。于是，刘秀把景丹等将领全部请到城中。刘秀对他们说：邯郸王郎的“将领”屡次说，他们征发了渔阳、上谷两郡的军队，我应付他们说，我也征发了渔阳、上谷的军队，想不到两郡军队真的为我而来，大家就一起建功立业吧。刘秀任命寇恂、景丹、盖延、吴汉、王梁为偏将军，让他们统领自己带来的部队，提拔上谷太守耿况、渔阳郡代理太守彭崇为大将军，封耿况、彭崇、景丹、盖延为列侯。

在刘秀的军队到达广阿县之前，刘玄派遣尚书令谢躬统领冀州牧庞萌、振威将军马武等攻打王郎，但没有取得任何进展。刘秀率军来到以后，两军相合，向东围攻巨鹿，一个多月也未攻下。前将军、耿乡侯耿纯向刘秀建议：我军包围巨鹿时间久了，官兵将会疲劳，不如趁现在大军士气正旺之时去攻打邯郸，如果将王郎消灭，巨鹿不用打就会投降。刘秀认为很有道理，就采纳了耿纯的建议。

更始二年（公元 24 年）农历四月，刘秀留下将军邓满率领部分士兵继续围困巨鹿，自己亲率主力大军挺进邯郸去攻打王郎。消息传来，可把占仆先生王郎吓坏了，他急忙派出“谏大夫”杜威请求投降。杜威向刘秀反复强调，王郎确实是汉成帝刘骜的亲骨肉。刘秀说：假设汉成帝复活，他也不能得到天下，何况是他的冒牌儿子。杜威请求刘秀封王郎为万户侯，被刘秀拒绝。刘秀指挥大军向邯郸城发起猛烈攻击，二十多天后，王郎所任命的“少博”李立打开了城门，刘秀的士兵一拥而入，邯郸城随即陷落。

王郎乘夜色逃走，功曹史王霸穷追不舍，将王郎擒获，就地斩首。王郎作为占卜先生出身的“天子”，并没有占出自己被诛杀的厄运。

消灭王郎、占领邯郸之后，有三个非常现实的问题摆在刘秀面前，如何对待和处理这些问题，考验着刘秀的政治智慧。

一是如何对待和处理内部人勾结王郎、诽谤自己的问题。将士们在打扫战场、清理王郎居所时，发现房间里有一大堆文书资料，其中有刘秀的属官和百姓写的数千封奏疏，这些奏疏既有向王郎表达效忠的，还有诽谤和诋毁刘秀的。刘秀从政治上考虑问题，他认为写信的人一时糊涂，分不清是非、看不清大势，对这些人还是要团结的。所以，看到这些奏疏以后，刘秀既没有生气，也没有细看，而是把全体将领召集过来，当着大家的面把奏疏全部烧掉了，并大声说：让背叛我的人安心！宽广的政治胸怀，对政治家来说是非常重要的，也是必不可少的。

二是如何应对更始政权的干扰破坏问题。邯郸之战胜利后，更始帝刘玄一方面派遣使节来到邯郸，封刘秀为萧王，命令刘秀和有功将领一同去长安，并下令让刘秀的士兵一律复员；另一方面派遣苗曾担任幽州牧，韦顺担任上谷郡太守，蔡允担任渔阳郡太守，要求他们立即到职。更始帝刘玄就是要限制、打压，甚至灭掉刘秀的势力，以防止他壮大之后危及自己的统治。而刘秀汲取哥哥刘縯被刘玄杀害的惨痛教训，以还没有平定黄河以北为由，既不接受征召，也不解散军队。从此，刘秀与刘玄的矛盾公开化了。

三是如何对待下属劝谏自己称帝的问题。当时，刘秀的将领中有三个人拐弯抹角地建议他称帝。

头一个人是军中监督官护军朱祐。朱祐是南阳郡宛城人。他自小就与刘縯、刘秀兄弟相识。刘縯、刘秀在舂陵起兵时，朱祐也参加进来。刘缜被更始帝刘玄任命为大司徒之后，他任命朱祐为护军，从此朱祐一直跟随刘缜征战。刘缜被更始帝杀害后，朱祐跑到父城给刘秀报信，此后便一直跟随刘秀。刘玄派遣刘秀北渡黄河巡行河北时，朱祐被任命为军中监督官护军。刘秀对朱祐非常信任和关爱，与他同吃同住，无话不谈。有一天，朱祐在与刘秀一起吃饭时说：现在长安的政令混乱，您有帝王的相貌，这可是天命啊！刘秀半开玩笑地说：快让刺奸将军来把你这个护军抓走。朱祐不敢再说什么了。

第二个人是偏将军耿弇。消灭王郎后，刘秀住在赵王宫，有一次他正在温明殿休息，耿弇闯入，请求单独与刘秀谈话。耿弇走到刘秀床边，小心翼翼地说：这次邯郸之战中，我的军队官兵死伤很多，我想回上谷郡一趟，补充一些兵员。刘秀故意说：王郎已被除掉，黄河以北基本稳定下来，以后还会用兵吗？耿弇说：王郎的势力虽然被消灭了，但对天下的争夺才刚刚开始，更始帝的使节要求我们解散军队，并下令士兵复员，您千万不要听从他们的意见。赤眉军、铜马军等，每支都有几万甚至几十万人，更始帝没有能力对付他们。当今更始帝失政，君臣淫乱，将领们在京畿之地作威作福，王公贵戚在京城横行霸道，他们大肆掳掠财物，劫掠妇女，百姓捶胸顿足，反而又在思念王莽，刘玄的败亡为期不远了。您的丰功和英名播扬天下，您只要发出号令，就会群起而应，现在最为重要的事情，就是国家大权应该由您来掌握，而不能让他人占有！事实上，刘秀不是不想称帝，而是他认为目前称帝的条件尚不成熟。

第三个人就是邓禹。在攻打邯郸之前，刘秀打开地图观看，他一边看，一边对邓禹说：天下郡国如此之多，而今才得其一。你以前认为我忧虑天下不能平定是多余的，当时你是怎么考虑的呢？邓禹回答：当今天下大乱，人民想得到英明的君主，犹如婴儿思慕慈母。古代兴起的帝王，不在于其地盘大小，而在于他品德的厚薄。邓禹建议刘秀称帝。

刘秀没有听从将领们的建议，因为他站位更高、看得更远，消灭王郎、占领邯郸，这只是他迈出的第一步。

刘秀正是以他“在上行善，若云行雨施”的人格魅力和博学睿智、高瞻远瞩、处乱不惊、才华横溢的良好形象，折服了那些优秀人才，所以他们都争先恐后地投奔到刘秀麾下。（据《后汉书·王刘张李彭卢列传》《后汉书·铫期王霸祭遵列传》《后汉书·耿弇列传》《后汉书·任李万邳刘耿列传》《后汉书·邓寇列传》《后汉书·朱景王杜马刘傅坚马列传》《后汉书·吴盖陈臧列传》《后汉书·光武帝纪》,《资治通鉴》第三九、一二三卷）

三、刘秀运用军事智慧平定铜马军等武装力量

正如刘秀所感叹的那样：“天下郡国如是，今始乃得其一。”虽然刘秀消灭了王郎，占领了邯郸，但他所面临的形势依然很严峻。除了刘玄集团、刘盆子和樊崇集团这两大势力之外，还有八块割据势力。一是梁王刘永在睢阳称霸。刘永是梁孝王刘武的八世孙。王莽当上新朝皇帝后，刘永被剥夺了梁王爵位继承权。更始政权建立后，恢复了他的梁王爵位，令其建都睢阳。此后，刘永又占据了梁国，其辖境相当于今河南商丘市区及其属县虞城、民权和安徽宿州

市砀山县等，他笼络关东势力，成为割据一方的霸主。二是董宪起兵并占领了东海郡（今山东临沂市一带），其辖境相当于今山东临沂市、费县和江苏连云港市赣榆区以南，山东枣庄市、江苏邳州市以东和宿迁市、连云港市灌南县以北地区。董宪系徐州东海郡人，为反抗王莽，他挑头发起了农民起义，后来接受赤眉军领导，被称为赤眉别部。王莽灭亡后，董宪割据东海郡自立，依附于梁王刘永。三是公孙述在巴蜀称帝。公孙述是扶风茂陵人，初为郎官，后补任为天水郡清水县（今甘肃天水市清水县境内）县长。公孙述熟悉吏事，治下奸盗绝迹，由是闻名。王莽当政时，公孙述被任命为导江卒正，即蜀郡太守。新莽末年天下大乱，公孙述遂自称辅汉将军兼领益州牧。更始三年（公元 25 年），公孙述公开称帝。四是李宪自立为淮南王。李宪系颍川郡许昌县（今河南许昌市）人，王莽统治时期被任命为庐江（今安徽合肥市庐江县）属令，辖境相当于今安徽巢湖市，六安市舒城县、霍山县以南，长江以北，湖北黄冈市英山县、武穴市、黄梅县和河南信阳市商城县等地。这期间，李宪曾率军击败王州公领导的农民起义军。新朝灭亡后，李宪据郡自守，自称淮南王。五是秦丰自号楚黎王。秦丰是南郡邔县（今湖北襄阳宜城市）人，新莽末年，他聚众起兵，割据今河南商丘市一带的黎丘，自立为楚黎王。六是张步在琅邪郡起兵，割据齐地。张步是琅邪郡不其县（今山东省青岛市）人，新莽末年，他以反莽之名拉起一支队伍，割据齐地十二个郡。七是延岑在汉中起兵，自称武安王。延岑是南阳郡筑阳县（今湖北襄阳市谷城县）人，新莽末年，他割据自立，一度占据关中“三辅”，对抗刘秀的汉军。八是田戎起兵于夷陵（今湖北宜昌市之东南）。田戎是豫州汝南郡西平县（今河南驻马店市西平县）人，新莽末年，他与同乡人陈义率领人马攻陷夷陵，田戎自称扫地大将军，陈义自称黎丘大将军，割据一方。这些割据势力自置将帅、自行命官，经常攻打周边郡县，掳掠百姓。

另外，在黄河以北地区还有到处掳掠、打游击的农民起义队伍，如铜马、大彤、高湖、青犊、铁胫、尤来、大抢、重连、上江、檀乡、五校、五幡、五楼、富平、获索等，多达十几支，总兵力达几百万人。其中，铜马军实力最为强大，其首领的名字挺古怪的，一个叫东山荒秃，一个叫上淮况。

这些武装割据势力，都是刘秀在统一全国道路上的“拦路虎”，需要他一个一个地去扫除。

坚持“用脑子打仗”，这是刘秀用兵最为突出的特点。消灭邯郸王郎之后，刘秀在赵王宫里思考下一步行动方案，很快形成了总体方略：集中优势兵力消灭铜马军等武装，统一北方，建立可靠的根据地；坚持打击敌人与发展自己并重，等有了强大的军事实力和可靠的军需供应基地，再去攻打赤眉军和刘玄集团等，逐步实现全国的统一，恢复和重建汉朝。应该说，刘秀这个战略部署是积极稳妥、正确可行的。

（一）派遣吴汉、耿弇征调幽州兵马，成果卓著

按照战略谋划，刘秀要率先消灭铜马军等，但他手头的兵力严重不足，因此必须扩充军队，尤其是亟须充实一批精于骑射、善打

野战的骑兵，而幽州拥有最为丰富的骑兵兵源。因此，刘秀派出将领去征调幽州所属各郡的骑兵。

然而，更始帝刘玄刚刚派遣苗曾担任幽州牧、韦顺担任上谷郡太守、蔡允担任渔阳郡太守。这三个地方大员都是更始帝的心腹，他们绝不会让刘秀调发幽州的兵马。对此，刘秀有充分的预计。沿袭以往的做法，刘秀把邓禹召来一起商议。邓禹推荐了吴汉，他说：“其人勇鸷有智谋，诸将鲜能及者。”吴汉早年在幽州渔阳郡一带贩马，结交了不少豪杰，又在安乐县（今北京市顺义区西北）做过县令。同时，刘秀还考虑到耿弇的父亲耿况是幽州上谷郡的老太守，他在那里经营多年，威信很高，耿弇曾在耿况手下做事，承担和完成了不少父亲交给他的重要任务。于是刘秀决定将吴汉、耿弇二人任命为大将军，去征发幽州的骑兵。

幽州牧苗曾是个死心塌地忠于更始帝的“老油条”，他听说刘秀派遣将领来幽州征发各郡骑兵的消息后，暗地里吩咐各郡不要服从征调。吴汉在幽州的朋友很多，有人就把苗曾这个小动作告诉了吴汉。于是吴汉带领二十名骑兵到达幽州右北平郡无终县（今河北唐山市玉田县）。苗曾出城迎接，吴汉当即逮捕苗曾，将其斩杀。耿弇的副职耿倅也逮捕并斩杀了上谷郡太守韦顺、渔阳郡太守蔡充。这使幽州各郡大为震惊，全都服从调遣，并按要求到指定地点集结。

吴汉、耿弇到幽州执行任务，干成了两件大事：一是干掉了更始帝的三名高官，在幽州引起强烈震动，进一步树立起了刘秀的威风，打击了刘玄的势力，致使更始政权再安排官员去幽州当州牧和太守，没人愿意去。于是，刘秀任命朱浮为大将军兼幽州牧。二是征调了幽州大量精兵良马，充实到刘秀军中，使刘秀的军队的战斗力迅速提升。这不能不说是刘秀用人得当的结果。(据《资治通鉴》第三九卷，《后汉书·朱冯虞郑周列传》)

（二）打败铜马、高湖、重连武装力量，收编降兵数十万

吴汉、耿弇率领新征集的幽州大批兵马一路南行，在清阳县与刘秀会合。刘秀看到吴汉、耿弇从幽州带回这么多兵马，非常高兴，对二位将领更加器重。刘秀将这批引进的骑兵进行了分配，提高了各部的骑兵占比。

东山荒秃和上淮况领导的铜马军最初活跃在琅邪郡一带，后来逐步向冀州发展，到王郎灭亡时，人数已经达数十万人。当刘秀的军队驻扎在清阳县之后，铜马军屡屡向刘秀军发起挑战，他们迫切希望与汉军速战速决。刘秀采取坚营自守、以逸待劳战术，拒不正面应战，而是派出“小股蝎子”从侧翼进攻，千方百计破坏他们的粮草补充。刘秀采取的这一“卡脖子饿敌”战术，最终取得了非常好的成效，铜马军与汉军相持一个多月之后，终因人饥马饿而撤退。刘秀后发制敌，率领全军奋起直追，一直追到馆陶县（今河北邯郸市馆陶县之南），把铜马军打得溃不成军，迫使其投降。刘秀正在受降铜马军时，突然从东南方向冲上来高湖、重连两支武装，他们与铜马军残部会合，试图挽回败局。刘秀率军又与他们展开大战，终将这支三合一的军队打得人仰马翻，迫使他们再次投降。刘秀为收编这支队伍，就把降将都封为列侯。可是，刘秀手下的将领

们认为这些人不可能跟汉军一心。刘秀了解到将领们的顾虑后，在事先不打招呼的情况下独自骑马进入降兵营帐巡视和安抚。当刘秀进入一个营帐时，里面的降兵降将正在发牢骚，当他们看见刘秀时，个个惊得目瞪口呆。刘秀示意大家坐下，然后向他们讲话：你们都是种庄稼的农民兄弟，为生活所迫才参加了起义军，我不追究你们以前干过什么。现在国家有危难，百姓遭受困苦，你们加入汉军阵营里，为国家效力，为百姓造福，我保证不杀一个降将降兵，并且我会像对待我的将士一样来对待你们！刘秀的这一席话，使降兵降将深受感动，他们纷纷议论说：萧王只身进入我们的军营，难道不怕我们伤害他吗？他对我们推心置腹，我们怎能不为他效命呢？从此，刘秀"推心置腹"对待降兵的故事广为传扬，并作为成语典故流传至今。

刘秀与战俘"推心置腹"，不拿他们当外人，这是他所领导的汉军迅速发展壮大的一个重要原因。刘秀将收降的铜马和高湖、重连全部兵马分配给诸位将领，汉军总数扩大到数十万人。因此，关西人将刘秀称为"铜马帝"。

"铜马帝"正是靠以铜马军为主体的军队，统一了天下。（据《后汉书·光武帝纪》，《资治通鉴》第三九卷）

（三）打败赤眉军别部，杀死更始政权的大将谢躬

刘秀的队伍壮大之后，便向盘踞在今河南焦作市博爱县之东射犬的赤眉军别部和大肜、青犊、上江、铁胫、五幡等共十多万人发起攻击，大败敌军。紧接着，刘秀向南夺取河内郡，又派遣吴汉、

岑彭偷袭邺城，以除掉更始政权的尚书令谢躬。

岑彭，字君然，南阳棘阳人。岑彭最初为新莽的地方官吏，被任命为棘阳县代理县长。汉兵兴起后，棘阳县被汉兵攻占，岑彭失去了立足之地，便携带家属投奔南阳郡太守甄阜。甄阜责备岑彭没有固守棘阳，并将岑彭的母亲及妻子软禁起来，命令岑彭戴罪立功，自赎家人。岑彭及其属下为此拼命作战。不久，甄阜在蓝乡之战中被杀，岑彭也受了重伤，他逃回宛城，与甄阜的副将严说共同守城。汉兵进攻宛城数月，城中粮食耗尽，岑彭与严说一起举城降汉。当时，起义军诸将准备杀掉岑彭，刘秀的胞兄、大司徒刘缜认为，岑彭乃郡中大吏，他一心守城，这是他有节义的表现，在举兵兴汉的关头应当表彰义士，封他官爵，这样就可为莽将树立一个降汉的导向。更始帝刘玄认为刘缜的话很有道理，于是采纳了他的建议，封岑彭为归德侯，并把他安排在刘缜的军中。刘缜被更始帝杀害后，岑彭又成为大司马朱鲔的校尉，并跟随朱鲔攻打并杀死王莽的扬州牧李圣，平定了淮阳城。朱鲔因岑彭的战功举荐他担任了淮阳都尉，辅助太守主管军事。后来，岑彭攻破反叛的淮阳守将徭伟，因功被提拔到颍川郡做太守。岑彭上任时，正赶上宗室刘茂在京县（今河南郑州荥阳市东南）和密县（今郑州新密市东南）聚众十余万人，自称厌新将军，攻下并占领了颍川郡和汝南郡。岑彭无法到任，只好带领部属数百人到河内郡投靠同乡人、河内郡太守韩歆。

在这次刘秀率军攻打河内郡时，河内太守韩歆不听岑彭劝告，坚持守城抵抗，后来发现实在抵挡不住，只好向刘秀投降。当刘秀得知韩歆曾拒绝岑彭劝降，试图抵抗到底时，准备将韩歆杀掉。但在动手之前，刘秀召见了岑彭，岑彭对刘秀说：现在赤眉军入关，更始政权岌岌可危，刘玄臣属放纵，假传圣旨，道路阻塞，四方蜂起，群雄竞逐，百姓无所归命；萧王您平定了河北，开创了王业，这真是皇天保佑汉室，乃士人之福气；当年我岑彭有幸承蒙大司徒刘缜对我的知遇赏识，才得以活命，我还没有来得及报答他，他就被害了，对此，我永远遗恨于心；今日我遇到恩人的亲人，当然非常愿意归顺，誓死效命。刘秀得知哥哥刘缜是岑彭的救命恩人时，便在感情上与岑彭拉近了距离，并把他当成自己人。岑彭借机进言说，韩歆是南阳一带的正人君子，可以收为己用。于是刘秀赦免了韩歆，让他在邓禹手下做军师。岑彭归顺后，刘秀任命他为刺奸大将军。这次刘秀又命令他协助吴汉除掉更始帝刘玄的尚书令谢躬。

谢躬，字子张，南阳人。新朝末年，在各地起义军蜂起的形势下，谢躬参加了反莽起义。刘玄称帝后，任命谢躬为尚书令。更始二年（公元 24 年），刘玄命令谢躬统领冀州牧庞萌、振威将军马武等攻打邯郸王郎，未能取胜。大司马刘秀率军到达广阿县后，谢躬率部参与了刘秀指挥的邯郸之战。邯郸之战胜利后，谢躬与刘秀因政见不和多次发生冲突。谢躬想袭击刘秀，但畏惧刘秀兵强马壮而没敢动手。当时，谢躬的部队与刘秀部队分城而驻，刘秀不时去谢躬的军营进行慰问和安抚。可是，谢躬始终效忠刘玄，他在周边地区布恩施惠，与刘秀争夺民心。对此，刘秀非常气愤。但刘秀认为谢躬很有才能，试图把他拉过来为己所用，却屡遭拒绝。刘秀多次碰钉子后，知道谢躬终不归自己所用，留着他也是祸害，于是打算除掉他。刘秀曾专门邀请谢躬、马武等一起吃饭，准备在酒桌上干掉谢躬，终因无机可乘未能达到目的。

不久，谢躬率领数万兵马驻扎在邺城。当时，冀州、兖州一带活跃着多股草莽势力，刘秀的战略目标就是剿灭并收编这些武装，以此来壮大自己的实力。刘秀在攻打赤眉军别部和青犊、大彤、上江、铁胫、五幡等之前派人对谢躬说：我率军追击那些草莽势力到射犬城，尤来军驻扎在河内郡山阳县（今河南焦作市山阳区）的人马得知后，肯定因此惊逃。到那时，凭借你强大的兵力，攻打那些逃散之敌，定能旗开得胜。谢躬认为这些盗贼严重威胁着更始政权的统治，与刘秀一起消灭他们，符合更始帝的利益，于是同意了刘秀提出的作战方案。等到刘秀击败那些武装力量之后，尤来军果然向北逃至隆虑山（今河南安阳林州市境内）上。谢躬获得消息后，便留下大将军、燕王刘庆和魏郡太守陈康驻守邺城，自己亲率各部将军开赴隆虑山攻打尤来。可是陷入困境的尤来军拼死抵抗，谢躬的军队损失惨重。

刘秀利用谢躬领兵在外、邺城空虚之机，派遣大将军吴汉和刺奸将军岑彭率军袭击邺城。在攻城之前，吴汉派遣能说会道的辩士劝说邺城两名守将之一的魏郡太守陈康开城投降，陈康被说服，于是陈康就把谢躬和刘庆的老婆孩子全都抓起来，然后打开城门迎接吴汉、岑彭的军队入城。当谢躬从隆虑山退回邺城时，并不知陈康已经叛变，他没有任何提防，便率领数百名轻骑径直入城，结果被吴汉、岑彭埋伏的士兵擒获。吴汉亲手杀死了谢躬，并收降他的全部军队。

至此，刘秀把东山荒秃、上淮况领导的铜马军和高湖、重连共数十万军队，更始政权的尚书令谢躬的数万兵马全部收归到自己手里，又重创了赤眉军别部和大肜、青犊、上江、铁胫、五幡，夺得了颍川郡、河内郡和邺城，其军事实力大增，军队士气大振，为彻底消灭其他武装力量、向更始政权和赤眉军发起攻击积蓄了力量。（据《后汉书·冯岑贾列传》《后汉书·光武帝纪》《后汉书·吴盖陈臧列传》《后汉书·朱景王杜马刘傅坚马列传》,《资治通鉴》第三九卷）

四、刘秀兵分三路攻击更始政权，战果累累

随着刘秀军事实力的迅猛壮大，尤来、大枪、五幡等一些武装力量的日子越来越不好过，他们纷纷北上，逃到元氏县（今河北石家庄市元氏县）。当时，赤眉军从颍川郡兵分两路向长安进发，刘秀“度赤眉军必破长安”，于是打算在北伐元氏县的同时，利用赤眉军与更始政权争夺长安的机会，出兵攻取关中，便于攻打可能占领长安的赤眉军。另外，鉴于河内郡太守韩歆已投降归附，刘秀打算把河内郡建设成军需物资保障基地，以支援统一全国的战争。为实施上述战略谋划，刘秀把包括自己在内的高级将领分成三路，分别去完成三项战略任务。

（一）刘秀率领吴汉等将领剿灭逃至河北的“小杂牌”

更始三年（公元25年），萧王刘秀率领吴汉等将领北伐元氏县，攻打尤来、大枪、五幡等几个“小杂牌”。开始刘秀打得顺风顺水，

连战连胜，势如破竹。“小杂牌”打不过刘秀就拼命北逃，刘秀率军穷追猛打，一直追到顺水河（今河北保定市的北漕河）之北的地方。然而，刘秀作为驾驶“未来之舟”的掌舵人，在大江大河里行驶得畅通无阻，却没想到在这个小河沟里“翻船”了。“翻船”的主要原因是，刘秀被胜利冲昏了头脑，产生了轻敌冒进思想。在这里双方展开激烈战斗，结果汉军被打败，刘秀为了摆脱敌人，独自爬上顺水河岸边的一座高峰，并从悬崖上纵身跳入河中，后游上岸边，侥幸身无大碍。此时，骑兵突击队的王丰赶到了，他看到刘秀犹如一只落汤鸡，而敌军快要追到跟前，于是他立即把自己的战马让给刘秀，并掩护刘秀逃跑。这一战，刘秀的部众死了数千人，汉军逃到了范阳县（今河北保定市定兴县）据守。

汉军不见刘秀回来，以为他已战死，便出现了骚动不安情绪。大将军吴汉向大家喊话：萧王以前曾经多次遇险，他都能够化险为夷，大家不必担心，他一定会安全回来的。万一有个三长两短，只要大家齐心协力，也一定能够扭转败局，况且他的侄子就在南阳，我们不必忧愁没有主帅！几天之后，刘秀平安归来，大家这才平静下来。这场战斗，虽然“小杂牌”取得了胜利，但他们内心深处慑于刘秀的威名，不敢得寸进尺，于是趁夜逃走。

“小杂牌”逃跑之后，刘秀带领汉军再次追击，一直追到安次县（今河北廊坊市西北），双方又打了一仗。这一仗，刘秀消灭对方三千多人。“小杂牌”兵败，向渔阳郡（今北京市怀柔区东南）方向逃窜。他们一路逃跑，一路抢劫，弄得沿途的城邑和乡村鸡犬不宁。据此，强弩将军陈俊向刘秀献了一计。

陈俊，字子昭，南阳郡西鄂县（今河南南阳市南召县）人。最初在南阳郡府做小吏。刘玄称更始帝后，陈俊的老乡、宗室成员刘嘉被任命为太常将军，刘嘉就把陈俊要过去，任命他担任了领军出战的将兵长史。刘秀北上镇慰黄河以北州郡时，太常将军刘嘉将手下的陈俊、贾复推荐给了刘秀。陈俊到了刘秀手下后，被任命为安集掾，掌安集军众。后陈俊随刘秀进攻清阳县数十万铜马军，陈俊锐不可当，杀敌如麻，为击败铜马军立下赫赫战功。刘秀收降铜马军后，任命陈俊为强弩将军。而后陈俊又随刘秀北上，继续追剿向北逃窜的尤来、五校、五幡、大枪等“小杂牌”，并在安次县展开大战。陈俊所部的主要任务是攻击和消灭五校军。在战斗中，陈俊手持武器，与敌军短兵搏斗，杀死杀伤多名敌兵，又率军追奔二十余里，斩杀了五校军首领，大胜而归。刘秀称赞说：如果汉军将领都像陈俊这样勇猛，还有什么可担忧的呢！

陈俊向刘秀献的计策是：敌兵的软肋是没有辎重，我们应该派轻骑兵跑到他们前面去，通知沿途的老百姓将粮食等坚壁清野，让敌兵得不到粮食，这样，不用攻打，就能把敌兵活活饿死。刘秀认为这个主意不错，打蛇打七寸，打仗打软肋，既然陈俊出了这么好的主意，那就让他承担这项任务吧。于是，刘秀派遣陈俊率领部分轻骑兵，抢在敌人之前赶到渔阳郡。陈俊通知百姓藏好粮食，对那些坚固完整的壁垒，又派人固守。“小杂牌”无论跑到哪里，不仅抢不到任何东西，还不断遭到汉军的伏击，很快军心大乱，无奈之下，不得不继续北逃。刘秀高兴地拍着陈俊的肩膀，表扬他说：把这群贼寇逼上梁山，靠的是陈将军的计策啊！

后来，刘秀率军返回蓟城。在这里，他根据侦察兵报告的敌军逃跑的路线，命令吴汉、耿弇、陈俊、景丹、盖延、耿纯、朱祐、邳彤、刘植、祭遵、岑彭、王霸、马武、坚镡等将军率部继续追击“小杂牌”残部，在渔阳郡潞县（今廊坊三河市西南）之东和平谷县（今北京市平谷区之西）连打两仗，共斩首敌军一万三千余人。敌军残兵败将疯狂逃窜，吴汉等穷追不舍，一直追到浚靡县（今河北承德市兴隆县东南）才返回。“小杂牌”被迫散入辽西郡和辽东郡，又被居住在乌桓山（今内蒙古赤峰市阿鲁科尔沁旗北境，即大兴安岭山脉南端）一带的东胡族和貊人（东北地区少数民族）抢掠袭击，几乎殆尽。部将们把“小杂牌”追得无影无踪之后，刘秀便率军返回到常山郡鄗县（今河北邢台市柏乡县固城店镇一带）。

刘秀虽将尤来、大枪、五幡等“小杂牌”驱逐到千里之外，但近在咫尺的河南郡密县又兴起了一股新的武装势力，真可谓“前门拒虎，后门进狼”。更始三年（公元 25 年），刘氏宗室刘茂在密县自称厌新将军，聚集起十余万人，攻下了颍川、汝南两郡。为此，刘秀派出骠骑大将军景丹、建威大将军耿弇、强弩将军陈俊率军去攻打刘茂。两军在敖仓开战，汉军锐不可当，刘茂被迫率领部众投降。刘秀对降将降兵历来都是宽大为怀，他封刘茂为中山王，摁住了这个刚刚浮出水面的“葫芦”。（据《资治通鉴》第四〇至四二卷，《后汉书·朱景王杜马刘傅坚马列传》《后汉书·吴盖陈臧列传》）

（二）寇恂、冯异护卫河内，拿下洛阳后扫荡割据势力

刘秀在战争实践中深刻体会到，打仗拼的是实力，打的是后勤保障。因此，他决定把河内郡打造成军需保障基地，提升汉军的后勤保障水平，为统一全国的战争提供后勤支援。为此，必须选好配强河内郡太守。按照习惯做法，刘秀把邓禹叫来，请他推荐一名像萧何那样的优秀人才。邓禹经过慎重思考，向刘秀推荐了寇恂，邓禹说寇恂文武双全，有统御众人的能力，没有比他更合适的人了。于是，刘秀任命寇恂为河内郡太守、代理大将军。为了给寇恂打造安全的外部环境，刘秀还任命冯异为孟津将军，统领魏郡和河内郡的地方军队，以形成抵御更始军侵扰的外围屏障。

在寇恂上任之前，刘秀亲自与他谈话：从前，汉高祖刘邦把关中交给萧何，萧何管理人口户籍，运送粮草，调拨士兵补充汉军兵员，未尝乏绝；而今我把河内郡交给你，你要像萧何那样保证前方的军粮供应，训练兵马，阻挡敌军，不要让敌军北渡黄河。寇恂上任以后，按照刘秀的要求，以萧何为榜样，兢兢业业地开展工作。他下令各属县开办讲习武射，砍伐竹条制造百余万支箭，养马二千余匹，收租四百多万斛，及时有效地为前方提供军需。

进攻是最好的防守。冯异上任后不是机械地站岗放哨，守株待兔，而是创造性地开展军事行动，灵活主动地进行出击。他一方面积极劝降更始政权驻守南阳郡的将领舞阴王李轶，另一方面向周边的小股敌军发起攻击。首先，冯异给李轶写信，为他分析形势、陈述利害，劝他悬崖勒马，早日归附刘秀。李轶原本是刘縯、刘秀最

初起兵的发起人之一，后来他发现更始帝刘玄的权势比刘縯、刘秀兄弟大得多，就投靠刘玄，并挑唆更始帝杀了刘縯。更始帝刘玄迁都长安后，封李轶为舞阴王。之后，刘玄安排李轶主持各郡国的招降事宜。更始帝刘玄为防备刘秀进攻长安，派遣左大司马朱鲔、舞阴王李轶、廪丘王田立、白虎公陈侨率领三十万大军，与河南太守武勃一同镇守洛阳，并以洛阳为中心，构筑中原防御体系，以抵御刘秀的攻击。由于河内郡、魏郡没有遭受过战争的摧残，城邑完好，土地肥沃，仓库充实，所以刘秀任命寇恂为河内郡太守，冯异为孟津将军，统领两郡的军队驻守在黄河边上，抗拒朱鲔、李轶等人。

起初，李轶一心一意守护洛阳，当他得知孟津将军冯异的副将就是叛逃到刘秀那边的原更始阵营的骑都尉刘隆时，就把刘隆留在洛阳的老婆孩子全部杀死。这是刘隆第二次遭到灭门之祸。

刘隆，字元伯，南阳人，安众侯刘崇的亲族。居摄元年（公元 6 年），安众侯刘崇起兵反莽，刘隆的父亲刘礼积极参与了这次武装斗争。刘崇起义被镇压下去后，王莽株连治罪，将刘礼及其家人全部处死，刘隆因不满七岁免遭横祸。刘隆在艰难困苦中长大，稍长便赴长安求学。刘玄称帝后，刘隆怀着对王莽的深仇大恨，义无反顾地加入绿林军反莽大军，被更始帝任命为骑都尉。后来，刘隆利用探亲之机，将老婆孩子接出来，安置在洛阳。刘隆听说刘秀率军攻打赤眉军别部和大肜、青犊等武装力量，正在进击河内郡射犬，就一路追到射犬，投奔了刘秀，被刘秀任命为骑都尉，作为冯异的副将，驻扎在河阳县孟津渡口一带，与更始政权的大将朱鲔、李轶对峙。

因此，李轶不能容忍刘隆的“反叛”，将刘隆留居在洛阳的老婆孩子残酷杀害。刘隆遭到了两次灭门之祸，使他恨上加恨，将满腔仇恨凝聚到战场上和刀枪弓箭上，以饿虎扑食、万夫不挡之英雄气概奋勇杀敌，为刘秀平定天下立下赫赫战功。

李轶向来是墙头草，他对谁忠心耿耿，说明谁最有权势。随着形势的发展变化，刘秀的势力蒸蒸日上，而更始政权却每况愈下，一向善于跟着权势走的李轶再次寻找后路。就在此时，李轶收到了冯异的来信。冯异在信中写道：现在长安已经乱套了，赤眉大军马上兵临城下，王侯们都在制造灾难，大臣们各怀去意，朝纲法纪被践踏，四方分崩离析，异姓并起；萧王刘秀不避艰难，经略河北，天下英才云集，百姓竞相归附，如果你能觉悟到未来的成败，应该早日定下大计，以转祸为福，你如果等到精兵强将长驱直入，把你守卫的城池包围起来，到那时后悔就晚了。李轶看完冯异的来信，更加闹心。现在权柄和势力的砝码正在向刘秀一方倾斜，这对于李轶具有强大的吸引力，此时的他正在考虑回投刘秀的问题。可是他以前背叛了刘缜、刘秀兄弟，并与朱鲔一起力劝更始帝刘玄杀死了刘秀的哥哥刘缜，他害怕刘秀不会原谅和接纳他。这次冯异的来信为他回投刘秀阵营提供了由头。李轶琢磨再三，给冯异回了一封信，试探刘秀对自己回投究竟持什么态度。李轶在回信中说，我本来同萧王最早合谋重建汉朝，政治立场是一致的。如今我奉命镇守洛阳，冯将军镇守孟津，都占据了中原的战略要地，这是千载难逢的机会啊！我愿意和冯将军合作共事，双方只要同心同德，计划周密，将会无往而不胜。请您把我的意思转告给萧王，我愿意竭尽全力辅佐萧王定国安民。从冯异的角度看，李轶不仅表态很好，而且做得也不错——自从两位将军互通书信之后，李轶便不再与冯异交兵。这样，冯异就能够腾出手来向北进攻太行山最南部的天井关，并先后拿下了上党地区的两个城邑，又率军南下攻取成皋县（今河南郑州荥阳市境内）及其以东的十三个县，共收降敌军十多万人，战果辉煌。此时，与朱鲔、李轶等共守洛阳的河南太守武勃率领一万余人，攻打那些背叛更始帝、投降刘秀的将领，冯异与武勃在洛阳市之东的士乡交战，武勃火速向守卫洛阳的李轶告急求援。可李轶坐拥大军而闭门不救。最终，冯异将武勃的军队打垮，武勃本人也战死。

冯异见李轶如此信守诺言，判断李轶有了归顺之意，于是派人向正在河北中部平定“小杂牌”的刘秀汇报此事。但刘秀对李轶的人性太了解了：他一只脚踩在刘玄的“船”上，另一只脚正在探索能不能踩在刘秀的“船”上，内心深处还隐藏着一只“船”。什么意思呢？在天下大乱和军阀混战时期，军事斗争形势瞬息万变，将来是刘玄能赢、刘秀能赢，还是刘盆子能赢，李轶看不清楚，所以，他不敢贸然行事，把“政治赌注”投向任何一方。李轶无论跟刘玄，还是跟刘秀，都不会死心塌地跟。所以刘秀给冯异回信说：李轶这个人诡诈多端，一般人猜不透他是怎么想的，现在赶紧把他给你的复信，抄送给各郡太守和都尉。很快，李轶给冯异的信成了公开信，在黄河南北广为流传。更始政权的左大司马朱鲔得知此事后，非常愤怒，于是，立即派人把李轶刺杀了。

李轶的结局印证了“机关算尽太聪明，反误了卿卿性命”那句老话。李轶被刺杀后，洛阳守军出现了离心离德倾向，有不少人投降了刘秀的属将冯异。为安抚军队，坚守洛阳，朱鲔接管了李轶的军队。

朱鲔是较早投奔绿林山、加入绿林军的。地皇二年（公元21年），因绿林山发生了大疫，朱鲔作为将领之一，与王匡、王凤、马武一起，率领以新市人为主体的部分绿林军开赴南阳，号称“新市兵”。“舂陵兵”“下江兵”“平林兵”“新市兵”四股力量合在一起后，朱鲔的政治立场始终站在“新市兵”和“平林兵”一边，并与李轶一起，力挺刘玄，反对刘縯、刘秀兄弟。朱鲔与李轶不同的是，他的政治立场从来没有发生过动摇。尽管更始帝刘玄开始走下坡路，但朱鲔还想为他干一件大事，以鼓舞士气。干什么大事呢？就是进攻河内郡，摧毁刘秀的军需保障基地。

更始三年（公元25年），朱鲔听说刘秀大军北征，河内郡军事实力有限，且缺乏外援的消息后，便兵分两路攻击河内郡。一路由逃难将军苏茂、副将贾强统领。他们领兵三万余人进攻温县（今河南焦作市温县），欲从这里攻入河内郡治所怀县（今河南焦作市武陟县西南）。温县与怀县相邻，只要攻破温县，就可以进入河内郡城邑。另一路由朱鲔本人统领。他率领数万人进攻洛阳西北的平阴（今河南洛阳市孟津县），以牵制冯异的军队，使其不得施救。

新任河内太守寇恂获得情报后，马上集结军队施救温县，并传令各属县立即引兵到温县城下集结。军吏们都劝阻他：眼下刘玄在洛阳的三十万大军已渡过巩河，前后不绝，我们兵力太少，应当等到各县兵卒到齐之后一齐出击。寇恂说：温县是本郡的屏障，如果温县陷落，郡城就守不住了。于是，他奋勇当先，果断率军迎战。第二天战斗打响后，孟津将军冯异率领的救兵和各县增援的士兵正好赶到。寇恂命令士兵站在温县城墙上扯开嗓子呐喊：刘公大军来了！苏茂的部众听到以后，阵列骚动。寇恂命令士兵乘敌军骚乱之机迅速出击，大破敌军，副将贾强战死，数千士兵战死或掉入河中淹死，一万余人被俘，逃难将军苏茂逃回洛阳。冯异率军渡过巩河袭击朱鲔的军队，朱鲔逃走，冯异率军追到洛阳，围城一周后返回。从此，洛阳全城惊恐不安，白天也紧闭城门。

同年夏，已平定北方的萧王刘秀率领汉军主力二十余万人南下，准备攻击并拿下三十万更始大军驻守的洛阳。

刘秀安排耿弇、陈俊驻扎在杜津（今河南武陟县西），主要任务是严防荥阳以东的更始政权的军队施救洛阳，同时，命令吴汉担当正面攻击洛阳城的主将，大司空王梁、建义大将军朱祐、右将军万修、执金吾贾复、刺奸大将军岑彭、骁骑将军刘植、扬化将军坚镡、孟津将军冯异、偏将军祭遵、偏将军王霸、积射将军侯进等十一位将领为副将，统率二十余万大军，全面进攻洛阳城。这次刘秀大军攻打洛阳，可谓名将众多，阵容强大，精锐全至，威风凛凛。

汉军攻城开始后，据守在城中的更始政权左大司马朱鲔指挥守军拼命抵抗。汉军围困洛阳城几个月，都没有撕开口子。但是，围城久了，对守城的朱鲔军队造成很大的心理压力，部分官兵出现了军心动摇，尤其是守卫东城门的官兵打算向汉军投降。他们私下与刘秀的扬化将军坚镡达成协议，并按约定的时间打开城门。东城门一开，建义大将军朱祐和扬化将军坚镡趁机率军入城。朱鲔获知汉军已从东城门入城，立即派遣嫡系部队来到东城门与朱祐、坚镡展开大战，双方伤亡惨重。经过半天鏖战，朱祐、坚镡支撑不住，只好又从东城门退出。虽然汉军入城后又被朱鲔赶了出去，但朱鲔对手下官兵的忠诚度产生怀疑，削弱了他决一死战的决心和意志。就在这个时候，刘秀派遣刺奸大将军岑彭前去做朱鲔的工作。

岑彭接受任务后便来到洛阳城下，当时朱鲔就在城上指挥守城。老下属岑彭向朱鲔喊话陈述利害得失。岑彭劝说道：我以前曾受到您的恩惠，常想报答。如今更始帝正走向败亡，百姓都归心于新主，您坚守城池又有什么意义呢？面对昔日的老部下，朱鲔和盘托出了他的思想顾虑，他对岑彭说：我也曾考虑过归附萧王这个事情，可是，起初大司徒刘縯被害时，我曾经参与谋划，又曾经劝更始帝不要派遣萧王北伐，我知道自己罪孽深重，不敢投降。岑彭返回后把朱鲔的话原原本本向刘秀做了汇报。刘秀说：举大事者不计小怨，朱鲔现在投降，可以保全他的官职和爵位，怎么能够治罪呢？有黄河水在此作证，我决不食言！岑彭又把刘秀的话原汁原味地转告给朱鲔。朱鲔从城上垂下一条大绳，说：如果你说的确实是真的，请用此绳子上城。岑彭上前抓住绳头准备攀登。朱鲔看到他的诚意，就答应投降。

当年九月二十六日，朱鲔把自己反绑起来，与岑彭一起来到河阳。刘秀亲自解下朱鲔身上的绳索，两个人聊得很愉快。会见结束后，刘秀又让岑彭连夜送朱鲔回到洛阳城。很快，朱鲔和苏茂带领全体将士出城投降。刘秀任命朱鲔为平狄将军，封扶沟侯，但没有给苏茂明确职务，仍然让他统领其旧部。刘秀拿下了战略要地洛阳，其土地面积和军事、经济实力进一步增强。

第二年春，檀乡军与五校军合兵，侵扰清河郡和魏郡。刘秀命令吴汉统领大司空王梁、建义大将军朱祐、大将军杜茂、执金吾贾复、扬化将军坚镡等领军讨伐，在邺城东面的漳水河畔，大破敌军，杀死和俘虏敌军十万余人。刘秀非常高兴，派遣使者持玺书定封吴汉为广平侯，食邑为四个县，即广平县（今河北邯郸市鸡泽县境内）、斥漳县（今邯郸市曲周县侯村镇）、曲周县（今邯郸市邱县古城营镇）、广年县（今邯郸市永年区曲陌乡）。檀乡军和五校军失败后，余部逃入西山，并推黎伯卿为首领，据险抵抗。吴汉率领诸将乘胜攻破西山，黎伯卿战死，余众死伤殆尽。刘秀又命令王梁、杜茂率兵安抚魏郡、清河郡、东郡（今河南濮阳西南），摧毁“小杂牌”所有的据点。刘秀亲自赶到前线慰问，又派遣吴汉等进兵南阳郡，拿下了宛城；先后攻拔了涅阳县（今南阳市西南）、郦县（今南阳市之北）、穰县（今南阳市代管的邓州市境内），以及古今同名的新野县等多个城邑。随后，吴汉引兵南下，与自号为“楚黎王”，割据今湖北襄阳宜城市西北黎丘一带的秦丰，战于新野县境内的黄邮水，秦丰兵败投降，吴汉将其押回洛阳，刘秀下令将其斩首。

随后，刘秀又以虎牙大将军盖延为主将，以驸马都尉马武、骑都尉刘隆、护军都尉马成、偏将军王霸四人为副将，率军数万人东征讨伐割据睢阳的刘永。在这次军事行动中，刘秀让跟随朱鲔一起归降的讨难将军苏茂率领其旧部参加了征伐。

刘永，梁郡睢阳人。他是汉文帝刘恒嫡次子梁孝王刘武的第八代孙。刘永的父亲刘立是第八代梁王。刘立被王莽诛杀后，刘永便失去了承袭梁王的资格。更始帝刘玄掌权后，依旧制封刘永为梁王，以睢阳为梁国都城。刘玄迁都长安之后，刘永趁乱起兵，以梁国的地盘割据，命弟弟刘防为辅国大将军，幼弟刘少公为御史大夫，加封鲁王。随后，他招揽各郡英雄豪杰，以周建等为将帅，先后攻陷了济阴郡（今山东菏泽市定陶区）、山阳郡（今山东菏泽市巨野县大谢集镇）、汝南郡（今河南驻马店市上蔡县境内）、淮阳郡（今河南周口市淮阳区）、沛郡、楚郡（今江苏徐州市）等共二十八城。为进一步扩大势力，刘永又派遣使者封山阳郡西防县（今山东菏泽市单县东北）的武装首领佼强为横行将军、占据东海郡（今山东临沂市郯城县）的董宪为翼汉大将军、占据齐地（今山东泰山以北黄河流域及胶东半岛地区）的张步为辅汉大将军。他们结成军事同盟，盘踞于关东诸地称王称霸。更始政权失败后，刘永就自称为“天子”。

为从根本上解决与刘永争夺汉室正统的问题，刘秀决定出军讨伐。其讨伐战术是，先切断刘永所盘踞的睢阳城南北两翼，再攻拔他的老窝。刘秀分西东两路进兵，西路的任务是夺占襄邑（今河南商丘市睢县），东路的任务是攻占麻乡（今河南商丘市代管的永城市）。盖延顺利拿下这两个城邑，切断了睢阳的两翼之后，便率军长驱直入，把睢阳城紧紧地围困起来。

就在此时，随同盖延出征的讨难将军苏茂突然举兵反叛。苏茂为什么临阵反叛呢？因为苏茂在投降刘秀以前，驻守洛阳的大司马朱鲔对他很器重，把他当成驻军“副总司令”来使用。朱鲔献城投降后，刘秀只是任命朱鲔为平狄将军，封扶沟侯，但并没有给苏茂封官授爵。为此，苏茂心里有想法。这次刘秀让他随盖延出征讨伐刘永，他也只能算是个“小跟班”，并且盖延和他的几位副将谁也没有把他当回事，苏茂感到落差很大，叛逆之心由此而生，于是趁机举兵反叛。他先“杀淮阳太守，掠得数县，据广乐而臣于永”。广乐县位于今河南商丘市代管的虞城市西北，该城城池坚固，易守难攻。这样，苏茂就有了根据地，增加了他投奔刘永的砝码。苏茂派出使者向刘永称臣，刘永大喜过望，立即任命苏茂为大司马，并封为淮阳王，以共抗刘秀。

为应对苏茂增加的乱子，刘秀又调发吴汉等将领率军包围苏茂于广乐城。刘永见吴汉大军包围了广乐城，立即派遣其大将军周建出军救援。吴汉率军迎战，结果被周建击败，吴汉也被击落马下。周建趁汉军大乱之际，冲进广乐城中与苏茂会师。吴汉坠马伤膝，退回营寨养伤。将领们很是沮丧，他们对吴汉说:“大敌在前而公伤卧，众心惧矣。”吴汉“乃勃然裹创而起”，杀牛煮食犒劳士卒，并传令三军:“今日封侯之秋，诸君勉之！”于是“军士激怒，人倍其气”。次日清晨，周建与苏茂联手出兵围攻吴汉。吴汉率军旗鼓而进，奋力冲杀，大破敌军。周建和苏茂放弃了广乐城，败退湖陵（今山东济宁市微山县张楼乡）。

吴汉留下杜茂、陈俊守卫广乐城，自己带领部分军队与正在围困刘永的盖延一起包围睢阳。由于睢阳城池坚固，一连数月都没有攻下。后来盖延命令士兵乘夜攀上城垣，杀入城内。刘永在部属的掩护下，带着家人冲出东门。盖延率军一路追击，刘永所部损失惨重，他丢弃军队，带领少量亲信逃到虞县（今河南商丘市虞城县）。刘永出逃之后，盖延率军攻占了薛县（今山东枣庄滕州市南部），先后击杀了刘永任命的鲁郡太守和沛郡太守，周边城邑纷纷望风而降。在这样的形势下，收留刘永的虞县人感到包袱沉重，他们商量决定袭杀刘永，投降汉军。在行动中，他们杀死了刘永的母亲及妻子儿女，而诡计多端的刘永却逃往谯县（今安徽亳州市）。不久，刘永的大将苏茂、周建、佼强率领三万多人的联军来救援刘永。盖延等率军追至，与苏茂联军展开大战，结果苏茂联军大败。刘永再次逃入湖陵。后来，睢阳人趁着汉军撤离之机，“反城迎永”，又把刘永弄回了睢阳。刘秀急令吴汉、盖延等合军围之。由于睢阳城中粮食耗尽，刘永与苏茂、周建拼死突围后，逃往酂县（今河南商丘永城市酂城镇），盖延等将领紧随其后，穷追不舍。途中，刘永的部将庆吾将刘永杀死，并向汉军投降，刘秀封庆吾为列侯。

灭掉刘永之后，吴汉又率领陈俊、王梁等将领，在临平县（今河北石家庄晋州市东南）击败了“小杂牌”五校，并穷追到箕山（今山东菏泽市鄄城县东北）。此时，鬲县五姓豪强造反，驱逐了县长。吴汉认为鬲县五姓豪强造反，是县长压迫所致，于是将县长逮捕，五姓豪强自动打开城门投降。后来，吴汉率领耿弇等将士又击破富平、获索两支“小杂牌”。吴汉又随刘秀南征割据东海郡的董宪，将董宪围困在朐城（今江苏省连云港市西南锦屏山侧），吴汉率军攻破该城后，将董宪斩杀，收降了他的部众。

刘秀不仅高度重视攻城夺地，还非常注重后续建设，努力把到手的土地经营好、管理好和保卫好，使老百姓都能获得实实在在的利益。夺取洛阳城后，刘秀立即派遣侍御史杜诗到洛阳了解情况，安抚百姓。

杜诗，字君公，河内汲县（今河南新乡卫辉市）人。青年时期颇有才学，曾经担任郡功曹，以处事公平而闻名。更始时期，他被征召到大司马府为吏，经三次升迁，官至侍御史。杜诗到洛阳后发现，将军萧广放纵士兵，在洛阳城内为非作歹，老百姓惶恐不安。杜诗责令萧广约束部下，强化纪律，但萧广仍我行我素，拒不整改。杜诗依法诛杀了萧广，这对守城军队产生了极大的震慑作用，从此以后再也没人敢胡作非为、欺负百姓了。杜诗将这个情况向刘秀做了汇报，刘秀对杜诗的工作予以充分肯定，赐给他官吏出行时作前导的"棨戟"[①]，并提升了他的官职。

刘秀善于用人，能够把优秀人才的才华和潜能"榨干吃尽"。这种独特的用人方式，为他带来了源源不断的政治效益和社会效益。

刘秀见杜诗很能干，又派他去河东郡，诛剿降汉之后复又叛变的河内汲人杨异。杜诗走到大阳县，听说杨异率领部众企图北渡，于是一方面派人烧毁他们的渡船，另一方面派人联络河东郡的地方军队，向杨异部众发起突然袭击，终于将其剿灭。杜诗因功被任命为河南郡成皋县（今河南郑州荥阳市汜水镇）的县令，他任职三年，政绩斐然。之后，刘秀又提拔杜诗担任了沛郡都尉，不久转任汝南

① 古代官吏出行时用来证明身份的东西，用木制成，形状像戟。

郡都尉，“所在称治”。后来刘秀提拔杜诗为南阳郡太守。杜诗上任后，针对南阳郡实际，“以诛暴立威，善于计略，省爱民役”，用发明创造改善农业生产条件，推动生产力发展。杜诗“造作水排，铸为农器，用力少，见功多，百姓便之”，为我国古代冶金技术发展作出了重大贡献。同时，他“又修治陂池，广拓土田，郡内比室殷足”，南阳郡出现了前所未有的政治清平、教化大行、社会安定、百姓安居乐业的大好局面。（据《后汉书·冯岑贾列传》《后汉书·郭杜孔张廉王苏羊贾陆列传》《后汉书·朱景王杜马刘傅坚马列传》《后汉书·吴盖陈臧列传》《后汉书·王刘张李彭卢列传》，《资治通鉴》第四〇卷）

（三）邓禹率军夺取关中未果，冯异一举扭转被动局势

更始二年（公元 24 年）冬，刘秀利用赤眉军进逼长安，更始政权惶惶不可终日之机，任命沉深、有大度的邓禹为前将军，拨给他二万精兵，西进函谷关。其主要任务是趁机夺取关中，并在那里建立根据地，为日后攻入长安奠定基础。

在这里需要说明的是，汉朝将军的等级顺序一般是，第一为大将军，第二为骠骑将军，第三为车骑将军，第四为卫将军，再往下就是前、后、左、右将军以及杂号将军。邓禹领受任务后，任命宗歆为骠骑将军，降将韩歆为军师，李文、李春、程虑为具有军队参谋性质的祭酒，冯愔为掌管征伐的积弩将军，与赤眉军首领同名同姓的樊崇为骁骑将军，邓寻为建威将军，耿䜣为赤眉将军，左于为军师将军，共同引兵西征。

更始三年（公元 25 年）正月，邓禹和他的副将率领二万精兵，翻过太行山，穿越箕关（今河南济源市之西、王屋山之南），向治所在安邑县的河东郡进发。河东郡都尉闭关拒守，阻止汉军通过。邓禹率军发起攻击，经过十多天的战斗，大破守军，夺获敌军大批辎重，实现了“出门红”。接着，邓禹又包围了安邑城。该城城墙高大坚固，易守难攻，邓禹围攻几个月未能攻下。更始政权获得邓禹围攻安邑城的消息后，派遣大将军樊参率领数万人马，越过大阳县欲攻邓禹。邓禹派诸将在解县（今山西运城市）城南迎战，大破敌军，将樊参斩杀。刘玄的定国上公王匡、水衡大将军成丹、抗威将军刘均等发誓要为樊参报仇，他们纠集了十万余人马，与邓禹的二万精兵鏖战一天，邓禹初战失利，骁骑将军樊崇和部分士卒战死。正好天色已晚，双方罢战休兵，军师韩歆及诸将劝说邓禹乘夜离去，邓禹不听。第二天是癸亥日，迷信的定国上公王匡等认为，癸亥属于六甲凶日，所以他们一整天都没有出兵。邓禹利用这一天的时间，总结失利的原因，整顿和部署军队。第三天，王匡等率领十万余大军向邓禹军发起猛烈进攻，邓禹下令部队不得擅自妄动。等到王匡的军队将要进入营垒时，邓禹才传令各将击鼓共进，大破敌军。王匡等落荒而逃，邓禹乘势猛追，在追击中斩杀了抗威将军刘均及河东郡太守杨宝，缴获敌军将领所持符节六尊，印绶五百副，兵器、辎重不可胜数，一举平定了河东郡。王匡率领残部逃回长安。

刘秀获知邓禹胜利的消息后，派使者持符节授年仅二十四岁的邓禹为大司徒，并颁发诏令：前将军邓禹，深执忠孝，与我运筹帷幄之中，决胜千里之外。斩将破军，平定河东，功勋尤著。今派遣奉车都尉授你印绶，封为酂侯，食邑万户。同时，刘秀还担心邓禹平定河东郡之后，可能出现百姓与军队关系“不亲”的问题，于是在诏令中提醒邓禹，如果百姓不亲，其主要原因就是长期以来对百姓缺乏以仁、义、礼、智、信为主要内容的五常教化，你作为司徒，应该注重加强这方面的工作。从这道诏令中，可以发现刘秀的领导能力很全面，军民团结意识很强，对收复城邑之后的工作部署也很到位。

刘秀的诏令和封赏，使邓禹和他的将士们深受鼓舞，他们从汾阴渡过黄河，进入夏阳县，继续西进。当他们进入衙县时，遭到更始政权中郎将、左辅[①]都尉公乘歙的阻击。公乘歙率领十万人马与左冯翊的地方部队组成联军，挡住了邓禹军西进的步伐。邓禹指挥军队奋勇冲杀，攻破公乘歙的阻拦。公乘歙见势不妙，迅速率领残部撤走。

此时，更始政权驻守“三辅”的军队兵败如山倒，赤眉军开到长安城下。由于赤眉军没有后勤辎重，三十多万兵马一路走来全靠抢掠，其所过之处被洗劫一空；更始政权的将士知道自己来日无多，也在长安城内疯狂抢掠。老百姓对更始政权和赤眉军都非常痛恨。

邓禹率军西征以来，认真落实西征之前刘秀对他的谈话要求，

① 左冯翊的别称，地域相当于郡，职如郡太守。因在京兆尹之左东而得名。治所在长安（今西安市西北）。辖境约今陕西渭河以北、泾河以东、洛河中下游地区。

严格约束官兵，厚待老百姓。因此，他的军队无论走到哪里，都是队列整齐，军纪严明，对百姓秋毫无犯，所以深得民心。每次看到老百姓扶老携幼聚拢过来，邓禹都会立即停车下马，竖起符节[①]，拉着他们的手，嘘寒问暖。男女老幼围住邓禹，“莫不感悦”。于是，自愿归顺的百姓、参军入伍的青壮年“日以千数”。时间不长，邓禹的军队“众号百万”，“名震关西”。刘秀得知这些情况后，非常高兴，先后几次写信表扬邓禹。

对邓禹来说，虽然形势发展不错，但由于孤军远征，后方粮草补给不济，而关中地区历经战乱，老百姓非常穷苦，再加上军队人数迅猛扩张，军需供应成了大问题。此时，邓禹手下的将领都劝他“径攻长安”。邓禹却不以为然。他说，现在还不是攻打长安的时候，眼下我们的人数虽然众多，可是真正能打仗、会打仗的人较少，前面没有可依靠的粮草，后面没有为我们运输军需的辎重。赤眉军刚刚夺得长安，钱粮充足，士气正盛，如果此时攻击长安，胜利的可能性较小。但是，赤眉军胸无大志，他们钱粮虽多，但变故也多，岂能长期固守！凉州所属的上郡（今陕西榆林市绥德县境内）、北地郡（今甘肃省庆阳市环县马岭镇）、安定郡（今宁夏固原市境内），地广人稀，粮草丰盛，畜牧业发达，我们暂且领兵北上，到粮草多的地方去休兵养马，就粮养士，以等待赤眉军内讧，到那时可一举铲除他们。大家都觉得邓禹的话很有道理，于是，都跟着

① 古代朝廷传达命令、征调兵将以及从事各专项任务的一种凭证。以金、铜、玉、角、竹、木、铅等不同原料制成，用时双方各执一半，合之以验真假，如兵符、虎符等。

他北行。途中，他们击破了赤眉军诸营保，沿途各郡县纷纷打开城门归降邓禹。西河郡太守宗育派遣他儿子，手捧邓禹散发给关中各地的“传单”，要求归降。邓禹和他的将士们到达右扶风栒邑县（今陕西咸阳市旬邑县）之后驻扎下来，这一驻扎就是好几个月。

邓禹长期休兵养马、就粮养士，把官兵们“养”懒了、“养”散了，也把凝聚力和战斗力“养”下去了。刘秀派遣邓禹率军西征的目的只有一个，那就是平定关中，建立根据地。可是，年轻的邓禹总是按照自己的想法行事，忙乎了几个月，虽然取得了一系列胜利，但距离实现刘秀的战略意图还很遥远。刘秀对邓禹较长时间不肯进兵灭敌深感不满，于是就下达命令说：长安的官吏和百姓，惶惶无所依归，你应该抓住时机进军和讨伐贼寇，抚慰京城，维系民心！可是，邓禹总觉得自己的认识是对的，固守原来的认识。

邓禹固执己见，甚至连刘秀的命令也不听了。他既不安排平定关中，也不部署进军攻打长安，而是按照自己的想法，留下积弩将军冯愔和车骑将军宗歆守卫栒邑县，分遣其他将领攻打上郡诸县。邓禹在攻打上郡诸县时，征集那里的兵马和粮食，还在北地郡大要县（今甘肃庆阳市宁县东南）建立了屯驻点。邓禹所干的这些事离刘秀的战略目标和要求越来越远。

邓禹原来预测的赤眉军时间久了一定会出现的变故，却在自己的队伍里发生了。由于邓禹领兵在上郡和北地郡小打小闹，留守栒邑县的冯愔和宗歆因争权夺利而发生矛盾，以至于发展到互相攻击，最后冯愔不仅把宗歆杀了，而且还反过来攻打邓禹。内部“出事”之后，邓禹一筹莫展，派遣使者问计于刘秀。刘秀问使者：与冯愔关系最要好的人是谁？使者回答：护军黄防。刘秀认为，冯愔这个人过于看重权力和利益，不管是他的同事还是好朋友，谁触动或妨碍他的权力和利益，他就会把谁当成敌人。刘秀预计冯愔和黄防的友谊不会长久，于是就说将来逮捕冯愔的人一定是随同冯愔一起叛乱的黄防。刘秀派尚书宗广持符节去招降黄防。黄防被招降后悔过自新，一个多月后，就将冯愔抓获，冯愔的部众也全部投降。后来，宗广将冯愔遣送回洛阳，刘秀将其赦免。

宗广处理完冯愔事件之后，继续从事招降工作。更始政权的定国上公王匡、水衡大将军成丹、尚书胡殷等，都去宗广处投降，宗广带着他们一同东归洛阳。当走到安邑县时，王匡等人打算逃跑，宗广将他们全部斩杀。宗广这次受任出行，平定了邓禹内部叛乱，收降并除掉了王匡、成丹和胡殷，收获满满。这再次证明刘秀善于用人、精于用将的能力。

邓禹这次西征，前期干得很漂亮，但自从他“休兵北道，就粮养士”和屯兵栒邑，特别是手下两名副将发生内讧、反叛以来，邓禹一蹶不振，精神不在状态，军队建设和战斗力出现了严重下滑。刘秀估计年轻将领邓禹很可能会出现灰心失望、神情沮丧问题，于建武二年（公元 26 年）春派遣使者宣布晋封邓禹为梁侯，食邑四个县。刘秀想通过这一晋封，激发和调动邓禹的积极性，促使邓禹把上次诏书中提出的抓住时机进军长安讨伐贼寇等战略要求落实到位。应该说，刘秀所说的“时机”已经出现：长安城中的赤眉军把储存的粮食吃完了，无奈之下，赤眉军“大佬”们各自将抢劫的金银财宝装上马车，然后放火焚烧宫殿，又进入街巷店铺和民宅猛抢一番，之后便跟随首领樊崇西走右扶风。他们走一路抢一路，最后到达了粮草资源相对丰富的安定、北地二郡。邓禹获知赤眉军已退出长安，这才率军南行，进入空城长安，驻军昆明池（今西安市长安区）。

邓禹进城后干了三件事。第一件事是大宴将士，大吃大喝。第二件事是率领诸将军沐浴更衣斋戒，选择吉日，演习礼仪祭祀高祖庙，并将收集到的十一位已故皇帝的神主牌，派遣使者捧送到洛阳。第三件事是巡视园陵，安排部分官兵奉祀守陵。可以说，邓禹进入长安城后所干的三件事都与刘秀的战略部署不沾边。刘秀在诏书中要求他进入长安后要干三件事，即“讨伐贼寇，抚慰京城，维系民心”，说他一项也没有落实，似乎有点儿冤枉他，因为他曾领兵与更始政权所任命的汉中王刘嘉手下时降时叛、自封为武安王的军阀延岑战于蓝田，但邓禹并没有取胜。汉中王刘嘉主动到邓禹处投降，而刘嘉的相国、赤眉军将领李宝却傲慢无礼，邓禹一气之下将李宝斩杀。李宝的弟弟收集李宝部众向邓禹军发起攻击，杀死了邓禹的赤眉将军耿䜣。可以说，邓禹这次进入长安没有什么建树。这与“就粮养士”之前的邓禹判若两人。邓禹的军事实践证明，长期北窗高卧、悠闲无事地休兵养马绝对是一个坏主意。

赤眉军在安定、北地二郡抢劫一番之后，打算西进陇地。当时控制陇地的是西部地区最有实力的军阀——自称“西州上将军”的隗嚣。隗嚣获悉赤眉军西进陇地的消息后，立即派遣属将杨广迎击赤眉军，并将赤眉军打跑，之后又乘胜追击，在北地郡乌氏县（今宁夏固原市东南）和泾阳县（今甘肃平凉市西北二十公里）一带，打败赤眉军。当赤眉军残兵败将溃逃到番须（今陕西宝鸡市陇县西北）一带时，遇到了恶劣天气，北风刺骨，大雪纷飞，赤眉军又饥又冷，冻饿而死多人。于是，他们又折返回来，凿开西汉的皇陵，盗取墓中珍宝。邓禹出兵右扶风郁夷县（今陕西市西千河入渭处）攻打赤眉军，反而被赤眉军打败，撤军至左冯翊云阳县。赤眉军趁机又进入长安。邓禹率军回击长安，又被赤眉军打败，逃到左冯翊高陵县。此时，邓禹军中将士饥饿难耐，以吃枣菜果腹。刘秀获知军情后，立即派人送去诏令，诏令说：赤眉军缺粮，自然会向东而来，我即使用策马杖去鞭打他们，也可以将其打败。赤眉军不是值得各位将领忧虑的，不要再妄动进兵。邓禹受任而功不成，很惭愧，他几次驱赶饥饿的士兵去征战，“辄不利”。

十一月，刘秀因邓禹开辟关中根据地日久无功，便做出了换将决定，命令被人们称赞为“大树将军”的孟津将军、阳夏侯冯异，代替邓禹率兵入关，主持关陇地区军事。刘秀亲自送冯异到河南郡，并赐给他七尺宝剑。刘秀告诫冯异：“三辅”地区长期遭受王莽、更始帝的祸害，再加上赤眉军和军阀延岑的暴行，老百姓号寒啼饥，穷困潦倒。冯将军奉命讨伐叛逆，对那些投降的营寨，将其首领送到京城洛阳来，遣散普通士兵，让他们回家耕田植桑，摧毁营寨堡垒，使他们不能再聚集起来。你这次出征讨伐的关键任务是平息叛乱、安抚百姓。你要善于驾驭部众，要经常告诫他们，不要给郡县的老百姓造成痛苦！冯异接受命令后率军西进。在他所经过的地方，广泛传播汉军的威望和信誉，不少小股武装力量向冯异投降。可见，刘秀做出换将的决策是非常正确的，也只有换将才能扭转被动局面。

当时，“三辅”地区发生了严重的饥荒，“人相食，城郭皆空，白骨蔽野，遗民往往聚为营保，各坚壁清野”。正如刘秀所预料的那样，赤眉大军因“掳掠无所得”，吃饭成了大问题，首领樊崇不得不领兵东归。当时，赤眉军尚有二十多万人。刘秀早早为收拾赤眉军准备好了两个“大口袋”，等待着赤眉军去“钻”。他部署破奸将军侯进率领部分军队驻屯在弘农郡新安县（今河南三门峡义马市西），安排建威大将军耿弇率领部分军队驻屯在弘农郡宜阳县（今河南洛阳市宜阳韩城镇）。刘秀要求他们坚守阵地，守株待兔，把赤眉军拦截在东归的路上。刘秀还给两地守将下达命令：贼寇如果向东逃跑，宜阳的军队要去支援新安；贼寇如果向南逃跑，新安的军队要去支援宜阳。当赤眉军走到华阴县时，被冯异截住了，双方展开大战，对抗六十余天，交锋数十次，赤眉军将士有五千余人投降。

建武三年（公元 27 年）正月，刘秀任命冯异为征西大将军，全权负责西部地区所有残余敌对势力的剿灭工作。

年轻将领邓禹惭愧于“受任无功”，只得按照刘秀的诏令，与车骑将军邓弘等人一起，经过河东郡河北县（今山西运城市芮城县之北），抵达弘农郡湖县，准备从这里返回洛阳。但邓禹引兵返回是很不情愿的，他想再打一次漂漂亮亮的胜仗，挽回面子之后再回师洛阳。可是，刘秀在诏令中明确要求他在回途中决不允许再轻率进攻。在湖县，邓禹、邓弘等与冯异的军队相遇。邓禹不敢违抗军令而单独与赤眉军交战，所以，他请求冯异与他一起攻打赤眉军。

冯异说：我同赤眉军已经对抗数十天了，虽然俘虏了敌军一些将士，但剩下的人还有很多，很难一下子用武力剿灭他们，可采用渗透恩德的方式，逐渐动摇和瓦解他们。现在，主上派遣将领屯驻在渑池（今河南三门峡市渑池县西六公里），威胁赤眉军的东翼，让我攻击赤眉军的西翼，这样东西协同，同步施压，可一举消灭他们，这是万全之计。但邓禹、邓弘急于取胜，在未经冯异同意的情况下，邓禹默许邓弘主动去找赤眉军作战。经过一整天的战斗，到了黄昏，赤眉军假装失败，丢弃辎重逃走。辎重车上装的全是土，只是在土的表面蒙盖了一层大豆。邓弘的士兵饥饿难耐，他们争前恐后地去抢车上的豆子。当他们正在争抢之时，赤眉军突然折回，对邓弘的士兵一顿猛杀猛砍，邓弘的军队顿时大乱，“死伤者众”。冯异和邓禹联合起来救援邓弘，才把赤眉军打跑。冯异劝告邓禹，现在士兵又饿又累，应该让他们休息。而急于打胜仗立功的邓禹又亲自率军找赤眉军交战，结果又被赤眉军打得丢盔弃甲，死伤三千余人，邓禹只带着二十四名骑兵冲出包围，逃到弘农郡宜阳县。邓禹本想一战取胜而捞取功名，却没想到“兵散宜阳”，败得更惨。这次失败对邓禹的打击更大，于是他主动呈上大司徒、梁侯的印信和绶带，申请辞职。刘秀下诏还给梁侯的印信、绶带，不再让他担任大司徒职务，改任右将军。

对这次惨败，“大树将军”冯异心里也不是滋味，于是，他找赤眉军定好会战日期，决定与其决一死战。战前，冯异挑选了一批精壮的士兵，让他们都穿上与赤眉军一模一样的服装。这种衣服只有冯异的士卒能够分辨，冯异让他们埋伏在路边。会战那天，赤眉军派出一万人马，攻击冯异的前锋部队，冯异却出动少量的士兵进行救援。赤眉军见冯异势单力薄，就发动士卒全面进攻。此时，冯异才放出大军与赤眉军大战。战到太阳偏西，赤眉军势力渐趋衰弱。这时，路边的伏兵突然杀了出来，赤眉军不能辨别谁是敌人谁是自己人，惊慌不已，四处溃散。冯异率军穷追猛打，杀得赤眉军横尸遍野，血流成河。由于赤眉军都打算东归故乡，一部分将士还带着老婆孩子，他们不愿被汉军打得家破人亡，于是，相当一部分将士选择向汉军投降。在崤山脚下，冯异收降赤眉军男女共八万多人。这一仗，重创了赤眉军主力，重伤了他们的元气，而汉军官兵士气大振，扬眉吐气。刘秀发来诏书表示祝贺。诏书上说：你们开始时虽然垂下翅膀，但最终能够奋起双翼，可以说“失之东隅，收之桑榆”。我正在考虑为你们论功行赏，以犒赏你们卓越的战功。冯异和全军将士兴奋不已，欢呼雀跃。

赤眉军残部在樊崇等首领率领下，开始向宜阳县移动。刘秀亲率大军在这里严阵以待。赤眉军官兵突然遇到刘秀大军，震惊得不知所措。刘盆子派他的哥哥刘恭向刘秀谈判乞降，刘恭说：我们率领百万部众投降陛下，陛下怎样对待我们呢？刘秀说：饶你们不死罢了！刘恭回去后把谈判情况向刘盆子、樊崇等人做了汇报，但他们还是决定集体投降。于是，刘盆子率领“丞相”徐宣等以下、将领以上成员共三十多人，向刘秀下跪投降。刘盆子献出了传国玉玺和绶带。赤眉军十多万官兵都把携带的武器交出来，堆积在一起，如同一座小山。刘秀命令宜阳县府安排好这十余万俘虏的一日三餐。赤眉军官兵多少天来首次吃上安稳的饱饭。第二天，刘秀在洛水边集结检阅部队，命令刘盆子君臣排队观看。汉军排列整齐的队伍一眼望不到头，官兵们精神抖擞，士气高昂。刘秀笑着对樊崇等人说：你们是不是后悔投降了？后悔不要紧，我今天送你们回营，你们可以率领军队鸣鼓再战，一决胜负。我不想强迫你们服输。徐宣等人马上叩头说：我们走出长安东都门，君臣商议，要把自己的生命交给陛下。开始我们没有告诉下面的士兵，主要考虑是可与乐成，难与图始。今天能够投降，就像脱离了虎口，回到了慈母的怀抱一样，确实感到温暖欣慰，没有什么可遗憾的了！第三天，刘秀从宜阳返回洛阳。刘秀让樊崇等赤眉军高级将领各自带着老婆孩子居住在洛阳，刘秀赐给他们田地和住宅。后来，樊崇等人又想起事谋反，被诛杀；徐宣、杨音等人选择回归故乡，寿终正寝；刘盆子与刘秀是刘氏远门一族，刘秀任命他在赵王刘良那里掌执戟殿下，守卫宫殿门户的郎中。再后来，刘盆子患病，双目失明，刘秀赐给他国有土地，以收取地租为生。刘盆子的哥哥刘恭替刘玄报仇，杀死了勒死刘玄的谢禄后主动自首，刘秀也赦免了他。

至此，刘秀把赤眉军问题解决了，几股影响全国的武装势力基本上也被消灭。但在中原和边疆地区，还有一些割据势力，自立名号，自封皇帝或王侯或将军等，依然与刘秀对抗。刘秀和他的将领们继续进行统一全国的战争，逐步消灭割据势力。一直到建武十二年（公元 36 年），刘秀派出将领率军进军巴蜀，杀死割据军阀公孙述，才基本上实现了全国的统一。（据《资治通鉴》第三九至四一卷，《后汉书·邓禹传》《后汉书·光武帝纪》《后汉书·冯岑贾列传》《后汉书·刘玄刘盆子列传》）

五、刘秀在鄗县被拥立为帝，东汉王朝扬帆起航

刘秀在称帝问题上始终比较慎重。早在更始二年（公元 24 年）刘秀消灭了冒牌皇帝王郎之后，他手下的将领们就一直劝谏他称帝，都被他拒绝了。称帝不是好玩的，时机不成熟，条件不具备，称帝是要掉脑袋的，刘秀对这个道理非常明白。

更始三年（公元 25 年），刘秀率领大军北征燕赵，讨伐尤来、大枪、五幡等武装，一直将敌人从元氏县追到安次县。不久，孟津将军冯异和代理大将军、河内郡太守寇恂击败了进犯河内的更始政权逃难将军苏茂、副将贾强，斩俘敌军一万余人，副将贾强被斩杀。冯异、寇恂将这一战果以文书的形式向萧王刘秀呈报。跟从刘秀作战的将领们听到这个消息后非常兴奋，他们欲趁萧王高兴之机再次劝说他称帝。大家一致推荐让马武先说，其他人帮腔。

马武，字子张，南阳郡湖阳县人。马武在少年时期，为避仇家，移居到荆州江夏郡。新莽末年，江夏郡竟陵县及西阳县掌教化的基层乡官“三老”在郡界发动农民起义，马武积极加入了起义军。后来这支队伍并入绿林军。刘玄被绿林军拥立为更始帝后，任命马武为郎官之一的侍郎。后来，马武参与了刘秀指挥的昆阳之战，因功被封为振威将军。更始二年（公元 24 年），刘玄派遣尚书令谢躬统领冀州牧庞萌、振威将军马武等六位将军攻打王郎，但未能取胜。不久，大司马刘秀率军攻打邯郸，谢躬、马武等人与刘秀军会合，一同攻打王郎。刘秀灭掉王郎之后，欲把马武拉到自己阵营。一次，他试探性地对马武说：我得到了渔阳、上谷两郡的突击骑兵，打算让你统领这支队伍，你愿意吗？马武回答：我愚笨怯

懦，没有谋略。刘秀说：将军长期统率部队，熟悉军事，岂能与我这个文吏一样？这次刘秀虽然与马武没有谈定什么，但已对马武产生了很强的吸引力，从此马武归心于刘秀。不久，刘秀派遣吴汉和岑彭袭击邺城，杀死了谢躬，马武见状，骑马奔驰，跑到射犬向刘秀投降。刘秀见马武来降，非常高兴，就把他安排在自己身边。在追击尤来、五幡、大枪等武装时，刘秀不幸在顺水河战败，是马武独自殿后，同敌兵缠斗，牵制敌军“不得迫及”，才为刘秀逃脱赢得了时间。从此，刘秀对马武更加信任。

这次马武受众将所托，向刘秀建议：您虽然谦恭退让，但国家宗庙社稷托付给谁呢？您应该先即帝位，然后再讨论征讨之事。刘秀闻听此言很吃惊，他说：将军怎能说出这种话，够得上杀头之罪了。从此，将领们谁也不敢再说什么。

随后，刘秀率军赶回蓟县。当时，都护将军贾复正同五校军在真定交战，贾复被击伤，生命垂危。刘秀听到消息后非常着急，他说：如果贾复有个三长两短，告诉他不要为他的妻子儿女担心。我听说他老婆怀孕了，如果生的是女儿，我儿子要娶她；如果生的是男儿，我女儿要嫁给他！那么，贾复何许人也，刘秀竟然为他说出如此情深谊厚、感人肺腑的话？

贾复，字君文，南阳郡冠军县（今河南南阳邓州市）人。贾复年少时勤奋好学，通晓《尚书》，老师称赞他有将相之才。新莽末年，贾复在县府做吏员，一次与同僚到河东郡运盐途中遇到了盗贼，同僚们都弃盐而逃，只有贾复把盐运回了县城，受到人们的称赞。绿林军起义后，贾复聚众数百人起兵响应，自称将军。刘玄称帝后，贾复率领部众归附汉中王刘嘉。更始二年（公元 24 年），贾复发现更始政权日趋腐败，就劝说刘嘉脱离刘玄，另起炉灶。刘嘉不愿意背叛刘玄，但写信向刘秀推荐贾复。于是贾复告别刘嘉，前往冀州面见刘秀。刘秀对贾复非常赏识，任命他为破虏将军，负责督扫盗贼，并赏赐他一匹良马。同僚们因贾复初来乍到都排挤他，并建议刘秀调他到鄗县担任掌治安捕盗之事的县尉，刘秀说：贾复有击退敌军于千里之外的威风，刚刚任命他为破虏将军，不得随意变动。刘秀到信都郡后，任命贾复为偏将军。邯郸之战平定王郎后，贾复因功被提拔为都护将军，跟从刘秀征战，并监督诸将。后来在攻击青犊等武装力量的战斗中，贾复冲锋陷阵，所向披靡，众将领不得不信服他的神勇。第二年，贾复在真定大战五校军时身受重伤，刘秀说了一番爱将如子、感人至深的话。

贾复以顽强的毅力与伤病抗争，结果不久痊愈，在蓟县追上刘秀，两人“相见甚欢”。刘秀率领包括贾复在内的诸将“还至中山”。在这里，将领们再次请求刘秀称帝，他们联名上疏：汉室曾遭王莽篡位，统治中断，对此，各地豪杰赫然而怒，人民群众遭受暴虐。大王与胞兄率先起义，而更始帝刘玄却凭借宗室资格占据帝位。他昏庸无能，不能继承汉室大业，朝纲败坏，盗贼蜂起，百姓遭殃。大王初战昆阳，王莽溃败；后克邯郸，除掉王郎，北方各州郡得以平定，三分天下占其二，跨州据土，甲兵百万，没有谁敢于抗衡。臣等听说帝位不可长久空着，天命不能谦让拒绝，伏望大王为国家着想，替百姓考虑，顺应大势。刘秀依然没有听从称帝请求。进军到常山郡南平棘（今河北石家庄市赵县东南）时，诸将又一致请求刘秀称帝，刘秀说：寇贼没有剿灭，四面受敌，何必匆匆称帝呢？将军们请出去吧！刘秀把劝谏他的将领们都给撵出去了。前将军、耿乡侯耿纯进谏：天下的士大夫抛家舍业、背井离乡，在枪林箭雨之中跟随萧王，他们一心向往的就是能混个一官半职，以成就其志向。现在您不肯称帝，不确定尊号，这就违背了众人意志，我担心士大夫们会因此而产生退回故乡的想法，不会长期等待下去。众人一散，再聚集起来那就很难了。耿纯的话非常恳切，深深打动了刘秀，刘秀说：我将予以考虑。将领们得知后都很高兴。

刘秀率领军队来到常山郡鄗县（今河北邢台市柏乡县之北）时，便召见冯异了解军情。冯异趁机再谏：更始帝必败，忧虑宗庙的大事将义不容辞，您应当听从大家的建议和呼声。正巧有个名叫强华的儒生，是刘秀在长安读太学时共居一室的老同学，他从关中而来，拿着《赤伏符》来见刘秀。他指着符说："刘秀发兵捕不道，四夷云集龙斗野，四七之际火为主。"意思是说，刘秀发起义兵讨伐抓捕无道之人，四方响应，风起云集，犹如飞龙打斗于旷野；从汉高祖刘邦兴起到刘秀起兵，一共是四七二百二十八年，现在又轮回到了汉火德主政的时候了。这就为刘秀当皇帝制造了"受命于天"的理论依据。群臣又趁机进言：接受天命符瑞，顺应天意民心。而今万里之外的符命，与实际情况正相切合，即便是周武王的白鱼之应[①]，也不能与此相比！现在国家没有皇帝，天下大乱，符瑞

①《史记·周本纪》记载说：当年周武王姬发打算讨伐商纣王帝辛时，"武王渡河，中流，白鱼跃入王舟中，武王俯取以祭……诸侯皆曰：'纣可伐矣'"。从此，武王带领周军与诸侯联军讨伐商纣，果然灭商建周。

应验得明明白白，应该回报上天之神明，以满足人们之期盼。这次刘秀答应了，他命令官吏在镐城南面的千秋亭建祭天的坛场。

更始三年（公元25年）六月二十二日，刘秀在鄗县千秋亭即皇帝位。刘秀的部众烧柴祭告上天，升烟以飨六宗[①]，祭拜群神。祭祀祝文说：皇天上帝，后土神祇，垂青于我而降下天命，将百姓托付于我刘秀，为人父母，秀不敢当。手下群臣，不谋而合，都说王莽篡位，刘秀奋发起兵，破王邑、王寻于昆阳，杀王郎、铜马于河北，平定天下，海内蒙受恩惠。上应天地之心，下为百姓所归。谶文说：刘秀发兵捕不道，卯金（即“卯金刀”，谓刘姓。“刘”的繁体字可拆成“卯、金、刀”，亦省作“卯金”）修德为天子。刘秀仍然坚持推辞，以至于一而再、再而三。群臣都说皇天大命，不可拖延。刘秀岂敢不敬奉天命。于是，定年号为建武，改鄗县为高邑，封功臣，大赦天下。从这一天开始，东汉王朝的历史就开启了。

随后，刘秀任命前将军邓禹为大司徒，大将军吴汉为大司马，偏将军景丹为骠骑大将军，大将军耿弇为建威大将军，偏将军盖延为虎牙大将军，偏将军朱祐为建义大将军，中坚将军杜茂为大将军。当年七月，刘秀发兵拿下洛阳，十月十八日，进入洛阳，并在此定都。

军事家、政治家刘秀和他的将士们迈着矫健的步伐，走向中国政治历史舞台的中心。（据《后汉书 · 光武帝纪》《后汉书 · 朱景王杜马刘傅坚马列传》《后汉书·冯岑贾列传》,《资治通鉴》第四〇卷）

---

① 古代尊祀的六神，有说天、地、春、夏、秋、冬，有说水、火、雷、风、山、泽，易经说象数宗、泛禅宗、儒理宗、造化宗、老庄宗、史事宗，我国佛教说因缘宗、假名宗、不真宗、常宗、真宗、圆宗等，说法不一。